刷新する保守

Innovating Conservatives

——保守政党の国際比較

阪野智一
近藤正基 編

城下賢一
安　周永
林　成蔚
尾玉剛士
梶原克彦
西山隆行 著

弘文堂

はしがき

民主主義諸国において、保守政党は政党システムの中核をなしてきた。日本の自民党はもとより、西ヨーロッパ、東アジア、北米の主な国々でも二大政党の一角を占めており、たびたび政権を担当してきた。一九九〇年代後半以降、中道左派勢力の台頭ともいえる時代潮流のなかで、いったんは下野を余儀なくされたが、その後はイギリスやドイツなど多くの国で再び政権政党に返り咲いている。「保守」といっても多様であるが、本書は、その中心である既成の保守政党に焦点を当てている。具体的には、日本の自民党、韓国のハンナラ党・セヌリ党、台湾の国民党、イギリスの保守党、ドイツのキリスト教民主・社会同盟、フランスの国民運動連合、オーストリアの人民党、アメリカの共和党である。

戦後政治を理解するためにも保守政党の分析は欠かせないが、その一方で、保守政党が研究者の注目を集めてきたとは言い難い。個別の政党研究は若干みられるものの、比較研究はほとんど存在しないのが実情である。そうしたなかで、先般刊行された水島治郎編『保守の比較政治学』（岩波書店・二〇一六年）は類似した専門書といえよう。同書は、右翼ポピュリスト政党も新たな保守系政党として比較の対象に含めている。しかし、歴史のなかに連続性と保守すべき価値を見出し、急激な変革に抵抗しようとするのが保守主義であるとするならば、右翼ポピュリスト政党を保守政党のなかに位置づけることが妥当かどうか、疑問に感ぜざるをえない。

これに対して、本書は、既成の保守政党に対象を絞り、右翼ポピュリスト政党の台頭に対して、既成の保守政党がどのように対応しているのかを分析の対象としている。また、水島編の著書がヨーロッパと日本のみを分析対象としているのに対して、本書では、ヨーロッパや日本のみならず、強力な保守政党を持つアメリカや東アジア諸国（韓国、台湾）も取り上げている。

では、これら八か国をどのように比較するのか。二〇〇〇年代以降の保守政党を分析対象とし、比較に際して次の三点を共通の分析視座とした。すなわち、①党の政策、②党組織、③党と社会の関係である。①党の政策については、福祉政策、移民政策を中心に、中道左派に対抗するどのような政策・理念を打ち出し、それらが実際どのように実施されているのかを明らかにする。②党組織については、党内の意思決定過程、党首のリーダーシップの特徴と変容が、党組織改革と関連づけて比較考察される。③党と社会関係については、旧来の支持層をつなぎとめながら、新たな支持層の獲得にどの程度成功しているかが論点になろう。

一度は低迷した保守政党は、その後、勢いを取り戻したといえるだろうか。復調したのであれば、その背景には保守政党の自己刷新があったのではないか。これらが本書に通底する問題関心である。もっとも、すべての事例について復調と刷新が語れるほど事態は単純ではない。たしかに、保守政党が組織改革や支持基盤の拡大に成功した事例はみられる。また、保守政党の多くが、下野を契機に党の政策や戦略の見直しに着手している。しかし、政治理念やイデオロギーの再定義に成功し、それが有権者の支持を集めて、選挙に勝利したとは必ずしも言い切れない。

宇野が明確に指摘しているように、保守主義とは、「それ自体として一個の一貫した理論体系であるというよりは、フランス革命や社会主義革命、あるいは福祉国家による大きな政府など、その時々ごとに対抗すべき相手との関係で、自らの議論を組み立ててきた、いわば相対的な立場である」（宇野重規『保守主義とは何か』中央公論新社・二〇一六年、一八頁）。二一世紀の今日、保守主義の対抗理念そのものが希薄になりつつある。不透明感が覆う今日の時代状況において、進歩主義の衰退は否定し難い。加えて、中道左派政権が新自由主義的な政策を受け容れたことによって、イデオロギー的な対立軸は曖昧になっている。まさにライバルを失った結果、保守主義もまた迷走し始めている、というのが実態に近いといえよう。

その意味で、本書は、各国の保守政党がどのように政治理念の再定義を試みているのか、党の「刷新」を通じて何を「保守」しようとしているのか、その模索の過程をあぶり出すことを目的としている。時には矛盾に満ちた模索と再編の過程にこそ、むしろ学ぶべき点が多いと考えるからである。そして、保守政党というプリズムを通じて、先進諸国の政治変容と直面している課題を明らかにすることを意図している。

本書は、日本学術振興会科学研究費助成事業・基盤研究（C）「保守政党の国際比較」（代表者：阪野智一、研究課題番号二六三八〇一六八）による研究成果である。研究会では毎回、最先端の各国保守政党の現状と分析が報告され、活発に議論が展開された。本研究成果の一端は、日本比較政治学会二〇一六年度研究大会の自由企画三「中道左派以後の時代における『保守』の動向」において報告された。各報告は次の通りである。尾玉剛士「フランスの保守政党―二一世紀の動向―」、城下賢一「安倍晋三の自民党」、梶原克彦「オーストリアの保守政党―復権か凋落か―」。そして、近藤正基、安周永の両氏が討論者として、三報告に対して比較政治制度論や支持層の獲得戦略の観点から論点を指摘し、阪野智一が司会者として、保守の自己刷新の可能性を中心に全体の論議を総括した。なお、研究成果を単行本として刊行するにあたり、研究分担者のほかに外部の研究協力者として、アメリカ政治研究者の西山隆行氏と台湾政治研究者の林成蔚氏にも執筆者として加わっていただき、研究会でも報告いただだいた。

本書の刊行にあたっては、弘文堂第一編集部登健太郎氏に多大なご助力をいただだいた。出版事情が厳しいなか、本書の企画から出版にいたるまで、言葉に言い表せないほど、お世話になった。東京からわざわざ研究会にまで足を運んでいただき、本書が少しでも多くの読者に関心を持っていただけるよう、有益なアドバイスを数多くいただだいた。登氏の絶妙なスケジュール管理がなければ、本書の刊行も予定通りに進まなかったかもしれない。記して感謝の意を表したい。

二〇一七年一〇月

阪野智一・近藤正基

目次

第5章　［フランス］巨大保守政党の結成、右傾化戦略とその後の混迷
――二一世紀の動向

尾玉剛士　187

第8章　［アメリカ］権力を持った保守の苦悩　西山隆行　319

序章

「保守」をみる座標軸

阪野智一

本書が取り上げる八か国の事例は、比較の視座からどのように位置づけられるであろうか。たとえば、古賀は、政権枠組みという観点から、ヨーロッパの保守党政権を次の四つに類型化している。すなわち、①右翼ポピュリスト政党の政権参加（イタリア、オランダ、デンマーク）、②既成政党の急進化と政権枠組みの変化（スイス、オーストリア）、③弱い右翼ポピュリスト政党と政権枠組みの維持（イギリス、ドイツ）、④右翼ポピュリスト政党の排除（フランス、ベルギー、ノルウェー）である（古賀二〇一六）。こうした類型化は、既成保守政党と右翼ポピュリスト政党との関係について、大まかな見取り図を与えてくれる。しかしながら、本書についていえば、ヨーロッパに限定された類型化である点に加え、右翼ポピュリスト政党の政権参加による連立政権を経験したのは、自由党が人民党との連立政権に参加したオーストリアの事例だけであり、しかもアジアやアメリカの事例を含む本書の比較分析にこのモデルを適用することは、必ずしも有効ではない。

そこで、以下では、有権者の選好配置を踏まえ、保守政党による支持層の再編と政策選択という観点から、事例の位置づけを試みたい。その際、政治経済的な対抗軸に基づく比較の枠組みと、政治経済的な対抗軸に社会文化的な対抗軸を加えた枠組みという、二つの視点から保守政党を位置づけ、今日の保守政党が直面する課題やディレンマを考察する手がかりを得たい。

1　政治経済的対抗軸からみた保守政党の比較枠組み

まず保守政党が戦略の見直しや刷新に着手する背景となる、二〇〇〇年代中葉における各国の政策対応の特徴を政治経済的な比較の視点から押さえておきたい。この点で参考になるのが、ベラメンデ

図表０－１　2000年代中葉における各国の政府支出

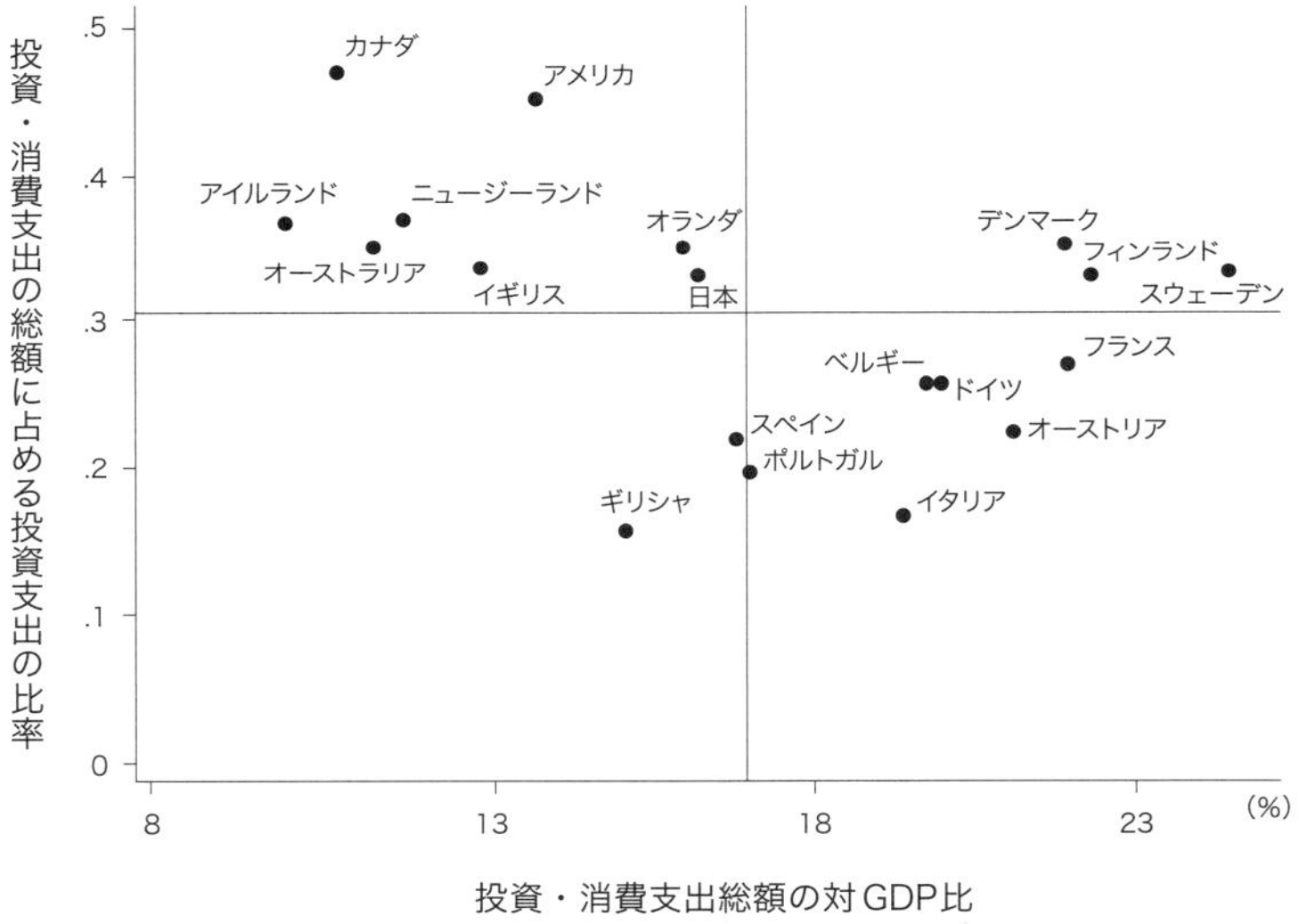

出典：Beramendi et al. (2015: 10, Figure 1.2) より作成。

イらによる先進資本主義諸国の比較類型モデルである。ベラメンディらは、脱工業化、技術革新、グローバル化といった構造変容に対して、一九八〇年代以降、先進諸国がとった政策対応を次の二次元で捉えている。すなわち、①政府支出の総額と②その内訳、つまり再分配型の「消費」と人的資本への「投資」のどちらに、政府支出の重点がおかれているかである。後者の対抗軸は、ケインズ主義的な再分配を強調する従来型の福祉国家か、それとも就労支援を重視するサプライ・サイド型の福祉国家かの相違と捉えることも可能であろう。

図表０―１は、ＯＥＣＤのデータをもとに、上記の二つの軸から構成される政策空間に、二〇〇〇年代中葉の主要先進諸国を位置づけたものである。本書が対象とする国についていえば、アメリカ、イギリスは、

図表０－２　先進資本主義国における政治的選好と社会経済グループ

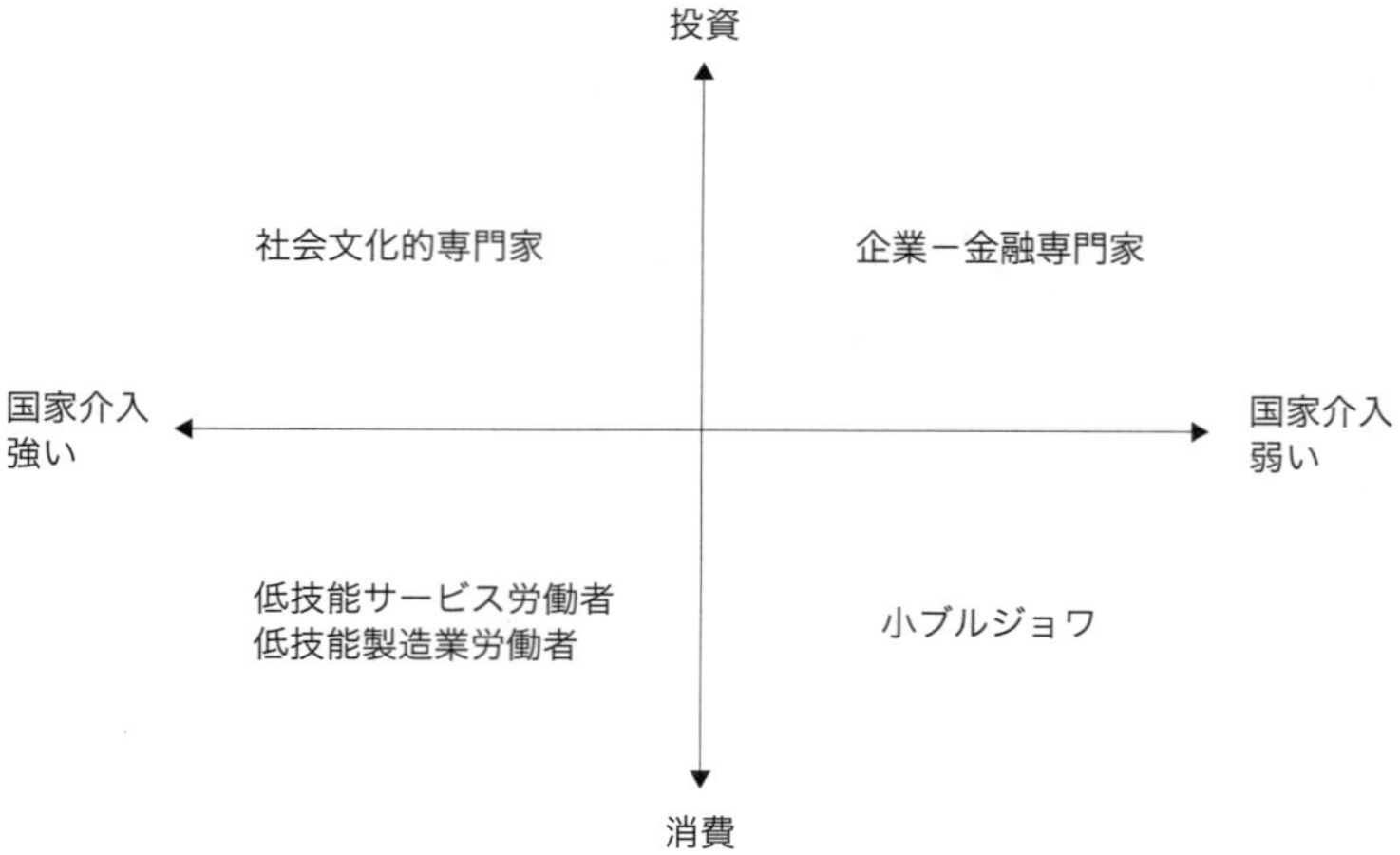

出典：Beramendi et al. (2015: 23, Figure 1.6) より作成。

政府支出：小＋投資型タイプに、これに対して、フランス、ドイツ、オーストリアは、政府支出：大＋消費（再分配）型タイプに位置づけられている。日本は、中レベルの政府支出であるが、比較類型的には投資に政府支出の重点がおかれていることから、アメリカやイギリスと同じタイプに位置づけられている（Beramendi et al. 2015: 9-10）。

こうした類型をもとに、ベラメンディらは横軸をどの程度の国家介入を求めるかに置き換え、有権者の選好配置を二次元的に捉える。そして、**図表０―２**に示されるように、二つの対抗軸で構成される選好配置に対応したかたちで、有権者が四つに分けられている。すなわち、「企業―金融専門家」、高学歴でＮＰＯ職員や公務員に典型的な「社会文化的専門家」、「低技能サービス労働者・製造業労働者」、そして自営業者、農業従事者などの「小ブルジョワ」である。したがって、たとえば、企業―金融専門家は、投資型の小さな政府

図表０－３　自民党の連合形成

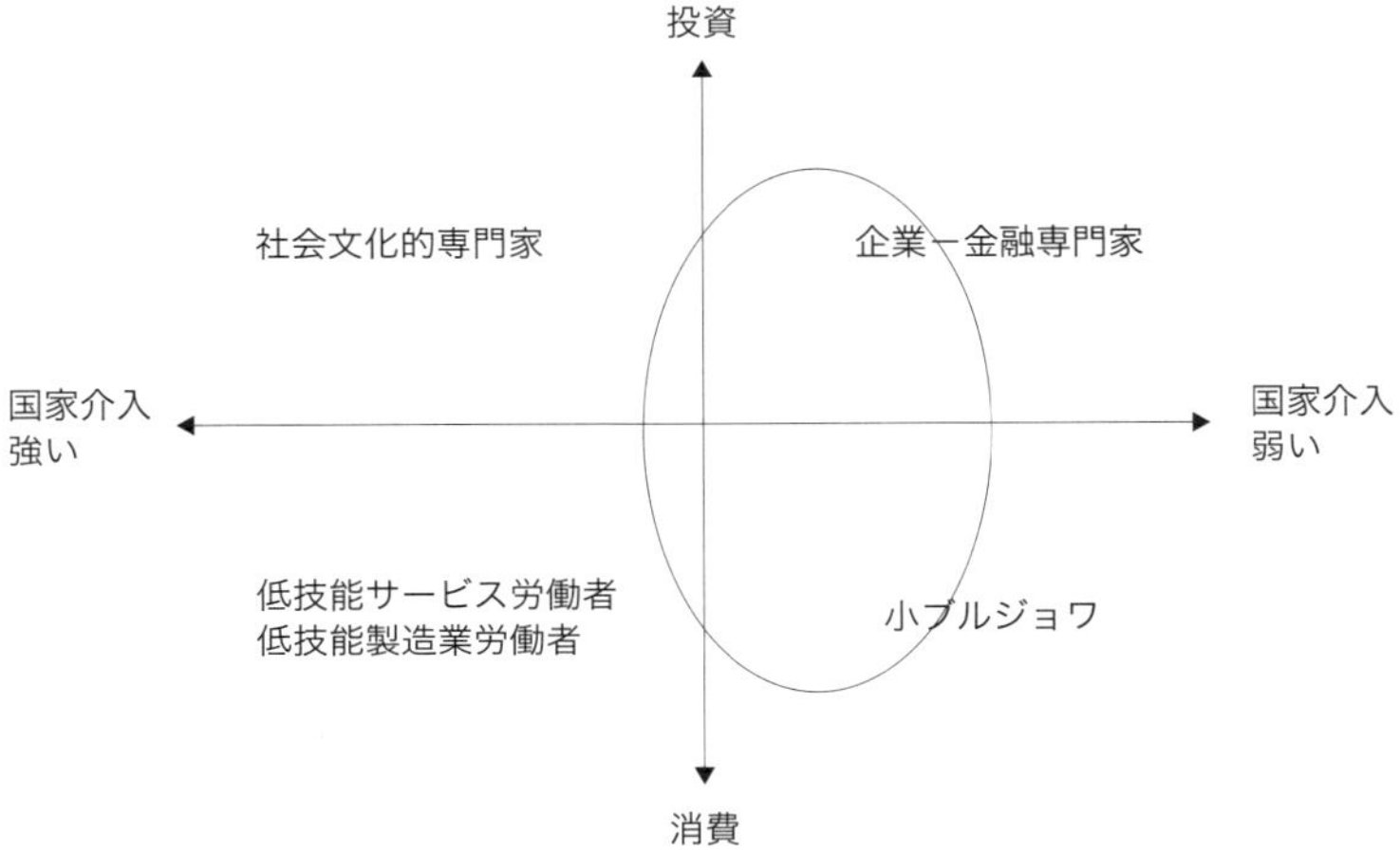

出典：Beramendi et al. (2015: 23, Figure 1.6) をもとに筆者作成。

を求める選好を持つと位置づけられている。また、各有権者の占める割合は、各国ごとに一様ではない。たとえば、北欧諸国では、社会文化的専門家は労働人口のほぼ二〇％を占めるのに対して、ヨーロッパ大陸諸国では、約一五％、イギリスでは一〇％、南欧諸国では七％でしかない（Beramendi et al. 2015: 21-24）。

各政党は、選挙での得票最大化や政権維持のために、異なった選好を持つ有権者の連合形成を目指す。そうした有権者の連合形成のあり方によって、各国の政策選択が規定されていく。その際、政党がとりうる戦略や改革の方向性は、制度や政策遺産によって経路依存的な制約を受け、各国で異なる様相を呈する。ベラメンディらの図式を比較枠組みとして本書の主要な保守政党に当てはめ、保守政党の現在地と直面する課題を捉える手がかりを得たい。

まず**図表０―３**は、日本の自民党支持層を概念

図表０－４　ドイツ CDU ／ CSU の連合形成

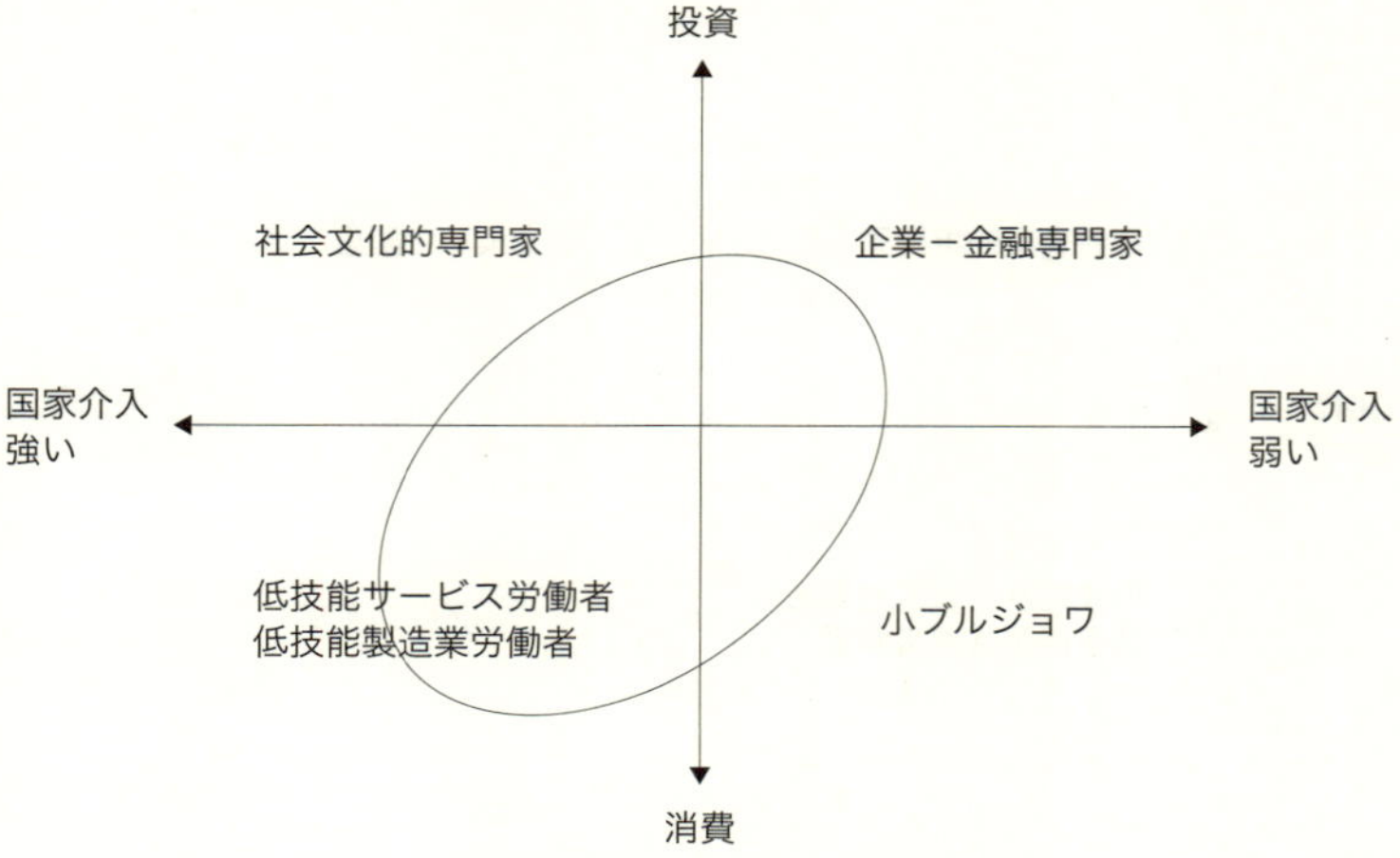

出典：Beramendi et al. (2015: 23, Figure 1.6) をもとに筆者作成。

的に図示したものである。五五年体制期の自民党は、主に「企業―金融専門家」と「小ブルジョワ」との連合に依拠していた。しかし、一九九〇年代中葉以降、小泉改革に象徴されるように、自民党は、競争を志向する新自由主義的改革を推し進めていく。政府支出の重点が、第一次産業、自営業、地方の建設業に対する公共事業・補助金行政による「再分配」から「投資」にシフトされるにともない、「企業―金融専門家」と「小ブルジョワ」とのあいだでの軋轢が顕在化してくる。第１章〔城下論文〕は、自民党の対農協政策を軸に、この問題に鋭く切り込んでいる。

図表０―４は、ドイツの保守政党であるキリスト教民主同盟（ＣＤＵ）の支持層を図示したものである。キリスト教労働運動が「ＣＤＵ社会委員会」と呼ばれる党内グループを形成していることに示されるように、ＣＤＵは、自民党

とは大きく異なり、労働者層を党の重要な支持基盤としている。産業構造の変化にともない、その影響力は低下してきているとはいえ、特に福祉・労働分野にかかわる党の政策選択において、労働者層の存在は無視できない。二〇〇六年一一月、メルケル政権成立後初のCDU党大会において、シュレーダー政権の「アジェンダ二〇一〇」改革によって、二四か月から一二か月に短縮されていた失業給付金支給期間を、再び元の二四か月に延長する動議が採択されたのも、党内労働者層の影響力を示す一例といえよう（安井 二〇〇九：一九二）。

シュレーダー政権は、二〇〇二〜二〇〇三年のハルツ改革によって、失業給付期間の短縮と受給要件の厳格化による就労促進というワークフェア改革を推し進めると同時に、解雇規制の緩和によって労働市場の柔軟性を高めようとした（労働政策研究・研修機構 二〇〇六）。その結果が、非正規雇用の大幅な増加である。二〇〇七年度で非正規雇用は全雇用の三七％を占めるに及ぶ。男性中心の派遣労働を除き、非正規雇用における女性の占める割合は高く、特にパートタイム労働の八〇％以上を女性が占めている（労働政策研究・研修機構 二〇一〇：二七―三八）。こうした状況がCDUに突きつけた喫緊の課題が、福祉政策の「脱家族化」である。第6章（近藤論文）は、第一次メルケル政権下で成立した両親手当や児童助成法が、パパ・クォータの導入や保育施設等の社会サービスの拡充といった点で、従来の性別分業を基本原理とした男性稼ぎ手家族モデルからの転換を志向するものであったことを明らかにしている。しかし、第二次メルケル政権下では、家庭内での育児・介護を促進するために現金給付を拡大するという、「再家族化」を後押しする政策も実施された。ただ、総体としてはCDU／CSUが、育児・介護の社会化の方向に動いていることには間違いないという。

図表０－５　1980年代中葉以降のイギリス保守党の連合形成

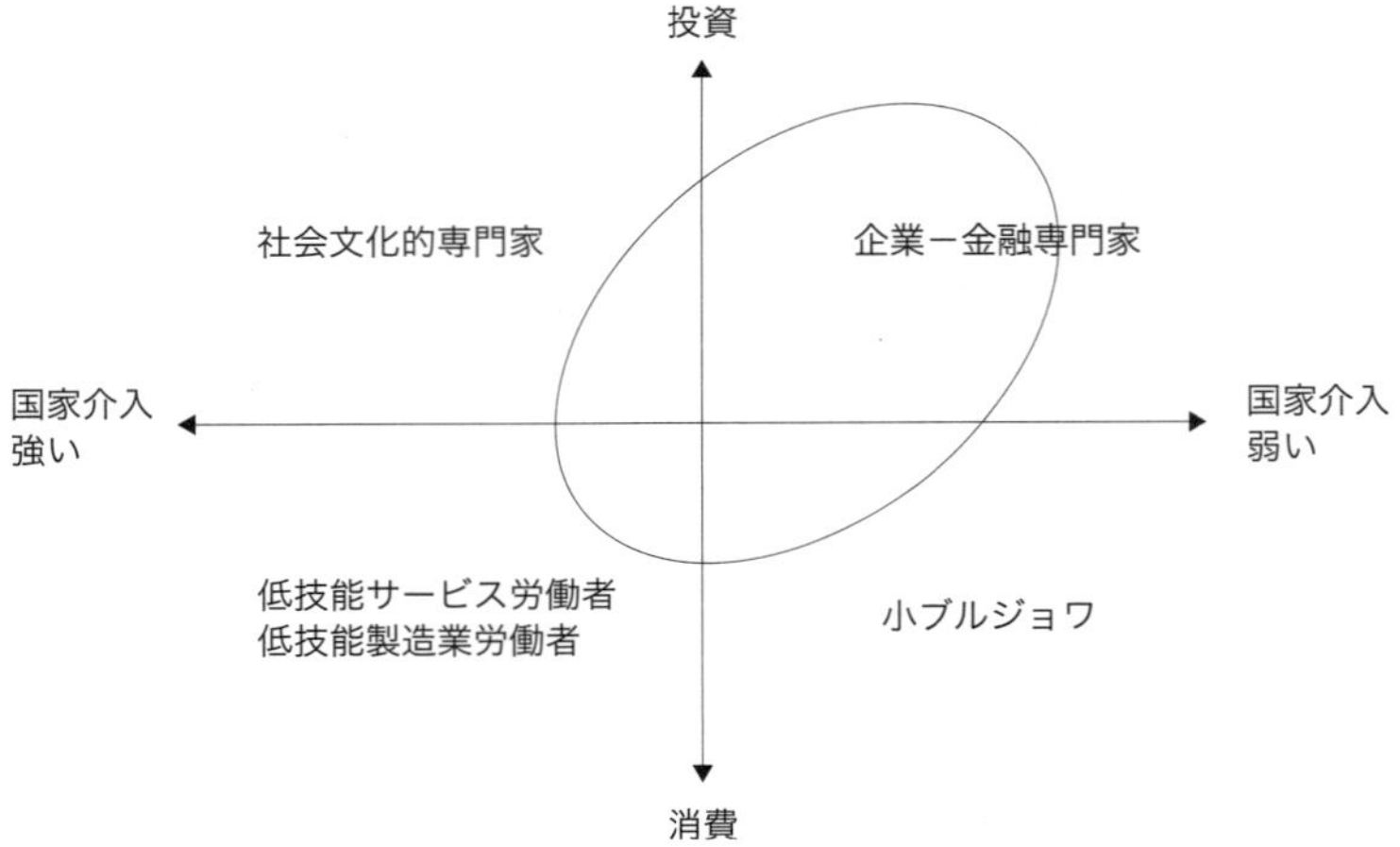

出典：Beramendi et al. (2015: 23, Figure 1.6) をもとに筆者作成。

では、イギリスやアメリカの保守政党の連合形成と課題はどのように捉えられるであろうか。イギリス保守党は従来、「企業―金融専門家」を中核的支持層とし、「低技能サービス労働者・製造業労働者」にも手を伸ばして、連合形成を目指すという戦略をとってきた。だがサッチャー・メイジャー保守党政権は、減税、規制緩和、インフレ抑制といった企業―金融専門家に有利な政策をとる一方、社会保障給付の削減と選別主義の強化によって、再商品化を推し進める福祉改革を行った。その結果、低技能サービス労働者・製造業労働者層は、保守党の支持基盤としては周辺化され、サッチャー・メイジャー政権下においてイギリス社会は「持てる者」と「持たざる者」という「二つの国民」への分断を強めた。**図表0―5**は、「企業―金融専門家」に重点がおかれた、一九八〇年代中葉以降のイギリス保守党の支持基盤を図示している。

ブレア・ブラウン労働党政権は、二〇〇七～二〇〇八年の金融危機発生前までは、財政規律原則によって政府支出を抑えつつ、ワークフェア改革によって、支出の重点を消費（再分配）から投資志向型にシフトさせた。そのことは、先にも述べたベラメンディらによる比較類型からも確認できる。そして、一三年ぶりに政権復帰したキャメロン保守党は、財政赤字の削減を政権の最優先事項に掲げ、戦後最大規模の緊縮財政政策を実施した。しかも、ユニバーサル・クレジットの導入により、一連の給付が統合されるにともない、貧困層に対する再分配効果が著しく弱められた。こうして、キャメロン保守党政権による緊縮財政とセットにされた投資志向型政策は、貧富の格差拡大という負の遺産をもたらし、周辺化された低技能サービス労働者・製造業労働者層の一部を、イギリス独立党（ＵＫＩＰ）に向かわせることになった。

ベラメンディらの比較類型論によると、アメリカは、イギリス以上に、政府支出が抑制された投資型と位置づけられている。そのこととともかかわって、アメリカはイギリス同様、国際的な比較からみても、所得格差は大きい。だが、トランプの台頭は、経済的に必ずしも裕福でない白人労働者階級の支持によるところも少なくない。こうしたアメリカの保守の現在地と課題を探るには、消費（再分配）―投資とは別の対抗軸が有効であろう。

2　社会文化的対抗軸と保守のディレンマ

右翼ポピュリスト政党の台頭とかかわって、現代の政党配置や有権者配置を捉える視点として注目されているのが、社会文化的な対抗軸である。たとえば、イングルハートとノリスは、トランプ現象やイギリスのEU離脱をはじめとするポピュリズムの台頭に関しては、大別して、①世論という需要サイド、②政党戦略という供給サイド、③選挙制度といった制度的配置の三つの観点から説明が可能であるとし、需要サイドについては、次の二つの理論があるという。すなわち、経済的不安説（economic insecurity thesis）と文化的反動説（cultural backlash thesis）である。前者によると、ポピュリズムの台頭は、脱工業化といった経済の構造変化に起因する経済的不平等の拡大や社会的剥奪に対する不満、中道左派を中心とする主流派政党への信頼の喪失の産物であるとされる。一方後者によると、ポピュリスト政党への支持増大は、純粋に経済的な現象として説明できない。物質主義から脱物質主義への進歩的な価値変容に対する、古い世代による文化的反動として捉えうるところが大きいとされる（Inglehart & Norris 2016: 1-3, 10-16）。

イングルハートとノリスが、欧州社会調査（European Social Survey）による二〇〇二年から二〇一四年までの調査結果を利用して、ポピュリスト政党への投票要因を検証したところ、経済的不安説は部分的にしか支持されない。経済的不安説によると、ポピュリスト政党への支持は、未熟練労働者や失業者、低学歴層といった経済的に周辺化された不安定な社会層に集中して観察されなければならない。しかし、ポピュリスト政党への支持が最も強いのは、中小自営業者であった。反移民、権威主義的な価値への支持といった文化的反動仮説の方が、説明モデルとしての有効性は高い（Inglehart & Norris 2016: 27-28）。さらに、二〇一四年の Chapel Hill Expert Survey をもとに、ヨーロッパ三一か国における二六八政党のイデオロギー位置を因子分析したところ、政党間競争において、従来の経済的な左—

図表０－６　西欧社会の政党間競争モデルにおける保守政党と右翼ポピュリスト政党

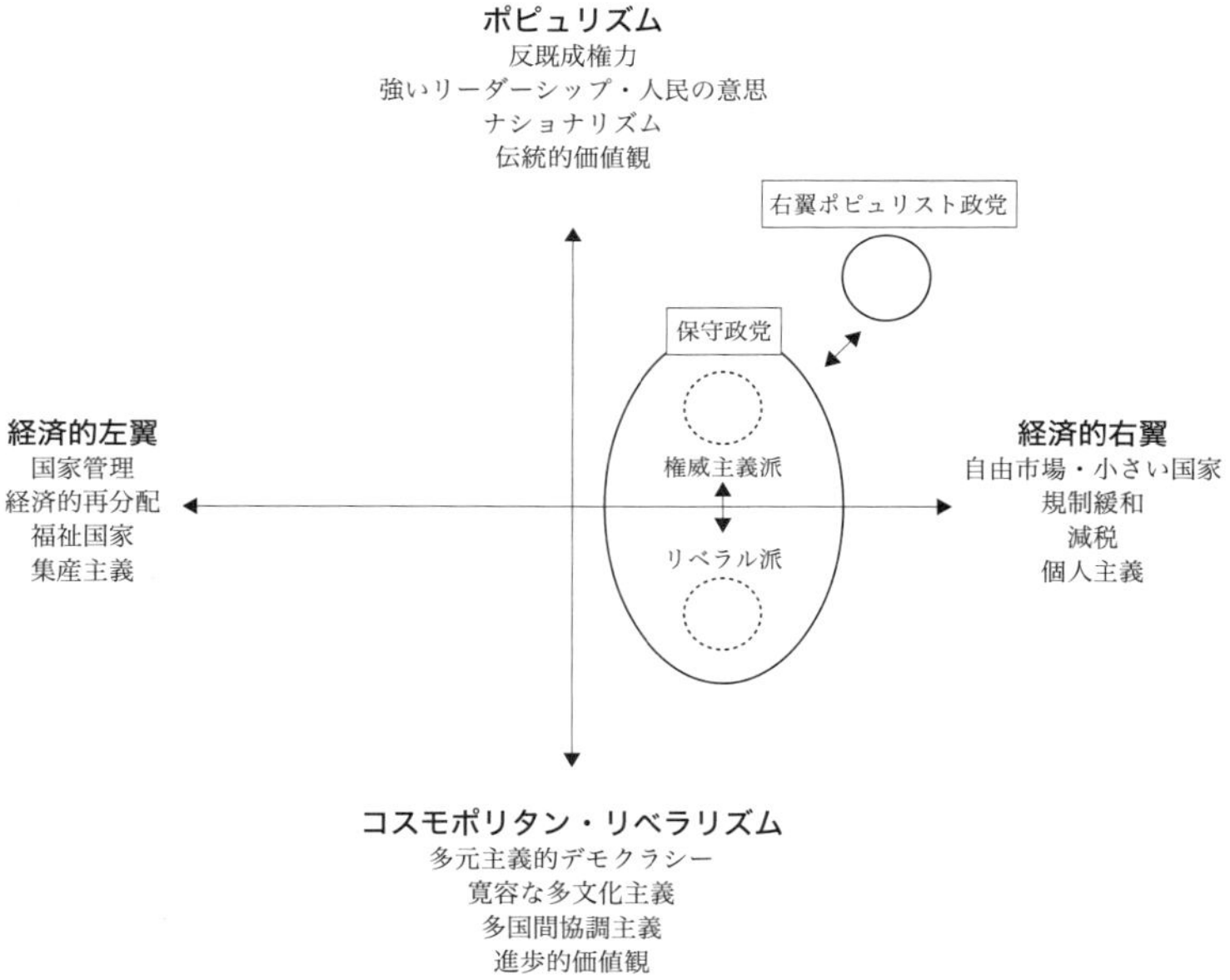

出典：Inglehart & Norris (2016: 34) をもとに筆者作成。

右亀裂に直交するかたちで、今日では、ポピュリズム―コスモポリタン・リベラリズムという新しい文化的亀裂が台頭してきているという(Inglehart & Norris 2016: 17-18)。

図表０―６は、イングルハートとノリスが析出した二つの対抗軸をもとに、保守政党と右翼ポピュリスト政党の配置を図示したものである。ポピュリズム―コスモポリタン・リベラリズムという社会文化的対抗軸は、右翼ポピュリストの台頭を説明する軸として析出されているが、保守政党の現在地とディレンマを捉えるうえでも有効である。

右翼ポピュリスト政党に支持が流れるのを避けるために、移民問題、ナショナル・アイデンティティ、性的マイノリティ、EU問題等をめぐって、保守政党が右翼ポピュリスト政党寄りの政策的立場を採り入れようとすると、コスモポリタン・リベラリズムの立場に立つ党内リベラル派の反発を招きやすい。逆に、保守政党がこうした争点に関して、右翼ポピュリスト政党との相違を強調して、党内リベラル派の政策的立場に傾くと、権威主義的でナショナリスティックな価値観に立つ議員や支持層の、右翼ポピュリスト政党への離反をもたらすことになりかねない。本書での事例に則していえば、イギリス保守党とUKIPの関係をはじめ、フランスの保守政党と国民戦線、オーストリアの人民党と自由党、さらにドイツのCDU/CSUと「ドイツのための選択肢」との政党間政治、それと連動した保守政党内の政党政治を比較考察するうえで、この対抗軸は有効である。ポピュリズム―コスモポリタン・リベラリズムという社会文化的対抗軸は、右翼ポピュリスト政党の台頭という新たな時代状況に直面した保守政党にとって、保守すべき価値やアイデンティティは何かという問題を鋭く突きつけているといってよいであろう。

アメリカの場合、**図表0―6**に即していえば、トランプは、右翼ポピュリスト政党にほぼ等しい配置に位置づけられよう。トランプと共和党との関係を、「アウトサイダー保守」対「主流派保守」という図式で捉えると、トランプ現象の意味を理解しやすい。第8章〔西山論文〕が明らかにしているように、トランプの台頭は、多文化主義に不満を感じている白人労働者層の支持獲得に因るところが大きい。これら白人労働者層は、人種・民族、さらにジェンダーの点でも、主流派の社会文化から逆差別を受け、幾重にも重なった被害者意識を持っている。それだけに、これら「新しいマイノリティ」の不満を吸収することで台頭してきたトランプは、アメリカの保守派と共和党の性格を変化させる可能性があるという。

本書で取り上げた各国の事例、特に台湾と韓国については、ベラメンディらが提示している政治経済的な比較枠組みやポピュリズム―コスモポリタン・リベラリズムといった対抗軸によって、位置づけられるわけでは必ずしもない。ただ、第3章〔林論文〕は、ナショナリズムをめぐる対立が台湾の政党システムの展開に強い影響を与えていることを克明に分析している。国民党の場合、中国ナショナリズムを主軸とする政党であることが、これに対して民主進歩党では、台湾ナショナリズムの強化という目的が、それぞれの党の保守化を促す要因となった。ナショナル・アイデンティティをめぐる対立が、国民・民進両党の保守性を刻印づける一因となったという点で、台湾の事例も、広義に解釈すれば、社会文化的な要因が政党の保守性を捉えるうえで有意性を持つ事例と位置づけることもできよう。

3　本書の構成

以上のような理解に基づき、本書は次のように構成されている。

第1章〔城下論文〕は、政治指導、政策、圧力団体との関係という三つの側面において、二〇一二年総選挙後の自民党政治の変化と持続を検証している。具体的には、自民党政治の縮図であり、安倍政権による規制改革の象徴的な対象でもある農政分野に分析の焦点が当てられる。全中では、政権の方針に沿った改革が実現されたのに対して、全農改革は首相の意図したようには進まなかった。両改革が対照的な帰結に終わったのはなぜなのか。その要因については、政権側の姿勢や意思、それに対する農林族議員の抵抗度といった観点から比較分析される。さらに、全国・地方農政連の政治資金収支報告書をもとに、政治献金という視点から自民党と農協の関係について、城下は詳細なデータ分析を加え、特定の一部の議員に献金が集中している実態を明らかにしている。

韓国においては、権威主義政権の発展主義型経済戦略による経済成長の達成、北朝鮮との対立と強固な反共主義という特殊性が、保守政党の政治的基盤となった。第2章〔安論文〕は、地域間対立軸を中心とした韓国の政党システムが、金大中《キム・デジュン》と盧武鉉《ノ・ムヒョン》の両進歩派政権の登場を契機として、イデオロギー対立をめぐるものへと変容したとし、そうした図式のなかで韓国の保守政党の刷新と凋落・分裂を論じている。ハンナラ党・セヌリ党は、「大きな市場と小さな政府」を目指す新自由主義を掲げ、福祉拡大を打ち出す。しかし、李明博《イ・ミョンバク》・朴槿恵《パク・クネ》の両保守政権下の実際の政策はそれとは矛盾し、権威主義的な政権運営へと傾斜していく。ではなぜそうした乖離が生ずるのか。韓国において新自由主義は、市場経済の秩序確立という観点から、財閥に対する規制強化にもつながりかねず、そのことが保守政党の刷新を困難にしている一因であると安は指摘している。

第3章〔林論文〕は、台湾における国民・民進両党が、どのようにして保守化してきたのか、ナショナル・アイデンティティをめぐる対立という観点から検討している。注目されるのは、社会的クリーヴィジ論を台湾のナショナリズム政党システムの形成に適用していることであろう。リップセットとロッカンが分析対象としたヨーロッパ諸国では、一連の決定的分岐点が順番に発生し、それに合わせて政治勢力の再編が展開されてきた。これに対して台湾では、産業化、普通選挙権の導入といった一連の政治社会変動がわずかの時間差で発生した。そのため、植民地統治と権威主義体制によって形成された中央対周辺の対立に社会的クリーヴィジが固定され、それを映し出す政治的対立もナショナリズムをめぐる対立へと固定化されることになったという。だが二〇〇〇年代に入り、台湾社会への中国の影響力の急激な増大、それに対する市民社会による抵抗運動である「ひまわり運動」の登場によって、台湾における保守―進歩の対立軸は新たな局面へと進むことになる。台湾に浸透する中国要因が、保守化した民進党に新しい進歩性を注入する一方、国民党による先祖返り的な保守性を促していることが明らかにされる。

一三年ぶりに政権復帰したイギリス保守党は、中道左派政権下で低迷を余儀なくされていた保守の復調を顕著に示す事例のようにみえる。第4章〔阪野論文〕は、キャメロン保守党に焦点を当て、レトリックと政権下の現実の政策との乖離に注意を向ける。党イメージの刷新と政策見直しを目指した現代化戦略は、金融危機を契機に野党期においてすでに放棄され、キャメロン政権は、戦後最大規模の歳出削減に象徴されるように、新自由主義的政策へと大きく舵を切っていく。同政権のフラッグシップとされた「大きな社会」構想は、緊縮財政政策のあおりを受けて、ボランタリー部門が拡大せず、民間部門が公共サービスの主な供給者になるという「小さな国家」への傾斜を強めた。党内の強硬な欧州懐疑派議員の造反を抑え、またＵＫＩＰへの議員・支持者の離反を防ぐために実施されたＥＵ国民投票は、イギリス社会の分断を露わにすることになった。キャメロン保守党の政権復帰は、理念的な刷新というよりも、経済運営能力に対する評価の好転に因るところが大きく、緊縮財政政策もイギリス保守党の根幹部分をなす統治術の追求という視点から捉えうるとの指摘は注目されよう。

フランスでは、政治的な対立軸は、「右翼」と「左翼」の対立として捉えられてきた。そのため、保守主義を政治的言説のなかで積極的に位置づけることは、これまであまり行われてこなかった。第5章〔尾玉論文〕は、右翼の政党を保守政党と捉え、主要保守政党の合流によって二〇〇二年に結成された巨大保守政党たる「国民運動連合」（ＵＭＰ）の党内リーダーシップ、社会保障政策・移民政策を分析している。社会的排除・貧困対策の重視という点で、過去との連続性がみられるが、移民政策については、サルコジ政権は右傾化路線を鮮明にした。しかし、右傾化の代償として中道派が離反し、他方で国民戦線の周縁化に失敗するなど、ＵＭＰは支持基盤の拡大に成功していない。二〇一七年の大統領選挙・議会選挙によって左右二極体制が中断を余儀なくされた現在の状況も踏まえ、尾玉論文はフランスの保守政党が抱えているディレンマに迫る。

第6章〔近藤論文〕は、第一次〜第三次メルケル政権期のＣＤＵ／ＣＳＵに焦点を当て、政策、党―社会関係、党運営の観点から変容の諸相を分析している。一連の重要政策を検討し、原発政策、移民・難民政策、家族政策においてＣＤＵ／ＣＳＵが「現代化」したことが明らかにされる。注目すべきは、党員・有権者レベルでの変化であろう。「伝統的支持層」が縮小し、女性、若年層、高学歴、無宗教という新しい支持層が伸びている。特に党員では、高学歴化と高度専門職化が進んでいる。党運営をみれば、メルケルが盤石の体制を築いているわけではなく、ゼーホーファーがＣＳＵ内部で権力基盤を固めたことによって姉妹政党間で二頭制が成立しつつある。二〇一七年連邦議会選挙においてＣＤＵ／ＣＳＵは第一党の座を守ったとはいえ、一九四九年以来の低得票率に終わっており、「ドイツのための選択肢」も台頭しつつある。ＣＤＵ／ＣＳＵがどのような政策対応をとろうとしているのか、また何を「保守」しようとしているのかが、改めて問われよう。

すでに一九七〇年代から、オーストリアの保守政党である人民党（ÖVP）は、総選挙の度ごとに得票率を減らし、万年野党の地位に追いやられていたこと、他方で国政と地方政治において右翼ポピュリスト政党たる自由党の議会進出が常態化しているといった点で、オーストリア政治はヨーロッパ諸国のなかで特異な位置を占めている。第7章〔梶原論文〕は、二〇〇二年に第一党に返り咲いた人民党の復調を、長期低落傾向のなかで突如生じた「あだ花」であるとし、その後の停滞過程も含めて、盛衰劇の原因を分析している。しかも、オーストリアにおける「保守復調」の時期は、合意型から多数決型へのデモクラシーの転換点でもあったという。それは、保守政党の改革のあり方が、同党を取り巻く政治全体の行方とも連動していることを意味している。

建国時点からすでに近代社会であったアメリカには、ヨーロッパ的な保守主義は存在しない。第8章〔西山論文〕は、共和党に焦点を当てながら、リベラリズムへの対抗を基礎とするアメリカの保守とその変容を検討している。リベラル派への対抗という観点から、保守派は大同団結し、内部に抱える矛盾を非争点化してきた。しかし、権力の座につき、主流派の立場に躍り出るようになると、保守派内部の矛盾と対立が顕在化するようになったという。アメリカ政治はイデオロギー的分極化を強めつつあるが、有権者と連邦議会議員とのあいだにはズレもみられる。共和党についていえば、議員レベルでは存在しない、有権者レベルでの穏健派の支持獲得をトランプは目指したと西山は論じている。しかし、左―右軸で表象されるリベラル―保守の対立軸に、多文化主義への不満といった社会文化軸をクロスさせ、二次元で捉えると、異なった対立図式が現れてくるようにも思われる。いずれにせよ、西山は、アメリカの二大政党制が、一般に理解されている以上に、人々の不満をすくい上げる機能を持っているとし、そうした観点から、トランプの台頭によるアメリカの保守の大幅な変容の可能性を示唆している。

本書は「刷新する保守」という切り口から、上記八か国の二〇〇〇年代以降における保守政党の変容を比較分析することを目的としている。しかし、みられる通り、各国の歴史的文脈においてそもそも保守政党をどう捉え、位置づけるのか、保守政党を取り巻く政党システムの特徴、そしてその基底にある社会的クリーヴィジの持続・変容等々、考察すべき論点は多岐にわたっている。各国の政党・政党システムは、それぞれの国の政治経済的、社会文化的な特徴を色濃く反映した歴史的構築物であるともいえる。特に、保守政党は、各国の戦後政治を主導してきた中心的アクターであり、それぞれの国の政党政治の縮図とみることも可能であろう。その意味で、本書は保守政党に焦点を当てることで、変貌する現代先進諸国政治の諸相を浮き彫りにすることを意図している。各章の考察が、不透明感を増しつつある時代の流れを理解する一助となれば幸いである。

《参考文献》

古賀光生（二〇一六）「西欧保守における政権枠組の変容」水島治郎編『保守の比較政治学』岩波書店、三一―二四頁.
安井宏樹（二〇〇九）「ドイツの労働運動と政治」新川敏光編『労働と福祉国家の可能性』ミネルヴァ書房、一七八―一九八頁.
労働政策研究・研修機構（二〇〇六）『ドイツにおける労働市場改革』.
――（二〇一〇）『欧米における非正規雇用の現状と課題』.

Beramendi, Pablo et al. 2015. "Introduction: The Politics of Advanced Capitalism." P. Beramendi et al. (eds.). *The Politics of Advanced Capitalism*. Cambridge University Press: 1-64.

Inglehart, Ronald F. & Pippa Norris. 2016. "Trump, Brexit, and the Rise of Populism." Faculty Research Working Paper Series (RWP16-026).

第1章

［日本］規制改革の政治力学

——自民党農政と対農協関係

城下賢一

農協改革の主導者たち　安倍晋三と小泉進次郎
読売新聞／アフロ

はじめに

　自由民主党は二〇一二年総選挙で勝利して政権に復帰し、それから二〇一七年一一月現在までの約五年間にわたって、安倍晋三総理・総裁のもとで政権の維持に成功してきた。その自民党は一九五五年の党結成以来、ほとんどの時期で与党としての地位を維持しているが、ここまで常にその地位が安泰だったというわけではない。比較的最近も、二〇〇九年総選挙で大敗し、政権交代という大きな危機を経験したばかりである。しかし、次の二〇一二年総選挙に勝利した自民党は、政権に復帰しただけでなくそれ以降も連続五回の国政選挙で勝利を収めてきた。その結果、総理大臣としての通算在職日数で安倍は二〇一七年五月に小泉純一郎を抜き、戦後で三位、戦前を含めても五位の長さに達するまでになった。総選挙敗北時、あるいはその少し前に二〇〇七年参院選で敗北して第一次安倍内閣が総辞職したとき、自民党の今日の成功を予測することは困難であったろう。

　このような自民党政権の新たな成功を踏まえ、本章は、現在の自民党政治について、政治指導、政策、圧力団体との関係という三つの側面において変化と持続とを検証しようとするものである。検証にあたっては、特に、農政分野を取り上げる。

　政治指導、政策、圧力団体との関係という三つの側面は、一九九〇年代以降の政治改革にともない、自民党政治で大きく変化してきた。それ以前には、政治指導においては制約された総理・総裁のリーダーシップ、政策面では利益誘導政治、圧力団体については族議員と圧力団体との緊密な関係が自民党政治を特徴づけていた。しかし、衆議院議員選挙制度改革、政治資金制度改革、内閣機能強化・中央省庁再編など、一九九〇年代以降の一連の政治改革によって政治制度が様変わりし、総理・総裁のリーダーシップは強化され、利益誘導政治は批判の対象となって新自由主義の潮流のなかで規制改革が進展し、族議員の力は弱体化して、既得権益を奪われる圧力団体との関係も緊張を孕んだものに変化してきた。こうした変化をまさに可視化して成功したのが、小泉内閣（二〇〇一～二〇〇六年）の構造改革路線であった（猪口・岩井 一九八七、内山 二〇〇七、佐藤・松崎 一九八六、清水 二〇〇五、竹中 二〇〇六、建林 二〇〇四、中北 二〇一四、待鳥 二〇一二、Krauss & Pekkanen 2012）。

小泉内閣以来の安定を得た現在の安倍内閣は、たしかに、前者の特徴を継承しているようにもみえる。「安倍一強」という呼び名通り、安倍首相が強いリーダーシップを発揮し、特定秘密保護法や集団的自衛権の一部行使容認など、世論の反発が大きく、与党内にも反対の強い政策を実現してきている。強いリーダーシップを確保できているのは、金融・財政・成長戦略を組み合わせた政策、いわゆるアベノミクス[1]の効果である。第一の矢「大胆な金融政策」、第二の矢「機動的な財政政策」の掛け声のもとで積極的な金融・財政政策を展開し、様々な景気・経済指標を好転させてきた。景気の改善を背景に、また野党の不人気にも助けられ、おおむね安定した高い支持率を維持してきている。そのうえで、第三の矢である「民間投資を喚起する成長戦略」の策定と実現のため、規制改革をさらに推進すべく、規制改革会議（現・規制改革推進会議）で様々な改革が議論され、また実行に移されてきた。まさに、小泉内閣以来の構造改革路線の継承である（朝日新聞政治部取材班 二〇一五、Pekkanen et al. 2016）。

このような認識が、具体的にはどの程度、妥当するのか。かつての自民党政治を一方の極とし、小泉内閣期の構造改革路線を他方の極としたとき、現在の自民党政治はどこに位置づけられるのかを考えたい。

その際、特に農政分野を取り上げる理由は、二つの意味でこの分野が持つ重要性にある。ひとつは、農政がかつての自民党政治の縮図だったためである。農政には、圧力団体として極めて強力な農業協同組合（農協、ＪＡ）があり、自民党内の族議員と結んで、利益誘導を求め、実現してきた。農協が農業者の互助団体として広範に農業者を組織し、高い集票力を誇って、自民党の票田となり、族議員との政治的取引が成立していたのであった（猪口・岩井 一九八七、Calder 1988; 小針 二〇〇六、Rosenbluth & Thies 2010; 吉田 二〇一二）。もうひとつは、後述するように、現在の安倍内閣が、規制改革の象徴として取り組んでいるのが、まさにこの農協改革だからである。安倍内閣は「攻めの農政」をスローガンに農業者の生産力、所得、国際競争力の向上をめざし、そのために現在の農協の形態が障害になっていると批判し、その改革を要請したり、強制したりして、二〇一五・二〇一六年とも激しい政治的やり取りがみられた。このように、農政は歴史的な意味でも現代的な意味でも自民党政治の焦点であり、政治指導、政策、圧力団体との関係という三つの側面について、変化と持続をみやすい領域であるといえる。このため、特に農政分野を取り上げて検証することには、意味があるといえよう。

以下の構成は次の通りである。まず、自民党政治のありようについて歴史的に概観する。次いで、農協改革をめぐる政治過程を、全中改革と全農改革の二つについて明らかにし、そこにみられる政治指導、政策、圧力団体との関係について検討する。そのうえで、さらに圧力団体（農協）との関係について、政治献金と国政選挙での推薦をもとにさらに検討する。政治献金については、全国または都道府県の選挙管理委員会で公開している政治資金収支報告書を主に使用している。

Ⅰ　自民党政治の変化の過程と現在の概観
――政治指導、政策、圧力団体との関係を軸に

1　五五年体制下の自民党政治

かつての自民党が与党としての地位を継続して保ってきたのは、衆議院議員総選挙における中選挙区制度に対応した利益誘導政策を行い、圧力団体との良好な関係を構築してきたためと概括される。すなわち、中選挙区制では一つの選挙区でおおよそ三〜六人の当選者が出た。このため、自民党が議席全体で過半数を獲得しようとすると、それぞれの選挙区でも過半数、すなわち二〜四名の候補を当選させる必要があった。個々の候補者としてみれば、他党の候補者との競争よりも、まず自民党内の候補者間競争に埋没することなく、選挙を勝ち抜かねばならなかった。そのため、各種の圧力団体と個別に親密な関係を築こうとし、そのために圧力団体にとって好ましい政策を実現し、利益誘導を行うよう努めた。団体からの評価を勝ち取れば、再選のための票や政治資金の提供を期待できた。

総選挙におけるこのような党内競合関係は、二年に一度、国会議員を中心に党総裁を選出する総裁公選制と相まって、自民党内に派閥を単位とした分権的構造を生み出すことになった。党総裁をめざす有力者は、総裁選で自分を支持してくれる一般議員を確保するため、普段から派閥を形成しようとした。政治資金を提供したり、政府や党内のポスト獲得の推薦をしたりすることで一般議員の政治活動を支援し、総裁選における自身への支持を確実に期待できたのである。一般議員にとっては、選挙区における自民党内の候補者間競争に生き残るためには、個別に党内有力者と関係を取り結ぶことは大きな助けとなったし、自派の領袖が総裁、すなわち総理になれば、その活動を通して自身もさらに政治的資源を獲得する機会を期待できた。

派閥活動の活発化は、他方では総理・総裁の指導力を抑制することになった。いずれの有力者であっても、自派の議員だけで総裁選を制することはできず、他の派閥の協力を仰ぐ必要があった。このため、総裁選に勝利しても、総理・総裁は政府・与党人事や政策について他の有力者の了解を得る必要があった。こうした構造が固定化するにつれ、派閥間の角逐は激化し、総理・総裁が自民党内の事情により短期で交代しなければならないという状況がみられるようになった。

2　政治改革と小泉内閣による自民党政治の変化

前項で述べたような自民党政治は一九八〇年代半ばまでは比較的安定していたが、一九八〇年代末、リクルート事件が契機となって変化の時期を迎えた。リクルート事件のような大型の贈収賄疑獄の発生は、自民党による長期間の政権独占に起因しており、当時の中選挙区制が自民党に代わる政党の育成を阻んでいるとの理解が広まった結果、政権交代可能な制度にするために選挙制度改革の議論が進んでいった。そして、一九九三年総選挙で自民党はついに総選挙で過半数の確保に失敗して野党に転落し、非自民七党連立内閣により衆議院議員総選挙へ小選挙区比例代表並立制が導入されたのである。

小選挙区制を中心とした新しい選挙制度の導入は、前述の自民党政治の構造に変容を迫るものとなった。各選挙区で一人だけが当選する制度で各党は一人の候補者しか擁立せず、自民党内での候補者間の競争がなくなったため、一般議員が有力者と個別に結合して派閥を形成するメリットが薄れた。また、中選挙区制では候補者が当選するためには定数（当選者数）の枠内に入ればよく、特定の団体からの支援を中心として当選を勝ち取ることも一般的だったが、小選挙区制では当選するために他の候補者を抑えて一位の票数を獲得しなければならない。これは、特定の団体からの支援を中心とした集票活動に依存しても当選は不確実で、より広範に集票を行わなければならないことを意味していた。このような環境下で特定の団体に利益誘導を行うことは、有権者の批判を浴びやすい行為で、候補者には利益誘導のための政策を実現しようとする誘引が弱まり、圧力団体と候補者との関係も弱体化していった。

選挙制度改革の結果としてのこうした状況を踏まえ、派閥を弱体化させて総理・総裁の指導力を高め、また、利益誘導から、市場原理の活用、補助金削減、規制改革を軸とした構造改革路線へと政策路線を変更し、圧力団体との関係を敵対的な性格を含みうるものにまで変えたのが小泉内閣である。小泉は、政府・与党人事にあたって派閥の推薦を一切受け付けずに決定した。これは、一般議員に対する派閥の魅力を失わせる行動で、そのことは無派閥議員の増加として表われた。構造改革路線は、国民の財政赤字の拡大に対する懸念と減税への期待を背景に、財政再建のため財政規律を重視し、歳出の削減を進めるものであった。新自由主義的な考えに基づき、政府の規模・役割を縮小し、民間の経済活動の活性化による景気回復をめざしたのである。これらは圧力団体との関係を悪化させるもので、特に小泉が郵政民営化を主張していたため、自民党の有力な支持団体であった特定郵便局長会との関係が悪化したが、それに構わず反対を押し切って民営化法を成立させた。小泉によるこれらの変化は、二〇〇五年総選挙での大勝利によって政治的承認を得て、自民党政治の新しいあり方となったのである。

3　二〇一二年政権復帰後の自民党政治

二〇一二年総選挙で与党に復帰した自民党の政治は、これまでみてきた五五年体制下のあり方や、一九九〇年代以降の変化に対してどのように位置づけられるだろうか。

安倍は、小泉の引き立てによって急速に昇進し、小泉引退後には（短期間で失敗したものの）その後継者指名を受けて総理・総裁となり、第一次内閣を組織した。このような政治的出自からして、小泉により新たに明確化された自民党政治のあり方を継承している面が強い。

特に政治指導についてみれば、「安倍一強」「官高党低」などと称されたように、政治決定にあたっては党内の異論を抑え、特定秘密保護制度や平和安全法制のための法制定などにおいて、安倍の強力な指導力が発揮されてきた。安倍の強い指導力は人事にも現れている。二〇一二年の第二次内閣組織後、二〇一七年八月までに五回の内閣・与党人事が行われてきたが、通例と異なり、同一の人物の留任を繰り返し（麻生太郎、菅義偉、谷垣禎一、甘利明、岸田文雄、石破茂、高市早苗、二階俊博など）、政権運営への協力を継続して取り付けることに成功している。

政策面でも、小泉内閣の構造改革路線を継承する。「民間投資を喚起する成長戦略」の策定と実現のため、規制改革をさらに推進すべく、規制改革会議（現・規制改革推進会議）をブレーンに活用し、電力小売全面自由化、減反制度廃止、国家戦略特区の策定、さらに後に詳しくみる農協・全中改革などの成果をあげてきた。

このような政策路線は、やはり、圧力団体との関係を悪化させうる要素がある。後にみるように、農協との緊張関係はその典型例である。

以上、本節では、党結成から現在まで、自民党政治のありようについて政治指導、政策、圧力団体との関係を軸に概観してきた。かつての自民党政治のありようが衆議院議員選挙制度改革と小泉内閣によって新しいありように変化し、現在の自民党・安倍内閣に継承されているという見通しを得た。次節以降では、特に農政・対農協関係に絞り、この見通しの適用範囲を意識しながら、政治指導、政策、圧力団体との関係について明らかにする作業を続けていこう。

Ⅱ　農協改革①――全中改革

かつて、自民党は保護的な農政を展開し、農協を通じて農業者の所得を実質上保障する政策を展開してきた。農協によって代表される農業者の票や政治資金を期待したためである。しかしながら、農業従事者の高齢化・減少、農業所得の減少、割高な補助金支出を理由として農政批判が高まり、米価引き下げ・販路拡大や貿易自由化など、保護的農政の見直しや市場原理の導入が進められるようになった（吉田 二〇一二）。

政権復帰後の安倍内閣は、このような動向をさらに推し進めようとした。安倍首相自ら、再任されて間もない二〇一三年二月の施政方針演説で、「攻めの農業政策」[2]を掲げた。政権ではその具体化のため、成長戦略を策定するために設置された規制改革会議の主要課題のひとつとなり、専門の「農業ワーキンググループ（WG）」が設置された。二〇一三年中には、まず減反政策の五年後の廃止が決定された[3]。さらに、二〇一四年、農業WGの審議が進むなかで全中改革が政治的課題として浮上してきた。

そもそも農協は様々な組織の集合体で、地域別・機能別に複雑に分かれている。大まかに言って、組合員に対して農協のサービスを総合的に提供する単位農協が基礎的に各地域に設立され、それらを機能別に支援・とりまとめる組織が都道府県段階、さらに全国段階で設置されている。農業WGのみるところ、こうした組織のあり方が、農業生産力等の向上を妨げているとされた。

すなわち、二〇一四年六月にまとまった答申では、単位農協が都道府県段階、全国段階の組織から自立し、創意工夫で積極的な事業運営を行い、自由な経営を認められることで農業生産力の向上が期待されるところ、特に①都道府県段階や全国段階で指導・監査を行う都道府県中央会や全中（全国農業協同組合中央会）、また②独占禁止法の適用除外を受けて農産物取引の多くを請け負っている全農

（全国農業協同組合連合会）・経済連（経済農業協同組合連合会）の存在が、単位農協の創意工夫を阻害し、あるいは甘えを生み出す要因と考えられたのである。このため、全国・都道府県の中央会については、これらに強い指導権限を与える根拠となっている農協法の規定を見直して中央会による監査を廃止するとともに、「自律的な新たな制度へ移行」させることとし、また、全農・経済連については（独占禁止法の適用を念頭に置いた）株式会社への転換が検討されることになった。[4] 農協にとってはおよそ受け入れられるものでなく、強く反発した。[5]

政府はこうした改革の方向性を示した後、ひとまず農協の自己改革案策定を待つ構えをみせたが、全中がまとめた改革案は政権にとって満足できるものではなかった。一一月に策定された「ＪＡグループの自己改革について」[6]は政府の方向性と対立するものであった。自己改革案では、農業者の所得増大、農業生産の拡大、地域の活性化を目的として、農協が自己改革を行うとの立場を明らかにし、総論では政府と同様の目的・立場を示した。しかしながら、中央会やその監査権限をいずれも農協法上に規定することを求め、また全農・経済連の株式会社化についてもなお調整・検討が必要と述べるにとどめて消極的だった。いずれについても自民党政権の方向性を事実上拒否したのである。

農協の対決姿勢に対し、政府はあくまでその意志を貫徹する態度を示した。改革の焦点を絞って農協内部を分断する戦略をとったことが、農協の対決姿勢を解いて反対を切り崩す決め手になった（飯田二〇一五）。戦略のうちのひとつは、全中と都道府県中央会の扱いに差をつけることであった。政府は当初、全国段階、都道府県段階のいずれでも中央会に関する農協法の規定を撤廃する意図を示していたが、全中については農協法上での規定を一切認めない一般社団法人とするのに対し、都道府県中央会については（指導権限こそ認めないものの）農協法上に規定された連合会となれるように配慮した。後述するように、全国の選挙では中央段階の農協組織よりも都道府県段階の組織とのかかわりが深いため、選挙への影響を抑えようとする狙いもあった。もうひとつは、准組合員制度の規制を取引のカードに用いたことである。農業者である組合員だけでなく非農業者である准組合員を増加させて信用・保険業務の顧客とすることが、特に都市部の単位農協にとっては利益の源泉となっていた。政権では、この准組合員数を正組合員数に比して五〇％にとどめることも視野に入れていた。もしそうなれば単位農協の経営が脅かされるとの危機感が広がり、農協全体で全中を守ろうという意欲は失われていった。政府の分断策により孤立した全中は二〇一五年二月に屈服し、政府はその思惑通り、八月の農協法改正で、全中の一般社団法人化、都道府県中央会の連合会化、それらの指導権限の剥奪を実現した。

この間、農協と関係の深い農林族議員は政権と農協とのあいだに入り、全中の言い分も考慮されるように努めた。二〇一四年六月に（上述の）政権の改革の方向性が出される前、検討段階では「中央会制度の廃止」が打ち出されようとしていた[7]。自民党農林族は、インナーと呼ばれる有力議員を中心に対応策を協議し、中央会制度の廃止を回避すべく「自律的な新たな制度」という一般的な表現を編み出し[8]、六月段階ではこの表現が政権の決定に取り入れられるなど、一定の成果をあげた。

しかし、二〇一五年一月、政権がなおも廃止をめざした攻勢を強めたとき、農林族議員は全中の防衛を図ろうと努めたが、成功しなかった。一月六日、西川公也農相が農相として初めて、中央会の監査権限を剥奪する意向を明確にした[9]。これを受け、農林族は一月二〇日からの作業部会（農協改革等法案検討プロジェクトチーム）の会合で反対を続け、中央会や監査権限の規定存続という現状維持を求める声を強めた[10]。しかし、二月一日、農水省がインナーに対して示した案は、作業部会での議論、特に中央会の組織形態や監査権限に関する意見を取り入れず、全中の一般社団法人化や監査権限の剥奪を明確にするものだった。ここにいたって、インナーもこれらの問題に対する政権への抵抗を諦めてその方針を受け入れ、農協に対する説得役に変わっていった[11]。農林族は政権の強い意志の前に方針を受け入れざるをえなかったのである。

全中改革の過程をもとに、政治指導、政策、圧力団体との関係について考察すると、政治改革の結果として想定されるような典型的な事例であるように見受けられる。すなわち、圧力団体との関係を重視する族議員が団体の要望を考慮し、政府の方針とのあいだで妥協点を見つけ、双方に受け入れさせるというかつての自民党のやり方はみられず、全中は全面的に政権に屈服し、族議員の役割は（二〇一三年の）政権の意向を伝達するに等しいものとなった。規制改革会議にブレーンを集めて政策立案と決定を主導し、圧力団体と敵対してでも成長戦略のための規制改革という方針を貫徹しようとした首相の意思が貫徹したものといえる。政治指導、政策、圧力団体との関係のいずれもで、従来の自民党政治からの変化が観察できる（内田 二〇一五）。

Ⅲ　農協改革②——全農改革

中央会改革という「六〇年ぶり」[12]の改革が決着しても、安倍内閣はさらなる農協改革を追求し続けた。その推進力となったのは、二〇一五年一〇月に農林部会長に就任した小泉進次郎であった。小泉には、同月の環太平洋パートナーシップ（ＴＰＰ）協定大筋合意を受けた対策づくりが期待されていたものの、安倍の「攻めの農業政策」の方針に照らして、当然、ＧＡＴＴウルグアイ・ラウンド時の対策のような巨額の補助金のばらまきといった対策であってはならないとの認識が共有されていた。小泉は就任直後、「真に（農業・農業者の）体質強化」につながるような政策を策定するべく努力する意向を表明し、「攻めの農業政策」路線を踏襲する姿勢をみせた。[13]早速、一一月には、二〇一六年秋を目途に「農林水産業骨太方針」を策定することとし、[14]小泉自ら委員長を務める作業部会（農林水産業骨太方針策定プロジェクトチーム）を編成した。

小泉は全中改革の際にも問題とされていた全農について、その資材取引の価格の高さを特に問題視した。二〇一六年一月一八日、作業部会の初会合でヒアリングのために招かれた農業者は資材価格が極端に高かったり、購入先の選択に農協の横やりが入ったりする実態を述べ、注目を集めた。[15]ヒアリングの対象となった農業者は小泉が招いたもので、ヒアリングを受けて小泉は資材価格の引き下げを強く主張するようになった。さらに三月の会合では、自らの事務所が中心となってまとめた農協別の農薬価格差を公表した。[16]それによれば、多くの農薬で最高値と最安値の差が二割以上あり、価格差は最大二倍に達したとされる。全農による資材流通の不透明さがますます印象づけられることになった。

七月の参院選のためにそれまでは目立った動きは抑えられたが、参院選が終わると、小泉は「全農改革が今後の本丸になる」と表明し[17]、秋のとりまとめに向けた調整がさらに活発化していった。小泉はそれまでに政府・与党内外に連携を広げ、政権もこれをバックアップしていた。農林族のインナーでは西川公也、農林部会では部会長代理の福田達夫、政府には（小泉の前任部会長を務め、二〇一五年農協法改正をとりまとめた）農林水産副大臣の斎藤健が小泉の協力者として名前があがっている。彼らはいずれも例外的に二〇一六年八月の政府・与党人事の際に揃って留任した[18]。農林水産省でも、経営局長として全中改革を事務方でまとめた奥原正明がそのまま事務次官に昇格した。農水省で本省局長から直接次官に抜擢されたのは近年例がなく、政権の政治的意図が明瞭な人事となった[19]。

農協側にも小泉への協力者が存在した。農協では全中改革を機に会長が辞任し、二〇一五年八月、改革派の奥野長衛が新たな会長に就任していた。奥野は会長選や就任後の記者会見で、全中が「（農家や農協組織の）ピラミッドの頂点に位置するのではなく黒子に徹すべきだ」「全中は各地域の農協から声をくみ上げる組織に変わる必要がある」などとして改革志向を明言し、政治との関係についても「対決よりも対話」と強調し、「政策を提言し、政府・与党や政治家と打開策をつくっていきたい」という姿勢を示した[20]。言葉通り小泉と会合を重ね、視察にも同行するなどした[21]。小泉の問題意識と歩調をあわせ、全農の領域である資材価格の引き下げや販路拡大にかかわった。二〇一六年八月には、経団連会長と首脳会談を行って資材の価格引き下げで協力を確認したり、大規模な農業法人が加盟する日本農業法人協会との首脳会談を行って資材価格の引き下げに関する協議を行ったりした[22]。そして九月には、全中から自己改革案を提示した。その内容は、資材価格の引き下げのため方策を講じるとともに、販路を拡大して農業者の所得拡大を実現しようとするものだった[23]。

このように、発信力のある小泉により明確な主張がなされ、農協内部にも協力者を確保して全農改革は進められたが、最終的な政策決定は必ずしも小泉の思うようには決着しなかった。意外な障害になったのは、規制改革会議の後継組織として二〇一六年九月に新たに設置された規制改革推進会議とその改革案であった。彼らは全中改革案を提言した二〇一五年同様、再び全農改革に乗り出し、小泉と協力して具体的な案を作成していった。その結果、二〇一六年一一月一一日にまとまった「農協改革に関する意見[24]」は、やはり前回同様、想定以上に急進的なものだった。資材価格の引き下げを進めるため、全農が行ってきた購買事業からの撤退を一年以内に求めるものだったためである。購買とは、全農がメーカーから資材を調達して農協に卸すもので、この際に手数料の上乗せが行われている。全農側からみればメーカーの価格が高いほど手数料が多く入るわけで、規制改革推進会議は「物品の総額に対しての手数料だと、一円でも安く供給するというインセンティブと自己矛盾する」と判断し[25]、資材価格の引き下げのためには全農の購買事業からの撤退が望ましいとの結論を下したのである。

規制改革推進会議でまとめられた「意見」に対して、農協は一斉に強く反発した。全農の購買事業での取扱高は二〇一三年時点で約二兆七〇〇〇億円に達しており[26]、それが一年以内に撤退となれば組織の浮沈にかかわりかねないためである。「意見」の発表から一週間後に開かれた自民党の農林合同会議には全農の中野吉実会長だけでなく、小泉と協調路線をとってきた全中会長の奥野も出席し、拒否の態度で一致した[27]。そのうえ、全中は二一日、「JA自己改革等に関する与党との緊急集会」を開いて「JA自己改革に関する決議」を採択し、「意見」は自主・自立の協同組合の理念等に反するものであって認めることはできず、今後の与党のとりまとめで「意見」に含まれる全農の購買事業の縮小・委託販売の廃止等が反映されることは容認できないとした[28]。奥野全中会長は改革派として集会による圧力行動に否定的で、「やめようとずっと言ってきた。広報活動にしても、組合員に対して語りかけるだけでなく、もっと外の世間一般に向けて進めないと意味がない[29]」と言っていただけに、全中による緊急集会開催からは不満の大きさがうかがわれた。

自民党内の族議員の動きも活発で、農協を支援し、規制改革推進会議の「意見」への批判が集中した。先の一七日の農林合同会議には反対派の議員が多く出席した[30]。二一日の緊急集会には、自民党から幹事長の二階俊博やインナーの有力者である西川公也も出席し、西川が購買の維持の必要性を強調するなど、農協と歩調を合わせてみせた[31]。

このような過程を経てまとめられた「農林水産業骨太方針」は、折衷的な内容となった[32]。すなわち、規制改革推進会議の「意見」で求められたような資材価格低減のための方向性を受け入れつつ、その実現のための具体策や時期については全農が自ら決定できる自己改革とした。また、改革が実現されるよう全農が年次計画や数値目標を公表し、与党および政府が進捗状況について定期的なフォローアップをするとされたが、農協はこの規定自体の削除を求めた。小泉は一年以内というスケジュールを削ったこと等を盾にして削除を拒否した。農協側はなお粘り、フォローアップをする「与党及び政府」中、政府とはどの機関を指すのかの明示を求めた。農協としては、再三再四、規制改革推進会議に介入されることを避けたかったためである。このため、自民党が追加の決議で、「全農の自己改革についての与党・政府によるフォローアップについては、与党及び農林水産省が緊密に連携しながら行うものとすること」との文言により政府が基本的には農水省を指すとの理解を示し、ようやく妥結した。(33)

前節同様、全農改革の過程をもとに、政治指導、政策、圧力団体との関係について考察すると、今回は政治改革の結果として想定されるものとは異なり、農協の政治運動やそれを受けた族議員の働きかけが一定の効果を果たし、双方の面目がたつような内容に落着したといえよう。全中改革と同様の政策を推進しようとする小泉に対し、安倍首相は規制改革推進会議で続々と支援の発言を行った。九月一二日に「関係業界や全国農業協同組合連合会（JA全農）のあり方を予断なく見直す」と強調し、また一一月七日には「全農改革は農業の構造改革の試金石だ。全農は新しい組織に生まれ変わるつもりで組織体制を刷新してほしい」と述べている。(34)しかし、全中改革の際のようにあくまで意向を貫徹させようとする動きはみせず、むしろ、「意見」の発表後に農協や族議員の反発が高まるのをみて、小泉を官邸に呼んで「農家に配慮した改革案をまとめるように」と指示した。(35)安倍の対応が前年と異なるのは、八月の人事で幹事長に就任した二階の意向への配慮とも考えられる。二階は全中改革の際にも急進的な改革を牽制したことがあった。(36)幹事長就任直後にはJA関係者と懇談し、「政治の要諦は選挙だ。それが分かっていない若手が多すぎる」と語り、暗に小泉を批判したとも伝わる。(37)前述の一一月二一日の会合への出席をみても、急進的な全農改革に反対の意図は明らかであろう。このように、全農改革の過程についてみると、全中改革時とは異なって自民党のかつてのありように近いように見受けられる。

Ⅳ　政治献金を中心とした自民党の対農協関係

ここまで前二節にわたって、農協改革とまとめられる全中改革と全農改革の政治過程を追跡するとともに、それぞれの事例から安倍内閣・自民党の政治指導、政策、圧力団体との関係について考察してきた。ここでは、別の方法で、自民党と農協との関係について明らかにしていきたい。それは、政治献金のやり取りを通じた関係である。圧力団体の有する影響力の主な源泉は、選挙時の集票能力と政治献金を通じた支援である。そのため、政治献金の流れを追うことで、圧力団体の影響力の強さをある程度推し測ることができるだろう。そのための資料として、農協の政治団体である全国農業者農政運動組織連盟（全国農政連）および都道府県段階の農協の政治団体（名称は様々であるが、ここでは簡便化のため地方農政連と総称し、個別には○○県農政連などと呼称する）の政治資金収支報告書を利用する。

政治資金収支報告書は、政治資金規正法によって各政治団体に対して作成・提出が義務づけられたものである（政治資金制度研究会 二〇一五）。報告書では政党支部や国会議員に関係する団体については一万円以上、その他の団体については五万円以上について細目を記さなければならない。提出を受けるのは全国または各都道府県に設置されている選挙管理委員会（選管）である。選管は三月または五月の各末日までに前年の報告書を受け付け、一一月頃を目途に報告書の内容をとりまとめた概要を発表する。あわせて、提出された報告書については三年間保管され、希望する者は申請により閲覧・交付を受けることができる。さらに、近年では報告書自体をインターネット上で公開する動きも進んでおり、その場合には、選管のウェブサイトで申請不要で見られるようになっている。本章執筆時には、二〇一三年から二〇一五年分を利用することができた。

政治団体についても確認しておくと、①政治上の主義もしくは施策を推進し、支持し、またはこれに反対すること、②特定の公職の候補者を推薦し、支持し、またはこれに反対することを、本来の目的とする団体および主たる活動として組織的かつ継続的に行う団体のことをいう。個人や政治団体以外の団体（企業など）が政治団体に対して政治献金（寄附）を行う場合には、量的または質的に様々な制限がかけられているため、政治活動のための資金を集めたり、他の政治団体に寄付することが容易になるのが政治団体を設立するメリットのひとつである。このため、業界団体が政治団体を設立し、政治献金のために活用するケースがよくみられる。

農協もまさにそのケースに該当し、現在、全国段階では全国農政連が設立されているほか、地方農政連も（全部ではないものの）三四都道府県に設立されている（城下 二〇一六）[38]。政治資金パーティーを開いて農協内の各団体にパーティー券を購入してもらったり、都道府県段階の政治団体（ここでは地方農政連と総称する）からの会費を徴収したりして政治資金を集め、集めた資金を農協から推薦して自民党議員として当選している議員に寄付して農協の利益を代表する活動を依頼するわけである。

したがって、農政連の収支報告書をみれば、政治献金の面から自民党と農協とのつながりの程度について知ることが期待できる。ただし、後述する通り、全国農政連の献金は農協として擁立している参院選比例区選出の議員（山田俊男、藤木眞也）に限定されており、全国段階の収支報告書だけで自民党と農協との政治献金によるつながりの大要をつかむことはできない。前述の通り、総選挙や参院選地方区の候補者の選挙支援は都道府県段階の農協組織が中心になって支援しており、これら候補者／議員に対する献金も、地方農政連から行われているためである。よって、全国農政連だけでなく地方農政連の政治資金収支報告書を含め、各選管への閲覧・交付申請、またはインターネット上のダウンロードにより収集した。

収集した政治資金収支報告書からは、会費、渉外費、パーティー券代、推薦料、陣中見舞いなど様々な費目で自民党や自民党議員への献金が行われているのがわかる。これらを抜き出してデータセットを作成した。以降の数値は、このデータセットをもとに算出したものである。

まず、全国・地方農政連全体で自民党関係の献金の総額をみると、二〇一三年から順にいずれもおよそ七四〇〇万円、一億二〇〇万円、一億五〇〇〇万円となっている。このうち、全国農政連はそれぞれちょうど一四〇〇万円、二〇〇〇万円、七一〇〇万円を支出している。二〇一五年に全国農政連の献金額が急増したのは、それまで一人（山田）しか参議院比例区に組織代表を有していなかったところ、二人目の組織代表候補として藤木を擁立することを決定し、立候補準備のために五〇〇〇万円を献金しているためである。これに対して、地方農政連はいずれもおおよそ六〇〇〇万円、八二〇〇万円、三四〇〇万円を献金している。額の増減については、二〇一三年に参院選、二〇一四年に総選挙と二年続けて国政選挙が行われたのに対し、二〇一五年には（地方統一選はあったが）国政選挙がなかったためと推測される。

個別の地方農政連で自民党関係の献金がどの程度の規模行われているのかを知るため、都道府県別、年別に総額を集計して示したのが**図表1―1**である。これをみると、ほとんどの地方農政連では自民党関係の政治献金が五〇〇万円以下にとどまっていることがわかる。五〇〇万円超の献金を行っているのは、二〇一三年で三つ（北海道、茨城、鹿児島）、二〇一四年で二つ（茨城、愛知）、二〇一五年では一つ（茨城）にしか過ぎない。まったく献金を行っていない地方農政連も少なからず存在し、国政選挙が行われた二〇一三年と二〇一四年には六つあり、二〇一五年には一一にものぼっている。

図表1－1　地方農政連による自民党関係政治献金総額ごとの件数（年別）

総額	2013年	2014年	2015年
0円	6	6	11
250万円以下	20	16	17
500万円以下	5	10	5
500万円　超	3	2	1
（不存在）	13	13	13
計	47	47	47

議員単位で献金額や頻度をまとめてみると、特定の一部の議員に献金が集中している様子がみえる。すなわち、二〇一三年から二〇一五年までの三年間のあいだに、全国・地方農政連のいずれか一つ以上から献金を受けた議員は総計一七二人存在する。このなかで、前述の組織代表である山田は三年間で総額約八一〇〇万円を受け取り、同じく組織代表として二〇一六年参院選で比例区からの立候補が決まった藤木は二〇一五年だけで五一〇〇万円を受け取っている。他方、彼らの受け取った献金額はたしかに大きいものの、他の議員への献金額とは隔絶している。以下、三年間の総額で第三位には上月良祐（参・茨城）と野村哲郎（参・鹿児島）が一〇〇〇万円台で続き、以降は七〇〇万円台が一人、二〇〇万円台が六人、一〇〇万円台が二九人、一〇〇

〇万円未満が一三二人と続いている。年ごとにみると、一七二人のうち六割近い九九人は三年間のうち一年だけ献金を受け取っており、参院選もしくは総選挙の際になった場合に推薦料や陣中見舞いを受けている様子がみられる。このほか、政治資金収支報告書からは、現職に限っても二六〇人前後の議員が献金を受け取っている様子がみられない。

議員以外にも、自民党の資金管理団体である国民政治協会や派閥への献金も行われている。都道府県支部連合会への献金は議員個人でなく政党への献金と捉えて別に計算したところ、二〇一三年から二〇一五年にかけ、全体でそれぞれおおよそ三二五万円、七四三万円、二九四万円であった。国民政治協会に対してもその支部に対して地方農政連からの献金が八例みられ、それぞれ二四万円、九四万円、一一二万円が献金されている。最後に派閥についてみると、二階派（志帥会）、細田派（清和政策研究会）、額賀派（平成研究会）、麻生派（為公会、当時）、石原派（近未来政治研究会）、岸田派（宏池会）に献金がなされている。最大は二階派に対してで、それぞれ四〇万円、二〇万円、四〇万円である。

このように、全国・地方農政連による自民党関係政治資金の概要をみてきたが、自民党の側から捉えなおしてみると、政治献金の額が多く、献金を通じたつながりが特に強いといえるのは農協から特別の支援を受ける者が目立つ。三年間で一〇〇〇万円以上の献金額を基準としてみるといずれも参議院議員の四人が該当し、山田、藤木については前述の通りで、この他に野村もJA鹿児島が擁立した組織代表である。これら四人の当選回数をみると、二〇一六年参院選終了後で参議院議員四人のうち野村が三回、山田は二回、上月と藤木は一回である。献金額としてはその後に、党内派閥のリーダーや当選回数の多い有力者の名前がみられるようになり、主だった人物を抜き出すと、額賀福志郎（二〇一四年衆院選後で当選一一回、以下同じ）、梶山弘志（同六回）、丹羽雄哉（同一二回）、石田真敏（同六回）、西川公也（同六回）、古川禎久（同五回）、二階俊博（同一一回）などと続くが、彼らへの献金額はいずれも三年間で一〇〇万円台から二〇〇万円台である。自民党国会議員の最新の平均的政治資金収入についてはデータが限られるが、朝日新聞によれば、自民党の衆議院議員の資金管理団体と自身が代表を務める政党支部を合算した平均総収入（二〇一四年分）は当選二回で約五一〇〇万円、三・四回で約六〇〇〇万円、入閣資格があるといわれる五回以上で約八五〇〇万円とされる。[39]（政治資金収支報告書という限られた資料をもとにしたもので注意は必要だが[40]）自民党にとって全国・地方農政連からの政治資金が全体のなかで占める割合が充分に大きいとは言い難い。

このようなつながりの偏りは、自民党の政策決定に対する農協の政策決定にも影響を及ぼしている可能性がある。前二節でみた通り、党内での農業政策決定においては公的な役職とは別にインナー（農林幹部会）と呼ばれる非公式の幹部会合が存在し、政府の要求を受け入れるにせよ押し返すにせよ、実質的な調整・決定はインナーのメンバーによって行われている。このインナーのメンバーが誰かについては明瞭でないが、断片的には、第二次安倍内閣発足直後の二〇一三年三月には保利耕輔、大島理森、中谷元、宮路和明、今津寛、今村雅弘、宮腰光寛、山本拓、西川公也、森山裕、小里泰弘、葉梨康弘、野村哲郎、牧野京夫、山田俊男の一五人であり、同一一月には森山、中谷、西川、宮腰、斎藤健、野村、第三次安倍内閣時には森山、宮腰、斎藤、野村、林芳正、江藤拓、吉川貴盛、第三次安倍第二次改造内閣時には西川、森山、林、宮腰、江藤、吉川、野村が含まれていたと推測される。[41] これをみると、先に名前をあげた三名のうち、二〇一六年参院選で初当選した藤木はもちろん含まれず、二〇一三年参院選で二度目の当選を果たした山田もほとんど含まれず、野村のみが恒常的にメンバーに加わっている状況である。このためか、二〇一五年、全中が全面的に屈服した改革の際、インナー内で野村は最後まで一般社団法人化に反対したものの、他のメンバーに容れられなかった（飯田 二〇一五）。山田については、二度目の当選直後の二〇一三年七月、「党内の農林族を束ねる重鎮議員」にインナーに加えてほしいと要望したところ、「ＪＡ側には積極的な改革姿勢がみられない。（その代表をインナーに加えて）意見を聞いてもしょうがない」と拒絶されていた。山田外しは官邸の意向でもあったという。[42]

政治献金からみてこのようなつながりの偏りがあるにもかかわらず、全農改革のように影響力を及ぼすことができる場合があるのは、農協が持つ集票力によるものかもしれない。国政選挙の際、全国農政連が農協推薦議員をとりまとめているが、二〇一〇年参院選以降は推薦者を絞り、高い当選率を誇っている。推薦者数に対する当選者数の割合は、二〇一〇年参院選が九三・八％（推薦者数一六人、当選者数一五人。以下同じ）、二〇一二年総選挙が九五・一％（一八二、一七三）、二〇一三年参院選が八九・五％（三八、三四）、二〇一四年総選挙が九七・六％（二〇六、二〇一）、二〇一六年参院選が八七・一％（三一、二七）である。[43]

おわりに

本章では、現在の自由民主党のありようについて、政治指導、政策、圧力団体との関係の三つの側面の変化と持続を明らかにしようとし、特に農政、対農協関係に着目してきた。

Ⅰでは、自民党政治のありようについて歴史的に概観し、従来、制約された総理・総裁のリーダーシップ、利益誘導政治、族議員と圧力団体との緊密な関係に特徴づけられていたものが、一九九〇年代の政治改革や小泉内閣の経験を経て変化し、リーダーシップの強化、規制改革、圧力団体との関係の希薄化が指摘されることを確認した。

Ⅱ・Ⅲでは、全中改革、全農改革の政治過程を追跡しながら、上記三側面について検討した。その結果、政策については、いずれも安倍首相の方針に基づき、規制改革を推進することで経済成長を実現しようとする方針が確認された。しかしながら、政治指導や圧力団体との関係については二つのケースは対照的で、全中改革のケースでは首相の指導が貫徹し、圧力団体と敵対してもこれを屈服させるという姿勢が発揮された。この点は、従来の自民党政治からの大きな変化といえる。他方、全農改革のケースでは農協とその要請を受けた族議員が首相の方針に抵抗し、首相の意図したようには進まなかった。こちらでは従来の自民党政治との連続性をみることができた。

Ⅳでは、農協による自民党関係への政治献金を明らかにし、政治献金からみえる自民党と農協のつながりを中心に、圧力団体との関係という側面をさらに検討した。その結果、農協は全国や地方で政治団体を設立して献金活動を行っているものの、献金によるつながりには偏りがあり、このため、全中改革のケースのように政策決定への影響を及ぼせない可能性があると思われる。とはいえ、それにもかかわらず、全農改革のケースにみられるように族議員と連携して政府の方針に抵抗しうる理由として、選挙での集票能力の高さが可能性としてありうると示唆した。

農協改革には、全農の自己改革のフォローアップ、また信用事業や准組合員の取り扱いをめぐって、なお規制改革の対象となる問題が多く、自民党と農協との関係も予見し難いが、それに一応の決着が着く頃、自民党は政治改革後の圧力団体との関係を安定させ、それにともなって政治指導のあり方、政策の方向性もより確定していくことが期待されよう。農政・対農協関係は、そうした動向をみるのにやはり格好の対象であり続けるだろう。

《注　釈》

（1）首相官邸「アベノミクス『3本の矢』」<http://www.kantei.go.jp/jp/headline/seichosenryaku/sanbonnoya.html>（二〇一七年九月一七日最終アクセス）。

（2）「第百八十三回国会における安倍内閣総理大臣施政方針演説」（二〇一三年二月二八日）<http://www.kantei.go.jp/jp/96_abe/statement2/20130228siseuhousin.html>（二〇一七年九月一七日最終アクセス）。

（3）日本経済新聞二〇一三年一一月二七日付朝刊。

（4）規制改革会議「規制改革に関する第二次答申　加速する規制改革」（二〇一四年六月一三日）<http://www8.cao.go.jp/kisei-kaikaku/kaigi/publication/140613/item1-1.pdf>（二〇一七年九月一七日最終アクセス）。「『日本再興戦略』改訂二〇一四　未来への挑戦」（二〇一四年六月二四日閣議決定）<http://www.kantei.go.jp/jp/singi/keizaisaisei/pdf/honbun2JP.pdf>（二〇一七年九月一七日最終アクセス）。

（5）日本経済新聞二〇一四年六月三日付朝刊。

（6）全国農業協同組合中央会「ＪＡグループの自己改革について」（二〇一四年一一月六日）〈http://www.maff.go.jp/j/council/seisaku/kikaku/bukai/H26/pdf/141111_04.pdf〉（二〇一七年九月一七日最終アクセス）。

（7）規制改革会議「農業改革に関する意見」（二〇一四年五月二二日）〈http://www8.cao.go.jp/kisei-kaikaku/kaigi/meeting/2013/committee2/140522/item2.pdf〉（二〇一七年九月一七日最終アクセス）。

（8）自由民主党農林水産戦略調査会、同農林部会、農業委員会・農業生産法人に関する検討ＰＴ、新農政における農協の役割に関する検討ＰＴ、公明党農林水産部会「農協・農業委員会等に関する改革の推進について」（二〇一四年六月）〈http://www.kantei.go.jp/jp/singi/nousui/pdf/161129plan_besshi2.pdf〉（二〇一七年九月一七日最終アクセス）。

（9）日本経済新聞二〇一五年一月六日付夕刊。

（10）日本経済新聞二〇一五年一月二一日付朝刊。

（11）日本経済新聞二〇一五年二月二日付朝刊。

（12）「第百八十九回国会における安倍内閣総理大臣施政方針演説」（二〇一五年二月一二日）〈http://www.kantei.go.jp/jp/97_abe/statement2/20150212siseihousin.html〉（二〇一七年九月一七日最終アクセス）。

（13）農業協同組合新聞電子版二〇一五年一〇月二七日付配信。

（14）自由民主党農林水産戦略調査会、農林部会決定「農林水産分野におけるＴＰＰ対策【農政新時代】努力が報われる農林水産業の実現に向けて」（二〇一五年一一月一七日）〈http://jimin.ncss.nifty.com/pdf/news/policy/130907_1.pdf〉（二〇一七年九月一七日最終アクセス）。

（15）「小泉進次郎インタビュー」週刊ダイヤモンド二〇一六年二月六日号。日本経済新聞二〇一六年二月三日付朝刊。

（16）日本経済新聞二〇一六年四月一二日付朝刊。毎日新聞二〇一六年五月三日付朝刊。

（17）日本経済新聞二〇一六年七月二七日付朝刊。

（18）国会便覧一三九～一四一版（シュハリ・イニシアティブ、二〇一六・二〇一七年）。

（19）産経新聞ウェブ版（二〇一六年六月二四日付配信）〈http://www.sankei.com/premium/news/160624/prm1606240004-n2.html〉（二〇一七年九月一七日最終アクセス）。

(20) 日本経済新聞二〇一六年六月二四日付朝刊、同八月一二日付朝刊。
(21) 日本経済新聞二〇一六年四月一二日付朝刊、同七月二三日付朝刊。
(22) 日本経済新聞二〇一六年八月三日付朝刊、同二〇日付朝刊。
(23) 「『魅力増す農業・農村』の実現に向けたＪＡグループの取り組みと提案」（二〇一六年九月八日）＜http://www8.cao.go.jp/kisei-kaikaku/suishin/meeting/wg/nogyo/20161013/161013nogyo03-1.pdf＞（二〇一七年九月一七日最終アクセス）。
(24) 規制改革推進会議農業ワーキング・グループ「農協改革に関する意見」（平成二八年一一月一一日）＜http://www8.cao.go.jp/kisei-kaikaku/suishin/publication/opinion1/281111nougyo1.pdf＞（二〇一七年九月一七日最終アクセス）。
(25) 農業協同組合新聞電子版二〇一六年一一月八日付配信。
(26) 「ＪＡグループの組織事業　経済事業（購買事業）」＜https://org.ja-group.jp/about/group/purchase＞（二〇一七年九月一七日最終アクセス）。
(27) 読売新聞二〇一六年一一月一八日付朝刊。
(28) 「ＪＡ自己改革に関する決議」（二〇一六年一一月二一日）＜http://www.zenchu-ja.or.jp/wp-content/uploads/2016/11/161121_1.pdf＞（二〇一七年九月一七日最終アクセス）。
(29) 日本経済新聞二〇一六年三月一三日付朝刊。
(30) 農業協同組合新聞電子版二〇一六年一一月一八日付配信。日本経済新聞二〇一六年一一月一八日付朝刊。
(31) 農業協同組合新聞電子版二〇一六年一一月二一日付、同二二日付配信。
(32) 自由民主党農林水産業骨太方針策定プロジェクトチーム「農林水産業骨太方針」（二〇一六年一一月）＜http://shinjiro.info/281125.pdf＞（二〇一七年九月一七日最終アクセス）。
(33) 農業協同組合新聞電子版二〇一六年一一月二八日付配信。小山田（二〇一六）。
(34) 日本経済新聞二〇一六年九月一三日付朝刊、同一一月八日朝刊。
(35) 毎日新聞二〇一六年一一月二六日付朝刊。
(36) 日本経済新聞二〇一五年一月二七日付朝刊。

(37) 日本経済新聞二〇一五年八月三一日付朝刊。

(38) 青森、千葉、石川、山梨、大阪、兵庫、鳥取、広島、徳島、香川、高知、佐賀、大分の一三府県では、政治団体としての地方農政連は存在しない。

(39) 朝日新聞二〇一六年一一月二六日付朝刊。なお、より古いデータには、佐々木ほか(一九九九)があるが、二〇年近く前のデータであるため、ここでは取り上げていない。

(40) 注意が必要なのは、農政連の政治資金収支報告書が農協からの政治献金をすべて網羅しているわけではないということである。第一に、前述の通り、農政連の報告書に義務づけられているのは五万円以上の支出についてであって、それ未満の支出の詳細は不明である。福井県農政連は顕著な例で、地方農政連のなかでは茨城県農政連と近い単年収入があるが、ほとんどの支出が五万円未満とされていて詳細が不明なため、今回の調査方法で判明した献金額は二〇一三年の一一〇万円のみで、あとの二年間はゼロであった。茨城県農政連が三年で約四〇〇〇万円の献金を行っていること、また二〇一七年現在、全国農政連の会長は茨城県からの選出であるが、前任は福井県からの選出であったことを考えれば、福井県農政連が自民党関連の政治献金を行っていないことは考えにくく、報告書への記載を不要とするため一件あたりの金額を抑えているのかもしれない。第二に、このほかにも、農政連を経由せず、たとえば単位農協など他の農協組織が政治資金規正法の制限内でパーティー券を購入するなどして実質上献金を行っているケースが散見される。こうした問題があり、農協の献金額をより詳細に調べるためには受け取り側である自民党やその議員の報告書をも精査する必要があろう。とはいえ、第一の問題については福井県農政連のような報告書は少数であるし、第二の問題については政治献金を増額するために政治団体設立が必要とされて全国農政連の発足をみたことを思えば、地方農政連を設立していない都道府県での献金額や、設立している都道府県でも地方農政連を経由していない献金額が数千万に及ぶことは考えにくいのではないかと思われ、今回のように、まず全国・地方農政連の報告書に絞って調査することに意義はあるものと考える。

(41) 日本経済新聞二〇一三年三月二四日付朝刊、同一一月二七日付朝刊。飯田(二〇一五)。前掲「農林水産業骨太方針」。ほかに、濱本(二〇一七)、吉田(二〇一二)も参照。

(42) 新潟日報二〇一四年一月一八日付朝刊。土門(二〇一五)。

（43）農政運動ジャーナル九一号五頁、九二号一頁、一〇七号一七頁、一一〇号三頁、一一八号一頁、一二七号一二頁、一二八号九頁。日本農業新聞二〇一三年七月五日付、同二三日付。

《参考文献》

朝日新聞政治部取材班（二〇一五）『安倍政権の裏の顔』講談社.

飯田康道（二〇一五）『JA解体』東洋経済新報社.

猪口孝・岩井奉信（一九八七）『「族議員」の研究』日本経済新聞社.

内田龍之介（二〇一五）「TPP交渉と農政改革」政策創造研究九号、二三一～二五七頁.

内山　融（二〇〇七）『小泉政権』中央公論新社.

小針美和（二〇〇六）「自民党長期政権下における政府買入米価の決定過程」農業経済研究七八巻一号、一二一～一三三頁.

小山田研慈（二〇一六）「初の『挫折』で小泉進次郎が得たものは」WEBRONZA二〇一六年一二月七日付配信<http://webronza.asahi.com/business/articles/2016120300002.html>（二〇一七年九月一七日最終アクセス）.

佐々木毅・谷口将紀・吉田慎一・山本修嗣編（一九九九）『代議士とカネ―政治資金全国調査報告』朝日新聞社.

佐藤誠三郎・松崎哲久（一九八六）『自民党政権』中央公論社.

清水真人（二〇〇五）『官邸主導』日本経済新聞社.

城下賢一（二〇一六）「農協の政治運動と政界再編・構造改革・自由化」宮本太郎・山口二郎編『リアル・デモクラシー』岩波書店、第三章.

政治資金制度研究会監修（二〇一五）『政治資金規正法要覧〔第五次改訂版〕』国政情報センター.

竹中治堅（二〇〇六）『首相支配』中央公論新社.

建林正彦（二〇〇四）『議員行動の政治経済学』有斐閣.

土門　剛（二〇一五）「JAトップ・萬歳会長―突然の辞任劇の真相」WEDGE REPORT（二〇一五年四月一〇日）<http://wedge.ismedia.jp/articles/-/4884?page=3>（二〇一七年九月一七日最終アクセス）.

中北浩爾（二〇一四）『自民党政治の変容』NHK出版.

――（二〇一七）『自民党』中央公論新社.
濱本真輔（二〇一七）「農業政策　政権交代がもたらす非連続的な米政策」竹中治堅『二つの政権交代』勁草書房，第一章.
待鳥聡史（二〇一二）『首相政治の制度分析』千倉書房.
吉田　修（二〇一二）『自民党農政史一九五五～二〇〇九』大成出版社.

Calder, Kent. 1988. *Crisis and Compensation*. Princeton University Press（ケント・E・カルダー（一九八九）『自民党長期政権の研究』（淑子カルダー訳）文藝春秋）.
Krauss, Ellis S. & Robert J. Pekkanen. 2011. *The Rise and Fall of Japan's LDP*. Cornell University Press.
Pekkanen, Robert J., Steven R. Reed, & Ethan Scheiner (eds.). 2016. *Japan Decides 2014*, *The Japanese General Election*. Palgrave Macmillan.
Rosenbluth, Frances & Micheal F. Thies. 2010. *Japan Transformed*. Princeton University Press（フランシス・ローゼンブルース・マイケル・ティース（二〇一〇）『日本政治の大転換』（徳川家広訳）勁草書房）.

第2章

［韓国］刷新の失敗と保守政党の凋落

――朴槿恵退陣後の漂流する自由韓国党

安　周永

朴槿恵大統領の辞任を求める「ろうそくデモ」
毎日新聞社提供

はじめに

韓国においては、戦後、権威主義的政権が長期間続き、一九八七年にいたってようやく民主化がなされた。それから一〇年が経った一九九七年の大統領選で野党の金大中《キム・デジュン》候補が当選し、その五年後に金大中政権の継承を掲げていた盧武鉉《ノ・ムヒョン》候補が再び当選した。戦後初めて政権交代が生じ、独裁から民主主義へと歴史はハッピーエンドを迎えたかにみえた（文京洙 二〇一五）。しかし、盧武鉉大統領は、退任後に「いま私を支配しているのは、成功と栄光の記憶ではなく、失敗と挫折の記憶である」（盧武鉉 二〇〇九）という言葉を残して自ら命を絶った。盧武鉉政権後に登場した保守系の李明博《イ・ミョンバク》政権と朴槿恵《パク・クネ》政権は、政権初期に国会議員の過半数を持ち、安定的な政権基盤から誕生した。それをもとにした保守政権の強引な政権運営はあったものの、政権への一定程度の支持率は維持され、野党が政権を奪還することはなお困難に思われた。しかし、李明博政権は、国会議員選挙で大勝を得た直後にアメリカ産牛肉の輸入の拡大に反対するろうそくデモによって謝罪を余儀なくされ、朴槿恵大統領も、退陣を求めるろうそくデモを契機に、任期途中に罷免されることになった。

このように、進歩政権だけではなく、保守政権も失敗に終わった。しかも、近年の保守政権の終焉はさらに劇的なものであった。朴槿恵大統領が罷免される一年前の二〇一六年四月の国会議員選挙では、与党の圧勝を予測する報道が出ていた。この時、朴槿恵大統領の罷免と保守政党の凋落は誰にも予想しえなかった。二〇一六年一二月に朴槿恵大統領は、弾劾訴追案が国会で可決され、憲法裁判所の判決により罷免された。その後に行われた大統領選では「共に民主党」の文在寅《ムン・ジェイン》候補が当選し、保守系の「自由韓国党」は、保守政党として大統領選で歴代最低の得票率しか得られず敗北した。このように保守政党の基盤が強いと思われていたにもかかわらず、一年余りの期間での政権交代を野党に許したのである。

こうした韓国のダイナミックな変化を考察するためのヒントになるいくつかの研究がある。たとえば、進歩と保守のイデオロギー対立が激しいために両政権の政策は失敗に終わったという指摘がある（大西 二〇一四）。また、大統領選と国会議員選挙のサイクルが異なるなかで、大統領は議会の過半数と与党統制を同時に得ることが困難であるため、政策が失敗に終わる可能性が高いという主張もある（浅羽 二〇一〇）。これらの研究は政党の分極化や制度論を視野に入れ、韓国の政治現状をうまく説明するところもあるが、韓国におけるイデオロギーの重要性と複雑性を十分に考慮していないという問題点がある。

イデオロギー対立が終焉したといわれるなかでも、政党政治にイデオロギーは欠かせないものである。イデオロギーは、政党にとってどのような社会が望ましいかを示すものであるために、政党間の競争はイデオロギーを必要とするからである（蒲島・竹中 二〇一二）。イデオロギー対立が望ましい社会をめぐる競争であるなら、時代と社会によってイデオロギーの内容は異なっているはずである。もちろん、民主主義と資本主義を受け入れている韓国も、ほかの先進国と類似したイデオロギーの対立や普遍性がある。他方で、欧米とは異なる韓国の特殊性にも注目する必要がある。つまり、欧米では、自由主義、保守主義、民族主義、急進主義が競合しつつ民主主義が発展してきたのに対して、韓

図表２－１　1997年以降の韓国における二大政党の変遷

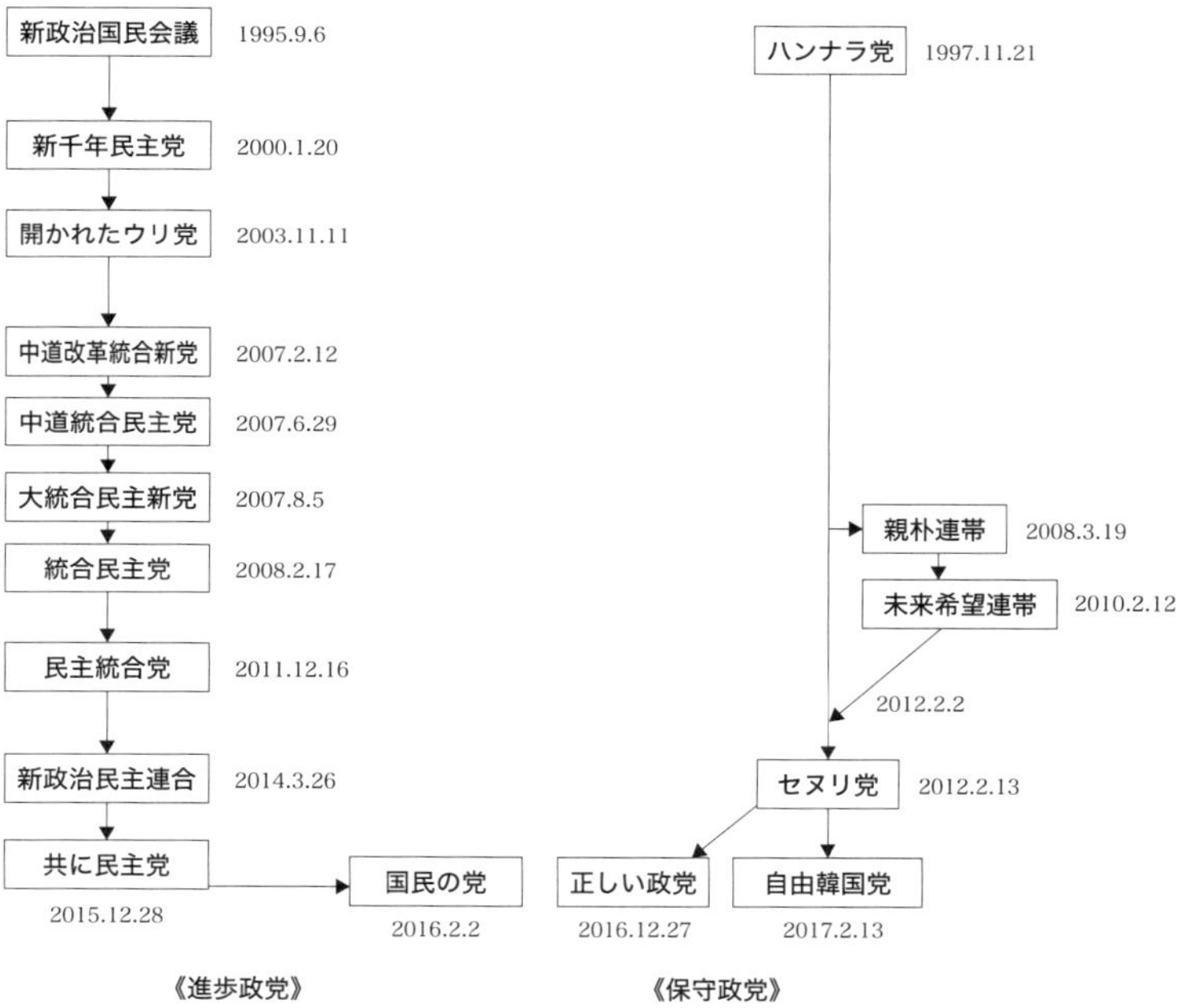

出典：共に民主党のホームページ <http://theminjoo.kr/history.do> と自由韓国党のホームページ <http://www.libertykoreaparty.kr/web/intro/web/historyView.do> をもとに筆者作成。

国では、自由主義や保守主義等のイデオロギーが十分に定着しないままに、民主主義が目的の最上位におかれ、そしてそれが導入された（姜正仁ほか 二〇〇九）。また、植民地支配からの解放、朝鮮戦争、分断国家の維持などの特殊性があるため、こうした状況から生まれたイデオロギーの特殊性は看過できない。

しかしながら、イデオロギーの分析は容易ではない。分析データが十分ではないうえ、有権者と政治家のイデオロギーをそれぞれ分析し、両者がどのように影響しあっているのかを分析することは困難だからである（趙誠帯 二〇一六：二一一―二一三）。本章は、多様な国家との比較のなかで韓国の保守政党の特徴を分析するものであることに鑑み、議員と有権者のイデオロギー変化よりも、政党の綱領を分析し、危機に直面した政党がどのように社会現状を認識し、その危機を打開しようとしたのかを分析する。それによって、韓国における政党政治の特徴とイデオロギーの普遍性・特殊性が把握できる。これに対して、韓国では大衆政党が定着しないなかで、党の綱領がどれだけ政治家に拘束力を持ち、意味があるのかという批判がありうる。しかし、二〇〇〇年代に入ってから政党組織の改革が活発になり、党の改革が進められる際に、綱領の改正も行われた。そのため、綱領の変化を通して党が目指した改革の方向性は観察できると思われる。ただし、韓国においては、政党の再編が多く、党名も頻繁に変更されてきた。前頁の**図表2―1**のように政権交代が実現された一九九七年の大統領選以降の二大政党に限っても、目まぐるしい変化がみられる。これ以外にもさらにラディカルな進歩政党と保守政党も存在しているが、本章の目的はイデオロギーの対立関係から韓国の政党政治の特徴を把握することにあるため、政権交代を実現してきた二大政党の競合関係から保守政党の変化を考察することにしたい。

Ⅰ　保守政党の強固な基盤

1　分断国家のもとでの反共主義

一九四五年八月一五日に韓国は日本の統治から解放されたが、日本軍を武装解除するためにアメリカとソ連とのあいだの合意によって三八度線が境界線となり、そのまま南と北にアメリカとソ連の軍政が出現した。その後、南と北の分断を避けるために南北総選挙による統一政府樹立を目指す取り組みもあったものの、一九四八年八月一五日には韓国政府が樹立され、同年九月九日には北朝鮮政府が樹立された。こうした過程で、南北それぞれに存在した多様な政治勢力は再編され、北朝鮮には左派勢力のみが残り、韓国には右派勢力のみが残った。さらに、一九五〇年に起こった朝鮮戦争は、このような南北のイデオロギーの分断をさらに強化し、北朝鮮には最も急進的な社会主義体制が定着したのに対して、韓国には最も反共主義的な体制が定着した（崔章集 二〇一二：三三）。

このような分断国家という環境は、韓国の政治を保守化する要因となった。北朝鮮との体制間競争のなかで、政権への批判は北朝鮮を利する行為として抑圧された。その手段として利用されたのが、一九四八年一二月に施行された国家保安法である。同法は、制定されてから何度も改正されている。しかし、「国家保全を脅かすような反国家活動を規制することによって国家の安全と国民の生存及び自由を確保する」（第一条）という主旨自体は、変わっていない。「国家安全を脅かす行為」という恣意的解釈の容易な規定は、政敵を抑圧する手段となった。初代大統領であった李承晩《イ・スンマン》は、一九四九年に米軍撤退と南北協商を主張する国会副議長の金若水《キム・ヤクス》をはじめ自分に批判的な「少壮派」議員一四名を国家保安法違反の容疑で検挙した。また、同じ政権下の一九五九年には、進歩党の党首で、かつての大統領候補であった曺奉岩《チョ・ボンアム》は、国家保安法違反という理由で処刑された。韓国の保守勢力は、社会的秩序とこれを守るための政治的信念が定着する前に、左派勢力から社会を守ろうとする敵対的保守主義が成長してきた。そこで、国家保安法は、政治的反対派や抵抗勢力に対する弾圧のために利用されたのである（木宮 二〇一二：四〇）。

また、李承晩大統領が不正選挙を糾弾するデモにより任期途中に辞任した混乱のなかで、軍のクーデタによって登場した朴正熙《パク・チョンヒ》政権は、さらに権威主義的な手法で政権を運営した。特に、朴正熙政権は一九七二年一二月二七日に憲法を改正し、大統領が国会議員の三分の一と裁判官を任命するとともに、六年任期で回数制限なく再選できるようにした。恒久的な独裁政権の基盤が作られたのである。しかも、それに対する批判を反共主義によって徹底的に封じ込めようとした。朴政権を批判する「民青学連」（全国民主青年学生総連盟）が主導するデモが全国各地で行われたが、朴正熙政権は、この運動が北朝鮮の指令を受けた人民革命党によるものとみなして、国家保安法を適用し、主導者八人に対する死刑を実行した。これは、明らかに冤罪であり、旧中央情報部（国家情報院）による政治工作が恒常的に行われた代表的な例である。こうした手法で一八年間も朴正熙政権は維持された。

しかしながら、強権的政権運営に対する批判が高まる一九七九年に、腹心の部下によって朴正熙は暗殺された。その混乱のなかで実権を握ったのは、再び軍のクーデタによって登場した全斗煥《チョン・ドファン》であった。全斗煥は、一九八〇年五月に光州の民主化運動を武力で鎮圧し、同年九月一日に大統領に就任した。この政権下で、夜間外出禁止の解除と中等学校の制服自由化などの緩和措置を実施したものの、反対する民主勢力を抑制するために、社会科学系の書籍を講読していた釜山地域の学生と会社員など一九人を国家保安法違反の容疑で逮捕・拘束した事件があった。これも後に冤罪であったことが明らかになるが、依然として反共主義と権威主義的手法が健在であったことがうかがわれる。こうしたなかで、市場経済の是正や南北統一を求める政治活動は制限され、保守的政治状況が続いた。韓国においては、北朝鮮との緊張関係のなかで、保守主義のイデオロギーが自由主義を排除することとなった。

2　開発主義型経済戦略の確立

韓国の政治を保守化したもうひとつの要因として経済戦略が挙げられる。朴正煕政権は、反共主義を利用した抑圧だけではなく、開発主義による経済成長を通して国民の支持を調達しようとした。韓国の経済は朝鮮戦争の後、アメリカからの援助による収入が主な財源であった。一九五四年から一九六一年の七年間、韓国の財政収入に占める援助収入の割合は、四九・五%にもなっており（鞠重鎬二〇一二：二七―二八）、自立経済からは程遠い状況であった。これを打開するために、朴正煕政権は、輸出主導型経済戦略を進めた。一九六〇年代初期には、政府は労働集約的軽工業部門の開発を推進し、一定の成果が得られた一九七〇年代からは、石油化学工業、金属工業、機械工業など、重化学工業化を進めた。こうしたなかで、一九六五年までは一〇%にも満たなかった国内総生産（GDP）に対する輸出額の比率は、一九七三年に二七・九%を達成するほどに、韓国経済は短期間で急激に成長した。

それ以降、対GDPの割合は五〇％を超えるなど海外経済への依存度は高くなった。

そこで重要な役割を果たしたのが、財閥であった。財閥に対する多様な政府の優遇政策が実施され、財閥は製造業だけではなく、金融や建設業などの多様な業種に進出し、経済に対する支配力を高めていった。寡占・独占を抑制しつつ、市場経済が成熟していた先進諸国とは異なり、韓国においては、政府が寡占・独占を容認し、経済発展のキャッチアップを達成したのである。一九五五年のGDPは一三億ドルにすぎず、世界最貧国のひとつに数えられたが、二〇一五年には一兆三七七五億ドルになった[1]。このように財閥は、政府の支援によって成長してきたが、国際競争力を持つようになってからは、政府の支援よりも規制緩和を求めるようになった。

これも、韓国の保守主義が欧米のそれとは異なる文脈となる。欧米では、保守主義がフランス革命、社会主義、大きな政府から社会を守るためのイデオロギーとして成長してきたのに対して（宇野 二〇一六）、韓国において、保守主義は強力な政府が市場規制を通して成長を牽引する開発主義的特徴を持つようになったのである。国際競争力の維持と経済成長のために、労働三権は抑制された。そのため、労働者側は経営者側と対等な交渉ができなかった。これと同時に、公的社会福祉に対する需要はあったものの、社会保障は等閑視されたため、その制度化も遅れていた（金早雪 二〇一六）。社会保障制度の核心であった国民皆保険と国民皆年金は、それぞれ一九八九年と一九九九年になってようやく成立した。そのため、民主化されてからも労働権と社会権の拡大を求める労働組合と社会民主主義勢力は非常に脆弱であった。政党システムにおいてもこのことが反映しており、これらの利益を代表する社会民主主義政党は存在せず、保守政党が強かったというわけである（崔章集 二〇一二）。

こうした保守偏向的な政党システムは、民主化によって改善されると思われた。アメリカとの同盟を中心とした安全保障政策や開発主義型経済戦略を是正しようとする政党も定着し、新たな政党対立軸が形成されると思われたのである。しかし現実には、地域間対立軸を中心とする流動的多党制が登場した。地域主義をめぐっては、多様な解釈があり、さらなる議論が必要であるが、地域主義が民主化以降の主な政党対立軸として存在してきたこと自体は否定できない（清水 二〇一一：二八二―二九八）。この地域主義も保守政党に有利に作用した。嶺南《ヨンナム》地方と湖南《ホナム》地方の対立として現れた地域主義は、保守政党と進歩政党が両方ともに支持を動員する手段となった。ただし、保守政党が基盤をおく嶺南地方の人口が首都圏への集中により減ってはいるものの依然として二割を超えているのに対して、進歩政党が基盤をおく湖南地方は、一割を下回るようになった。進歩政党が地域主義を打破する新しいクリーヴィジを作り出すか、他の地域との連合を模索しない限り、選挙に不利な状況であったといえる。

Ⅱ　進歩政権の登場と政策転換

1　進歩政党による政権交代

こうした保守政党優位の状況で、政権交代が初めて行われたのは、一九九七年一二月に行われた大統領選であった。この当時、大統領選の直前の一一月二一日に韓国政府がＩＭＦに緊急融資を要請するほど、財政状況は厳しくなっていた。その数日前まで政府は韓国経済は健全であると言い続けてきたが、突然国際機関に厳しい経済状況を打ち明けたかたちになった。当時の金泳三《キム・ヨンサム》政権は深刻な経済危機を招いたとされ、政権の支持率は一桁まで落ちた。こうした状況で行われた選挙であったため、選挙戦は野党に有利であり、これが政権交代の大きな要因であったといえよう。しかし、選挙結果をみれば、この要因だけでは金大中候補が選挙に勝てなかったことが確認できる。ハンナラ党の予備選挙で李会昌《イ・フェチャン》が大統領候補として選出されたものの、そこで敗れた李仁済《イ・インジェ》が離党し、新党の候補として出馬した。李仁済は、大統領選で一九・二％も得票した。金大中候補が四〇・三％を得票し、李会昌候補に一・六％の差で辛勝したことを考えると、保守分裂が金大中候補の当選に決定的な影響を与えたことがうかがえる。しかも、金大中候補は自ら別の保守系の自由民主連合との連立を組んで戦った。金大中大統領の所属政党である「新政治国民会議」は、保守系で忠清《チュンチョン》道を代表する「自由民主連合」の金鍾泌《キム・ジョンピル》候補との一本化で選挙に臨んだ。両党のあいだには、議院内閣制への合意しか存在せず、湖南地方を基盤とする新政治国民会議と忠清地方を基盤とする自由民主連合との地域的連帯という性格が強かった。初の政権交代は、深刻な経済危機を起こした保守政権の失政に加え、保守の分裂およびほかの保守との連携で臨んだ進歩政党の勝利によるものであった。

これは、金大中政権の継承を掲げて当選した盧武鉉大統領にも該当する。盧武鉉は、「新千年民主党」の予備選挙で大統領候補として選出されたものの、ハンナラ党の李会昌候補に比べ、支持率が低迷していた。特に二〇〇二年のＦＩＦＡワールドカップのブームのなかでＦＩＦＡ副会長を務めていた鄭夢準《チョン・モンジュン》が支持率を高め、出馬を宣言してからは、彼の支持率が盧武鉉よりも高い状況が続いた。支持率が三位になってから党内には候補の交代や鄭夢準との候補一本化を要求する声が高まり、離党する国会議員も出た。盧武鉉と鄭夢準の候補一本化の交渉が始まったが、与党の候補と政党の基盤がなく無所属に近い鄭夢準との交渉は難航した。結局のところ、盧武鉉側が譲歩し、世論調査で候補を決定することになった。この結果、僅差で盧武鉉が勝利し、大統領選に臨むことができた。しかし、鄭夢準は現代グループ会社の会長出身で保守系の人物であったため、選挙協力が困難であり、結局のところ、選挙前日夜一〇時に鄭夢準が盧武鉉候補の政策や理念に反対し、支持を撤回した。こうした紆余曲折の末、五七万票というわずかな差で盧武鉉は当選した。鄭夢準は二〇〇七年にハンナラ党に入り、党内の最高委員にもなった。結果的に、盧武鉉大統領も、保守候補との協力があったため選挙で勝利することができたといえる。

このように進歩政党が二回、大統領選で保守政党に勝ったものの、それは保守勢力との連携や保守分裂といった要因による辛勝であった。しかも、金大中政権と盧武鉉政権が誕生した際には、いずれも国会議席分布では自党が少数派政党である分割政府の状況であり、国会で法案を通すことは容易ではなかった。しかも、盧武鉉は、国会議員の三分の二の同意を必要とする弾劾訴追案が初めて国会で通過したことが示すように、国会での基盤が弱かった。大統領選の結果だけではなく、国会議席の分布という状況でも進歩政党は、脆弱な権力基盤におかれていたといえる。

2　進歩政権による政策転換

金大中政権と盧武鉉政権の、従来の保守政権と較べて最も異なる政策は、安全保障政策であった。両政権はそれまでの北朝鮮との対決路線から脱却し、融和政策である「太陽政策」を進めた。こうした政策転換によって、南北の関係改善がみられた。それを象徴するのが、北朝鮮に設置された金剛山《クムガン》観光地区と開城《ケソン》工業地区である。金剛山観光地区では、韓国からの観光が可能になり、開城工業地区では、韓国の企業が北朝鮮の安価な労働力を利用し、商品製造ができるようになった。しかも、金大中政権下で戦後初めて南北頂上会談が開かれ、盧武鉉は韓国の大統領として初めて陸路で北朝鮮を訪問した。しかし、保守政党は、このような進歩政権の政策が一方的な支援にすぎないと批判し、強硬な姿勢を強調した。結局のところ、保守政権のもとで、金剛山への観光事業が廃止され、開城工業地区での韓国企業は撤収した。

このように安全保障政策をめぐっては、比較的わかりやすい違いがみられたが、社会・経済政策についてはやや複雑な構図が存在していた。その背景には、アジア通貨危機の直後に誕生した進歩政権が、経済の立て直しとセーフティネットの拡充を同時に進めざるをえない状況があった。政策の特徴について二点が指摘できる。第一に、金大中と盧武鉉の両政権は、これまでの開発主義による裁量的政策介入が、政財癒着、不正腐敗、官治金融[(2)]、モラルハザードという市場経済の歪曲を生み、これらが経済危機を招いたと認識していた（大韓民国政府 一九九八：二三一―四九）。ここでひとつの論点になるのは、開発主義によって成長してきた財閥に対する政策である。

財閥がもはや政府の介入を望まないほど成長してからは、すでに韓国の市場は財閥による独占と寡占の状況であったため、市場機能を正すためには、財閥に対する規制が必要である。しかも、外国資本への自由化が進んでからは、国内資本の保護が重要であるとの意見も提起され、進歩派研究者のなかでも財閥改革よりも外国資本からの国内企業の保護を重視する意見もあった。こうしたなかで、進歩政権は、開発主義を是正すると同時に、市場機能を健全化するために財閥に対する規制強化を進めた（安周永 二〇一三b）。しかし財閥の力は強く、改革は簡単ではなかった。たとえば、財閥の内部取引や違法な遺産相続など、様々な問題があったにもかかわらず、財閥オーナーに対する処罰は軽減された。財閥オーナーの背任や脱税等に対して、裁判所の判決は、経済への貢献を理由に軽減され、大統領の特別赦免によって減刑されることも多かった。それほどに、財閥が韓国経済に占める存在感は大きかったのである。しかも、財閥の独占や寡占を緩和するための制度改革を進めようとすると、それは市場に対する政府の介入として批判された。市場の健全な競争を達成するために政府の介入を必要とするという矛盾が発生し、市場経済をめぐる複雑な対立軸が形成されたといえよう。

第二に、金大中と盧武鉉の両政権はともに、それまで等閑視されてきた社会福祉を重視した。金大中政権の際には、国政課題として「生産的福祉」を加え、本格的に福祉政策に取り組んだ。生産的福祉とは、過去の開発主義によって発生した人権の軽視と福祉抑制の弊害を是正し、成長と分配の均衡を追求する新しい社会発展戦略である（大統領秘書室生活の質向上企画団 一九九九：一四）。盧武鉉政権は、これを継承し、政権後半に提起した「ビジョン二〇三〇」に、福祉を社会投資戦略として位置づけていた。このように両政権は以前の政権よりも福祉政策を強調した。しかし、福祉を社会権として拡充することまでにはいたらなかった。民主党の綱領に社会権として福祉を位置づける普遍主義的福祉が登場したのは、二〇一一年一二月に「民主統合党」へ再編された時からである。そのため、両政権の福祉政策に関する評価は分かれている。すなわち、社会権として福祉が拡大した国においては福祉を効率化する手法として社会投資戦略が有効かもしれないが、まだ公的福祉が十分に拡充されていない韓国では社会投資戦略は時期尚早であるという批判がある（金栄順 二〇〇九）。その一方で、福祉国家を拡大するための社会的基盤が脆弱であるにもかかわらず、保守的政治状況のもとでそこまでできたのは評価できるという意見もある（曺永薫 二〇〇六：六二）。

これらの進歩政権による政策は、従来の政府と市場との関係を変更するものであるが、二つの軸を区別して両者の関係を考察する必要がある。すなわち、裁量的政策かルール志向的政策かという軸と、リスクの社会化とリスクの個人化という軸である（山口 二〇一二：三七）。まず、前者についていえば、両政権は、裁量的政策を縮め、ルール志向的政策を行おうとするが、財閥の経済力が大きいため、これを是正する規制強化も必要になっている。つまり、いままでの政財癒着を是正し、ルール志向的市場環境を作るまでには、政府の介入が必要な状況である。次に後者については、両政権がいままで個人化されてきたリスクの負担を一定程度社会化しようとした。韓国にも、やっと残滓的福祉国家から制度的福祉国家への転換が始まったわけであるが、これがどのような方向へ進んでいくかはいまなお論争が続いている（鄭武權 二〇〇九、金成垣 二〇一五）。欧米では、新自由主義は福祉国家を縮小させるためのイデオロギーとして登場したのに対して、韓国においては、開発主義を是正するためのイデオロギーのみならず、財閥の改革と福祉拡大を批判するためのイデオロギーとしても使われている。

これはのちほど保守の刷新について言及する際にも触れるが、このような韓国の構図が、進歩政党だけではなく、保守政党に対しても、イデオロギーの転換や政党の刷新を困難にする状況となっている。

Ⅲ　保守勢力の刷新と政権の再奪還

1　保守勢力の刷新

大統領選で予想外の敗北を二回も経験した保守勢力は、政治権力の主導権を失うことに危機感を感じた。金大中政権の末期に保守系ＮＧＯである「正しい社会のための市民会議」が成立し、盧武鉉政権が誕生してからは、保守系の市民団体のデモが相次ぎ生じた。二〇〇三年三月一日には「反核反金自由統一三一節国民大会」、同年六月二一日には「反核反金韓米同盟強化六・二五国民大会」、同年八月一五日には「建国五五周年の反核反金八・一五国民大会」が、それぞれ開かれた。これまで韓国の市民団体は、保守勢力よりも進歩勢力を支持するものが多かった。民主化以後に誕生した「経済定義実践連合」「環境運動連合」「参与連帯」は、権威主義的時代の遺産を是正するために活動をしていたため、保守政党とは対立関係にあったのである。しかし保守系団体のデモは、このような進歩派優位の市民団体の構図を変化させるものであった。二〇〇四年からは、「ニューライト運動」という新しい動きが生まれた。二〇〇四年一一月二三日に「自由主義連帯」、二〇〇五年一月に「教科書フォーラム」、二〇〇五年三月には「ニューライトシンクネット」、同年一〇月には「ニューライトネットワーク」、同年一一月には「ニューライト全国連合」が相次いで結成された。このようにニューライト運動が広がった要因としては、盧武鉉政権の支持率の低下と、北朝鮮の核問題をめぐる米朝関係の悪化という外部的なものだけではなく、保守勢力の内部の変化もある（尹民載 二〇〇八）。新しい運動は、従来の保守勢力について反共主義と親米主義の過度な強調、社会的弱者への無関心、過度な権威主義、共同体主義を志向しない冷淡さなどを批判し、保守の刷新を試みたのである。

ニューライト運動の中心となった団体である自由主義連帯の創立精神に、その考えが確認できる。自由主義連帯は、一〇の改革案を取り上げた。従来の保守と異なるのは、「国家主導型方式から市場主導型方式（小さな政府、大きな市場）への経済システムの転換を通して先進経済を開拓する」という点と、「朝鮮半島全域の民主主義の実現のため、北朝鮮の人権改善及び民主化を追求する」という点であった。要するに、自由主義の色が強くなったのである。

こうした試みは、当時の〝保守本流〟であるハンナラ党内部でもあった。二〇〇二年の大統領選の直後に政治改革特別委員会が党内に設置され、「中道保守、開かれた保守」の宣言が採択された。ハンナラ党のイデオロギーと保守の価値の立て直しが始まったのである（鄭斗彦 二〇一一：二三）。しかも、ニューライト運動が活発になってから、自由主義連帯の創立宣言の内容がそのままハンナラ党の綱領にも取り入れられた。二〇〇六年一月に改正した綱領には、「大きい市場、小さな政府の活気ある先進経済」（第二条）が入り、市場を強調するようになった。その一方で、綱領の前文では、「集団利己主義と分配至上主義、ポピュリズムに立ち向かい、憲法を守護し、自由民主主義と市場経済に基づく」とされ、福祉の拡大がポピュリズムによるものであるという認識がうかがえる。そのため「脆弱・疎外階層の働く意欲を高めて能力開発を促進し、財政的にも持続可能性が担保できる自生的福祉体制を備え、陰のない社会を構築する」とされた。社会保障の拡大を主張したものの、それは働く意欲を阻害しない範囲で、ということであった。また、北朝鮮との関係に関する綱領には、「北朝鮮住民の人権増進と自由民主主義体制への転換のために努力する」という点が明記された。これもニューライト運動と歩調を合わせるかたちとなった。このように保守勢力や保守政党が開発主義や反共主義に依存してきたことを考えると、このような動きは、保守主義の進歩として評価することもできる（姜正仁 二〇〇九：一一七）。

さらに、保守政党には、二〇一二年にもう一度大きな改革があった。保守政党は、二〇一二年の国会議員選挙と大統領選を迎え、党名や綱領を変更し、改革を進めた。二〇一二年の党改革では、綱領の前文からポピュリズムという言葉が削除され、「生涯マッチュム（カスタマイズ）型福祉体制を構築し、社会的弱者と少数者をはじめすべての国民の自己実現努力を積極的に支援し、崩れた『機会のはしご』を復元し、大韓民国の社会的力動性を再び回復する」ことになった。また「市場経済の秩序を確立するために政府の機能と役割を強化し、経済民主化を実現する」ことが含まれた。単に自由主義を推進するのではなく、市場経済の秩序を確立するための規制強化とともに、福祉拡大を鮮明に打ち出したのである。このようなことから、保守政党の刷新は、韓国政治の対立軸を右から左へと移動させたとも評価できる（安周永 二〇一三ａ）。

こうした変化のなか、保守政権のもとで保育無償化が実施された。二〇一二年三月より、〇歳から二歳までの子供と五歳の子供すべてに対して、政府が保育料を全額支援することになった。しかも、朴槿恵政権が誕生した二〇一三年度からは、三歳から四歳までの子供も保育料の全額支援の対象になった。福祉の選別主義的支援と家族の役割を重視してきた保守政党としては、福祉政策において大胆な政策転換が行われたといえる。

2　保守政党による政権の再奪還

先述の通り保守政党が中道化を進め、刷新を行う一方で、進歩政党の「開かれたウリ党」は四分五裂の状況に陥っていた。盧武鉉大統領の任期が一年以上残っているにもかかわらず、政権の支持率が低迷するとともに、開かれたウリ党が補欠選挙で負け続けていたため、二〇〇六年一〇月に党内に非常対策委員会が作られた。ここで新党の結成が争点となり、党内では党の維持派と新党派の内紛が続いた。結局のところ、盧武鉉大統領は党内からの圧力を受け離党を余儀なくされ、開かれたウリ党は、**図表2―1**で確認できるように目まぐるしい再編を繰り返していた。しかも、新党の大統領候補は、盧武鉉を批判してきた鄭東泳《チョン・ドンヨン》となった。鄭東泳は、大統領候補になってからは盧武鉉大統領と関係改善を模索するものの、両者の溝は埋まらないまま、大統領選が終わった（沈之淵 二〇一三：五六六―五七七）。

このように政権の支持率が低迷するとともに与党の結束も困難な状況で、ハンナラ党の予備選挙で朴槿恵に勝利して候補となった李明博は、世論調査において圧倒的に高い支持率を維持していた。選挙終盤には前回の大統領選でハンナラ党の候補であった李会昌が突如として立候補し、大統領選で一五・一%を得票したにもかかわらず、李明博候補は、四八・七%を得票し、大統合民主新党の鄭東泳候補に圧勝した。

このような保守圧勝の流れで、翌年四月に実施された国会議員選挙でもハンナラ党が圧勝した。ただし、この選挙の前にはハンナラ党に不安要素があった。党の公認候補から朴槿恵寄りの人物が排除され、李明博大統領寄りの人物が選出されたのである（連合ニュース 二〇〇九・八四）。党の公認を受けることができなかった人物が無所属や「親朴連帯」の候補として選挙に臨み、保守分裂の選挙になった。予想外の「親朴」派の善戦で「親朴」を掲げた候補が二六人も当選したものの、ハンナラ党はこれによって打撃を受けることなく、一五三議席を得て過半数を維持していた。これに対して、大統合民主新党から党名を変えた「統合民主党」は、八一議席に過ぎず、議席分布でも保守の時代が始まった。

しかしながら、国会議員選挙の直後にアメリカ産牛肉の輸入に反対するデモが生じ、それが李明博政権に大きな打撃を与えた。アメリカ産の牛肉は、それまで月齢三〇か月以下に限って輸入が許容されていたが、李明博政権は月齢三〇か月以上の特定危険部位以外と月齢三〇か月以下の特定危険部位を許容することをアメリカと合意した。この直後にマスコミでBSE問題が取り上げられ、大規模なろうそくデモが生じた。そのため、李明博は謝罪と政策の中道化を余儀なくされた（安周永 二〇一五）。李明博政権は、目玉政策のひとつであった運河事業を開始しようとしたものの、国民の反対によって四大河整備事業に変更し、そこで大規模な土木工事を続けた。この事業に対しても国民の支持率は低かった。このようなことが相まって李明博政権への支持率が低迷する一方で、ハンナラ党における朴槿恵の影響力は大きくなった。朴槿恵が行政首都移転などの問題で李明博政権に対抗し、次期大統領候補としての座を固めていた。特に、二〇一一年一〇月に実施されたソウル市長補欠選挙で野党共闘の成立によって候補になった朴元淳《パク・ウォンスン》が当選してから、朴槿恵は全権を握るようになった。

この補欠選挙の過程と結果には、ハンナラ党が危機感を感じる要素がいくつかあった。補欠選挙が行われるようになったのは、呉世勲《オ・セフン》前ソウル市長が、給食無償化を推進する市議会の条例に反対し、それを阻止するために住民投票を行ったうえに、この住民投票の結果に自分の職を賭けたからである。住民投票の結果は、呉世勲市長が望むものとならなかったため、彼は市長を辞任し、補欠選挙となった。しかも、給食無償化の維持を含め、労働環境の改善や福祉拡充を求める野党候補の一本化によって、保守対進歩という一騎打ちの勝負になった。この選挙でハンナラ党は敗北したため、翌年にある国会議員選挙と大統領選に勝てないという危機感がハンナラ党内に走った。これに対して、民主党は、市民団体と韓国労総とのあいだで統合の議論を進め、二〇一一年一二月一七日に市民統合党と合併し、韓国労総の協力を得るかたちで、民主統合党へと党名を変更した。新党の綱領に「二〇〇八年以後のろうそく民心が表出した市民主権意識及び正義への熱望を継承する」という点が明記され、「普遍的福祉」「経済民主化」を一層強調し、以前の綱領をさらに左傾化させることになった（安周永 二〇一五）。

これに対抗するかたちで、朴槿恵が非常対策委員会の委員長に就任し、彼女の主導で党改革を進めた。党名をセヌリ党と改め、前述したように、党綱領に経済民主化や福祉拡大を盛り込んだ。しかも、国会議員比例代表の候補に帰化した結婚移住者を入れるなど、破格の公認も行われた(3)。セヌリ党が進歩政党のイシューを先取りして、改革の印象を有権者に示すことができた。結局のところ、二〇一二年四月の国会議員選挙では保守政党が敗北すると予想されたにもかかわらず、セヌリ党は過半数の議席を獲得することができた。大統領選でも、李明博政権審判論が強かったにもかかわらず、朴槿恵候補が李明博政権との差別化に成功し、現政権を批判する有権者の支持を引きつけることができた(文京洙 二〇一五:二八〇)。その結果、保守政党が大統領選と国会議員選挙ともに二回連続勝利することができた。

Ⅳ 保守政権の凋落と進歩政権の再登場

1 権威主義的手法による政権の運営

保守政権は、前述の通り、選挙において連続で勝利することができたのであるが、アメリカ産牛肉の輸入拡大に対するデモや後述するセウォル号沈没事故による政権の危機的状況におかれた際、これらを強権的手法で乗り越えようとした。しかも、次第に、政府への批判自体を封じ込めようとする様々な試みがなされた。これは、党の刷新とは程遠いものであり、過去の保守政党に回帰するものであった。李明博政権のもとでは、二〇一〇年六月二九日の報道で国務総理室公職倫理支援官室が公務員でもない民間人に対して、違法な査察をしたことが明るみに出た。査察の対象になった金ジョンイクは、自身のブログに李明博大統領を批判する動画を掲載したという理由で査察を受けた。公職倫理支援官室は彼が動画をアップロードした経緯はもちろん、会社資金を横領したかどうかなどについて内査を行い、彼の取引先の銀行への脅迫まで行った。その後、政権を批判する与党の政治家までを査察した事実が暴露された。しかし李明博政権は、これが組織的犯罪ではなく、公務員一人の逸脱とし、政権への批判を逸らした。さらに、李明博政権の末期には、国家情報院を利用したネット上の情報操作をしていたことが内部告発によって明るみに出た。国家情報院は南北が対立する状況下で危機管理とその監視機能を担当し、国の安全保障維持を目的とする。しかしながら、国家情報院は「民間人コメント部隊」を作り、これが北朝鮮の心理戦に対抗するための心理戦チームとして活動していたところ、国家情報院の職員もネット上で野党を批判するとともに、政府の政策を支持する書き込みをアップロードした。政府は、これが北朝鮮に対する心理戦の一環であると弁明した。こうした国家情報院の情報操作は、政治の一大争点になり、朴槿恵が大統領に就任してからこれに対する検察の捜査も行われることになった。朴槿恵政権としては、国家情報院の違法な行為が明らかになれば、選挙結果の正当性が問われるため、その捜査を阻止しようとした。そうしたところに、検察総長の婚外子に関する疑惑が出て、検察総長が辞任した後に、検察の捜査チームは縮小された(4)。このように情報機関を利用し、権威主義的時代さながらの手法で政権運営をする試みが顕著になった。

朴槿恵政権は、それに比べてさらに露骨に強権的な政権運営を行い、非公式的ルートだけではなく、強引に法改正を行い、権威主義的政権運営を行った。まず、朴槿恵政権のもとで、政権に批判的な文化人を政府支援から排除する「ブラックリスト」を作成していたことが取り上げられる。このブラックリストは、大統領府が野党「共に民主党」のソウル市長や大統領候補を支持した文化人や、三〇四人が死亡・行方不明となった二〇一四年四月の大型旅客船「セウォル号」沈没事故で政府の対応を批判した文化人のリストを作成し、文化体育観光部に提供した。そのリストに載せられた人物は、様々な政府の公的支援から排除された。朴槿恵政権は、左派寄りの文化界を「健全化」し、支配権力を取り戻すという名目で、このような強引な政策を行ったのである（京郷新聞二〇一七年五月四日）(5)。

しかも朴槿恵政権は、李明博政権よりも大胆な制度変更も試みた。その代表的な例のひとつが教科書の国定化である。教科書の国定化は、中学・高校の歴史教科書を検定制から国が単一の教科書を編集・発行する国定制に変更するものであった。ここには、植民地時代や権威主義的体制を肯定的に評価したいという狙いがあった。最初は検定制のもとで新しい教科書の作成を後押しし、これを普及するつもりであったが、学生や教員からの反発によってまったく採択されない状況が続いた。これを打開するために、朴槿恵政権は、歴史教科書の発行を国定制へと変更させ、政権が望む歴史観を学生に押しつけようとした。多くの市民団体や大多数の歴史研究者が反対するにもかかわらず、その反発を押し切って二〇一八年度から新しい教科書のシステムを導入しようとした。朴槿恵政権の退陣によって歴史教科書の国定化は白紙になったものの、ここにも朴槿恵政権の強権的な手法が確認できる。

さらに、朴槿恵政権のもとで、「国民保護と公共安全のためのテロ防止法」（以下「テロ防止法」という）が制定された。テロ防止法は、国家情報院の権限を拡大するものであった。すなわち、国家情報院がテロの疑いがある人物に対して、金融情報、個人情報、通信記録、位置情報等を収集することができるようになった。さらに、その人物に対する調査・追跡権も国家情報院に与えられた。しかし、テロ危険人物の定義が曖昧であり、政府批判を抑える手段として使われる恐れがあるとして、野党と

図表２－２　2016 年国会議員選挙の結果

政党名	議席数		
	小選挙区(253 議席)	比例（47 議席)	合計（300 議席)
共に民主党	110 議席	13 議席	123 議席
セヌリ党	105 議席	17 議席	122 議席
国民の党	25 議席	13 議席	38 議席
正義党	2 議席	4 議席	6 議席
無所属	11 議席	—	11 議席

出典：中央選挙管理委員会のホームページ <http://www.nec.go.kr> から筆者作成。

市民団体が激しく反対した。野党がフィリバスタで法案の通過を阻止しようとしたものの、国会の多数を占める保守政党が数で押し切り、法案は二〇一六年三月二日に国会を通過した。

このように保守政権は、公式ルートと非公式ルート両方を用いて、権威主義的手法による政権運営を推し進めていった。

2　保守政権の凋落

このような強引な政権運営にもかかわらず、野党の分裂と内紛が収まらない状況にも助けられ、保守政党への支持率は一位を維持していた。その一方で、「共に民主党」と同党から分裂して作られた「国民の党」に加え、これらの政党よりもさらにラディカルな「正義党」は、保守政党に対抗するために、小選挙区の候補一本化を進めたものの、失敗に終わった。そのため、二〇一六年四月の国会議員選挙では「政権審判」の世論は強かったものの、セヌリ党の過半数の確保が予想された（韓国日報二〇一六年四月四日、京郷新聞二〇一六年四月一三日）。しかしながら、「与党圧勝、野党惨敗」という展望とは異なり、共に民主党が第一党になった（**図表２―２**参照）。これは、首都圏の小選挙区において野党のなかでの支持率が高かった共に民主党の候補に票が集中し、同党が圧勝したからである。

セヌリ党は選挙勝利が確実とみられていたなかで、強引に公認候補を決定した。制度上は「公薦管理委員会」が公認候補を選出することになっていたが、朴槿恵大統領寄りの人物が委員会に入り、「親朴」を優遇する一方で、大統領と距離をおく「非朴」を冷遇した。こうした露骨な「親朴」への優遇措置に対して、「非朴」グループであった党代表が公認候補の承認を拒否する前代未聞の出来事も生じた。朴槿恵政権は、たとえ議席がいくつ減ることになっても、党内の政権への忠誠心を高めることを試みたのである。このような内紛の末、セヌリ党が敗北したため、選挙後は敗北の責任問題をめぐって党内の争いはさらに激しくなった（ソウル新聞二〇一六年六月二二日）。

こうしたなかで、崔順實《チェ・スンシル》の国政への関与が二〇一六年一〇月二四日からニュースで報道されるようになった。韓国のテレビ局JTBCが崔順實の処分したパソコンを入手して分析したところ、崔順實が大統領の演説の草稿などを発表前に受け取っていたことが明らかになった。崔順實は、何の役職もないまま、朴槿恵の友人という関係を利用して裏で絶大な権力を振るったことが明るみに出たのである。放送の翌日、朴槿恵大統領は、大統領府の機能が定着するまで、国民に受け入れやすい演説にするために崔順實に助けてもらったとして謝罪した。しかし、その後も相次いで、崔順實の人事への関与と財閥との癒着関係が報道された。三度にわたる朴大統領の記者会見にもかかわらず、大統領への批判は収まらず、大統領の辞任を求める声が政界では高まった。野党も最初は大統領の辞任による混乱を避けるために、日程を組んで大統領が自ら辞職する方法を提案した。弾劾訴追案を可決するためには在籍議員の三分の二である二〇〇議席が必要となり、セヌリ党の造反がなければ、可決ができない状況であった。しかも以前、盧武鉉大統領への弾劾訴追案の国会可決に対する世論の強い批判によって、その直後の国会議員選挙で盧武鉉大統領の所属政党が過半数を獲得する勝利を得たことがあったため、各政党には安易な弾劾訴追案の推進に対する恐怖があった。

朴槿恵が即時の退任はもちろん、自ら約束した検察への調査協力も拒否するなかで、政党間の交渉や対立で時間だけが経った。こうした状況に対する批判が高まり、朴大統領の退陣を求めるろうそくデモが拡大していった。二〇一六年一一月から毎週土曜日にろうそくデモが全国各地で行われた。一二月三日にはデモの主催側の推算で二三〇万人が参加し、警察の推算でも四三万人が参加した。ろうそくデモに参加したセヌリ党の国会議員からも、「世代、地域、イデオロギー、階層を超え、なぜすべての国民が憤るかを考える契機になった」「現在我々がおかれている座標を正確に認識しなければ、誤判してしまうため、集会の現場に行った」「国家権力を私有化し、韓国の民主主義を後退させたその人々に厳しく責任を取らせる覚悟をしたことが、昨日の集会の現場で得た大きな教訓である」という意見があった（韓国日報二〇一六年一二月一三日）。ろうそくデモが国会議員に与えた影響は大きかったことがうかがわれる。弾劾訴追案は野党が中心となり国会に提出され賛成二三四票、反対五六票、棄権二票、無効七票で、圧倒的賛成（七八％）で可決された。無記名の投票なので内訳はわからないが、野党側がすべて賛成に投じたとしても、セヌリ党の造反は六二票にいたるという結果であった。「非朴」グループと思われる三〇人をはるかに上回る数字であった。

弾劾訴追案が可決された直後から、大統領の職務は停止され、憲法裁判所の審理が始まった。三か月あまりの審理の末、二〇一七年三月一〇日に朴槿恵大統領の罷免が憲法裁判所の全会一致で決定された。これによって同年五月八日に大統領の補欠選挙が行われた。ここで共に民主党の文在寅候補が当選し、引き継ぎの期間が設けられないまま、翌日に大統領職に就いた。保守を掲げる自由韓国党と正しい政党は、それぞれ二四・〇三%と六・七六%を得票したが、これは保守政党としての最低得票率であった。ここに保守政党の凋落が始まったといえよう。

V 保守政党の分裂と今後の展望

文在寅政権への支持率は、就任してから一〇〇日が経った二〇一七年九月の時点でも、七〇%程度を維持しているとともに、与党になった共に民主党の支持率が五〇%前後と、他の政党を圧倒している。これに対して、保守政党は分裂し、政党再編が試みられているものの、再編が簡単ではない状況である。まず、セヌリ党から党名を変えた自由韓国党とセヌリ党から分裂して作られた「正しい政党」のあいだには大きな溝がある。正しい政党は、二〇一六年一二月二七日にセヌリ党のいわゆる「非朴」派の国会議員二九人が離党と同時に「改革保守新党」の結成を宣言したことに端を発し、二〇一七年一月二四日に正式に誕生した。新党結成の宣言文では、「セヌリ党を壊した『親朴派の覇権主義』を克服し、真の保守政権を再創出するために、新しく出発する」と離党の理由が説明されている。朴槿恵と近いかどうかという人間関係が両政党のあいだには大きな争点として残されている。しかも、政策的にも両党のあいだには大きな違いが存在する。正しい政党の綱領には、「清い保守、温かい保守という新しい座標を設定し、国民とともに果敢に保守革新の道に向かおうとする」とされ、政策的にも自由韓国党との差別化が図られている。すなわち、安全保障の問題では保守を掲げながら、経済・社会政策では、経済の民主化や福祉拡大を進めるとされている。

それにもかかわらず、保守分裂の状況では大統領選で勝利する目途が立たないとし、政党の合併や候補の一本化が両党内部から提起されていた。しかし、選挙戦の終盤までその見込みが立たないなかで、正しい政党の国会議員一三人が保守候補の一本化をを求め、正しい政党から離脱し、自由韓国党の洪準杓《ホン・ジュンピョ》候補を支持した。自由韓国党からは、簡単に復党を許してはいけないという批判もあったが、紆余曲折の末、洪準杓候補の決断により復党が受け入れられた。しかしながら、正しい政党の劉承旼《コ・スンミン》候補は諦めず、保守分裂の状況のまま選挙が終わった。

この出来事は、二つの点を示唆している。まず、いままで確認したように、過去一〇年間の大統領選と国会議員では、保守政党は分裂の状況でも候補一本化には無関心であったのに対して、進歩派政党がむしろ候補の一本化にこだわっていた。これが朴槿恵大統領の罷免の直後に行われた大統領選では逆転した。保守政党がおかれている厳しい状況が推測できる。次に、相対的多数制を採用している大統領制と国会議員の小選挙区では、当選のために同じ陣営の候補の一本化が望まれるが、現在の保守政党のあいだには、政策やイデオロギーの対立だけではなく、人間関係による感情的対立も存在するため、理性的対話による解決が困難なところもある。前述のような一部の議員の離脱のように、当選や政権奪還のために、候補の一本化や政党合併を求める声が高まると予想されるが、両者のあいだの溝が深いため、その実現はもちろん、実現したとしても、その後に党内をまとめることは簡単ではないと思われる。

実際にも大統領選の後、自由韓国党と正しい政党との違いはさらに目立つようになった。自由韓国党の革新委員会の委員長として、柳錫春《ユ・ソクチュン》が任命された。彼は、党の刷新のためには徹底的に右派の価値を再設定することが必要であると主張した。正しい政党の左傾化に比べて、自由韓国党が右傾化していることを示す出来事である（連合ニュース二〇一七年七月二一日）。政策の方向性や朴槿恵大統領の評価に関する論争は、今後も保守政党の主な争点になっていくと思われる。

おわりに

以上のように、韓国においては、権威主義的政権の開発主義型経済戦略による経済成長の達成、北朝鮮との対立と強硬な反共主義という特殊性が存在し、これが保守政党の政治的基盤となった。さらに、民主化されてからは、地域主義が主な政党対立軸になり、人口が多い地域を主な支持基盤としていた保守政党に有利な環境となった。民主化以降も保守政党が強い状況が続き、社会民主主義的政党は存在しなかったといってもよい。

一九九七年の経済危機の直後に行われた大統領選で、初めて進歩派の金大中政権が登場した。その後も盧武鉉が大統領選で当選し、進歩派の政権が継続した。しかし、だからといってこの一〇年間が進歩勢力優位の時期であったとはいえない。両政権とも保守分裂の状況で選挙が行われた末の結果であり、ともに過半数の議席は保守政党に占められている分割政府から誕生した。進歩政権が続くなかで、保守勢力の刷新は始まった。自由主義を掲げ、保守の刷新を目指す運動が活発になったのである。これまでの政府主導の開発主義型経済戦略から決別し、大きな市場と小さな政府を目指すとともに、北朝鮮に対する強硬な姿勢よりも、自由主義的立場から北朝鮮の人権を重視するようになった。この運動は、当時の保守政党のセヌリ党にも影響を与え、党の改革の際に、綱領にこれらが反映された。保守政党のなかでも、権威主義や開発主義から決別し、強固な反共主義も緩和しようとするとともに、新自由主義を強調する声が顕著になったのである。この点からすれば、日本と同様に新自由主義的転換が保守主義の変質をもたらしているといえよう（中野 二〇一三）。さらに、給食無償化の運動から始まった社会福祉に対する要求が高まると、保守政党は財閥の経済支配力を緩和するための規制強化（経済民主化）と福祉拡大を主張するようになり、二〇一二年の綱領の改正の際に、これらを明記した。このように新自由主義からリベラルな政策までを取り入れながら、保守政党は刷新を進めていた。こうした取り組みもあって、二〇〇七年と二〇一二年に行われた大統領選と二〇〇八年と二〇一二年に行われた国会議員選挙で、保守政党は進歩政党に勝利した。

しかしながら、保守政党には、依然として権威主義や開発主義に依拠し、戦争も辞さない強硬な対北朝鮮関係を好む勢力もある。李明博政権は、減税も行う一方で、大規模な土木工事で雇用創出や経済成長を図った。朴槿恵政権は、自ら経済民主化を掲げたにもかかわらず、経済の独占や寡占状況を改善するための財閥改革に対しては、市場への政府の介入ということで批判した。このように保守政党の政策転換は中止された。ここから韓国の政治の特殊性が読み取れる。開発主義的経済発展戦略を推進してきた保守政党は、福祉拡大や労働規制の強化に依然として反対するが、だからといってこのような社会民主主義的な政策を攻撃する新自由主義を完全に採用することもできなかった。新自由主義は、進歩政党の社会民主主義だけではなく、保守政党の開発主義をも批判するイデオロギーとして使われる。そのため、保守政党が新自由主義を掲げながらも、これを徹底的に推進することができなかったのである。新自由主義は、市場や競争を重視する点では普遍性を持つものの、各国の文脈によって対抗するイデオロギーが異なっていることがうかがわれる(6)。

このような開発主義的経済発展戦略は、必然的に腐敗と権威主義につながりかねない。経済政策が恣意的に行われ、汚職の可能性が高くなると同時に、経済発展のためにあらゆる手段が動員できるという発想には権威主義的政権運営の恐れが潜在しているからである。実際、保守政権は、権威主義的手法で政権を運営した。李明博政権は、国家情報院によるネット上の情報を自分に有利なように操作した。朴槿恵政権も、反対派の文化人に対して公的支援からの排除を行い、歴史教科書の国定制やテロ防止法を導入した。保守政党が進めた政策の刷新は不十分であり、権威主義時代の旧体質が残されているわけである。

しかも、保守政党は、朴槿恵大統領が弾劾される過程で、朴槿恵寄りの派閥と批判的な派閥に分裂したため、イデオロギー的対立だけではなく、人間関係をめぐる感情的対立も克服しなければならない状況である。保守政党の優位な環境が、ろうそくデモや朴槿恵大統領の弾劾によって、劇的に変化した。これが一時的状況かどうかは、まだ断定できないが、今後、権威主義と反共主義に依存した党の体質では支持を拡大することができなくなっていることは確かである。韓国の保守政党はいま、党の刷新を進め、それによって国民の支持を取り戻せるのかを問われている。

《注　釈》

（1）朴正煕に対しては、民主主義は抑圧した一方で、経済は発展させたという二つの側面を持ち合わせているという評価が一般的であり、両者のなかでどちらを強調するかによって、朴正煕に対する評価は異なる。しかし、朴正煕政権のもとで達成された経済成長は、政府の政策によるものではなく、アメリカからの戦略的支援によるものであるという主張もある（朴根好 二〇一五）。

（2）韓国においては、政府が一般銀行を支配し、資金の流れを調整した。具体的には、政府が銀行の財務や人事に対する介入と融資に対する介入を行った。「官治金融」は、金融機関に対する政府の介入をさす言葉である。

（3）こうした意味では、ヨーロッパでは保守の刷新や再編において移民をめぐる対立が重要な問題になっているが（水島 二〇一六）、韓国ではいまだにそれが鮮明ではないといえる（安周永 二〇一七）。韓国の政党政治におけるイデオロギーの特殊性を示すものであろう。

（4）大統領選に情報機関の国家情報院が介入したとされる事件の差戻し審で、ソウル高裁は二〇一七年八月三〇日に、政治介入を禁じた国情院法違反罪と公職選挙法違反に問われた当時の院長、元世勲《ウォン・セフン》被告に懲役四年の実刑判決を言い渡した。彼は、同年九月三日に大法院に上告し、裁判が続いている。とりわけ、文在寅政権になってから、国家情報院が保守政権のもとで保守政党に有利な環境を作るために、広範囲に政治的介入したことが明るみに出ている。

（5）ただし、李明博政権下の国家情報院も、政府に批判的な芸術家や芸能人らをリストアップした「ブラックリスト」を作っていたことが、文在寅政権下で設置された国家情報院改革委員会によって明らかになった（韓国日報二〇一七年九月一四日）。いわゆる「ブラックリスト」は保守政権九年間にわたって用いられたことになる。

（6）輸入代替工業化を進めてきた南米においても、相互に矛盾するようにみえる新自由主義とポピュリズムが結合していると指摘されている（Roberts 1995; Weyland 1999）。このような事例も、開発主義的経済発展戦略のなかで、新自由主義がほかの先進国とは異なる文脈で用いられることを示している。

《参考文献》

浅羽祐樹（二〇一〇）「韓国の大統領制」粕谷裕子編『アジアにおける大統領の比較政治学』ミネルヴァ書房、三九〜五九頁．
安　周永（二〇一三ａ）「韓国における政治的対立軸の変化」労働法律旬報一七八六号、四二〜四九頁．
――――（二〇一三ｂ）「市場経済に対抗する新しいガバナンスは可能なのか」生活経済政策一九九号、一一〜一五頁．
――――（二〇一五）「韓国政党政治における『直接行動』の意義と限界」日本比較政治学会年報一七号、一八五〜二一一頁．
――――（二〇一七）「韓国型多文化主義の展開と分岐」新川敏光編『国民再統合の政治』ナカニシヤ出版、一二九〜一五三頁．
大西　裕（二〇一四）『先進国・韓国の憂鬱』中央公論新社．
宇野重規（二〇一六）『保守主義とは何か』中央公論新社．
蒲島郁夫・竹中佳彦（二〇一二）『イデオロギー』東京大学出版会．
鞠　重鎬（二〇一二）「韓国の財政政策」中島朋義編『韓国経済システムの研究』日本評論社、二五〜四九頁．
木宮正史（二〇一二）『国際政治のなかの韓国現代史』山川出版社．
金　成垣（二〇一五）『福祉国家の日韓比較』明石書店．
金　早雪（二〇一六）『韓国・社会保障形成の政治経済学』新幹社．
清水敏行（二〇一一）『韓国政治と市民社会』北海道大学出版会．
崔　章集（二〇一二）『民主化以後の韓国民主主義』（磯崎典世・出水薫・金洪楹・浅羽祐樹・文京洙訳）岩波書店．
曺　永薫（二〇〇六）「金大中政権における福祉政策の性格」金淵明編『韓国福祉国家性格論争』（韓国社会保障研究会訳）流通経済大学出版会、四六〜六五頁．
中野晃一（二〇一三）『戦後日本の国家保守主義』岩波書店．
朴　根好（二〇一五）『韓国経済発展論』御茶の水書店．
文　京洙（二〇一五）『新・韓国現代史』岩波書店．

水島治郎編（二〇一六）『保守の比較政治学』岩波書店.
山口二郎（二〇一二）『政権交代とは何だったのか』岩波書店.
Roberts, Kenneth M. 1995. "Neoliberalism and the Transformation of Populism in Latin America." *World Politics* 48 (1): 82-116.
Weyland, Kurt. 1999. "Neoliberal Populism in Latin America and Eastern Europe." *Comparative Politics* 31 (4): 379-401.

金栄順（二〇〇九）「社会投資国家がわれわれの対案なのか」金淵明編（二〇〇九）『社会投資と韓国社会政策の未来』ナヌムのジプ、二六九～三〇三頁.
姜正仁ほか（二〇〇九）『韓国政治の理念と思想』フマニタス.
姜正仁（二〇〇九）「保守主義」姜正仁ほか『韓国政治の理念と思想』フマニタス、三五～一一九頁.
盧武鉉（二〇〇九）『成功と挫折』学古齋.
大統領秘書室生活の質向上企画団（一九九九）『生産的福祉の道』大統領秘書室.
大韓民国政府（一九九八）『国民とともに明日を開く――「国民の政府」の経済青写真』トゥサン.
沈之淵（二〇一三）『韓国政党政治史』白山書堂.
尹民載（二〇〇八）「ニューライトの登場と保守の能動化」市民と世界一三号、四六～六五頁.
連合ニュース（二〇〇九）『連合年鑑』連合ニュース.
趙誠帯（二〇一六）『理念の政治と韓国の選挙』図書出版オルム.
鄭斗彦（二〇一一）『韓国の保守、斜面に立つ』蝶々の滑走路.
鄭武権編（二〇〇九）『韓国福祉国家性格論争Ⅱ』人間と福祉.

＊そのほかに、韓国の新聞や、「ハンナラ党綱領」（二〇〇三年六月二六日改正）、「ハンナラ党綱領」（二〇〇六年一月九日改正）、「セヌリ党綱領」（二〇一二年二月一三日改正）、民主統合党の綱領（二〇一一年一二月一六日改正）、「正しい政党政綱」（二〇一七年一月二四日制定）を参照した。

第3章

［台湾］ナショナリズム政党と保守

——台湾政党システムの試論

林　成蔚

総統就任式にて、退任する馬英九前総統と握手する蔡英文総統(2016年5月20日)
台湾総統府

はじめに――台湾のナショナリズム政党と保革対立[1]

台湾の政党を分析するにあたって、保革対立という視点が用いられることはない。欧米のみならず、同じ時期に民主主義に移行した韓国でもある程度存在する保守対進歩の政党政治は、台湾ではほぼ存在していない[2]。代わって台湾の政党制をめぐる分析においてこれまで使用されてきた概念は、ナショナリズムをめぐる対立である。

こうした政党システムを、若林（二〇〇八）はナショナリズム政党制として位置づけた。以後、現代台湾の政党システムの展開は、中国ナショナリズムと台湾ナショナリズムの競合によって規定されるという分析が定説となっている。日本の植民地統治による差別的な社会・地域統合への反発として誕生した「台湾大」のアイデンティティは、戦後の反体制運動と結合し、中国ナショナリズムを唱える中国国民党（以下「国民党」という）の権威主義体制に対抗するイデオロギー――すなわち台湾ナショナリズム――として広がっていった。そして、民主化にともなって活性化した政党政治と繰り返される選挙動員によって、ナショナリズムをめぐる対立は、一九九〇年代後半から二〇〇〇年代にかけて先鋭化し、ナショナリズム政党制に収斂したとされている。

しかし、歴史的、文化的な経緯によって、体系的なイデオロギーを持つ保守あるいは進歩政党が形成されなくても、政党によって保守性あるいは進歩性を包摂（あるいは排除）することは当然可能であり、異なる政治体のコンテクストにおける保守性と進歩性が体現される政策課題について、政治的な要因を含む理由によって、保守的な選択（あるいは進歩的な選択）を繰り返せば、政党自体の保守化（あるいは進歩化）に帰結する。本章に与えられている課題は、台湾における保守政党についての分析であるが、台湾の特殊性に鑑み、本章の目的は二重になる。ひとつは、台湾における政党システムをもたらす要因を、保守と進歩に引きつけて再整理することである。もうひとつはそのような政党システムにおいて、保守性がどのような要因によって包摂されてきたのかを明らかにすることである。

Ⅰ　分析の視点

政党システム論とは、「国家など一つの政治体における、政党の数、勢力関係、政策的な位置関係を従属変数（説明されるべき事柄、非説明変数）」とする研究である（待鳥 二〇一五：二二）。民主主義を採用する政治体の基本的特徴を理解するために最も重要な視点のひとつであるため、これまで多くの研究成果が蓄積されてきた。これらの分析手法は、概して、マクロ的な要素を取り上げる手法とミクロ的な要素を取り上げる手法に分かれている。前者は歴史的な展開によって形成される社会経済的要因が政党のあり方に与える影響に注目するのに対して、後者は「政治家や有権者といったアクターの誘因構造」（同：二二）という制度的な側面に注目している。

本章においては以下の二つの理由によって、マクロ的な手法を用いたい[3]。ひとつは、台湾という事例の特殊性を視野に入れるためである。今日の台湾は、まぎれもなく民主主義を採用しているが、民主化の歴史はまだ浅い一方、その政治社会の特徴は、戦前の植民地統治から戦後の権威主義体制にかけて形成されてきた。そのあいだ、政治参加の自由がなかったないし限定的であったにもかかわらず、のちに現れる政党に決定的な影響を与えてきた。したがって、政党システムのあり方を理解するためには、歴史的な視点を要する。

もうひとつは、本書全体の分析の対象が「保守政党」であるところ、台湾においてはそのように明確に位置づけられている政党が存在していないためである。一党独裁の過去を持つ国民党はより保守的であり、反体制・民主化運動の実績を受け継ぐ民主進歩党（民進党）は、名称にも示されている通り、より進歩的であるという一般的な印象が存在している一方、前述のように、政党の違いは圧倒的にナショナリズムという社会的クリーヴィジによって説明されてきた。実際、ナショナリズムに直結しない多くの政策領域においては政権交代に関係なく連続性が観察されてきた。その事例のひとつはⅣにおいて取り上げたい。したがって、明確な保守政党がなければ、政党による保守性の包摂を考えねばならない。つまり、歴史的に形成された要因が、なぜ政党による保守性の包摂ないし排除を促してきたのかを分析することが、台湾における「保守」的な政党の理解につながると考えているからである。

歴史的に形成された社会的クリーヴィジが政党システムを規定するという枠組みは、リップセットとロッカン（Lipset & Rokkan 1967）によって提示され、先進国の政党システムをめぐる事例分析に適用され、多くの成果および理論的争点をもたらしてきたが、いまもなおその意義を失っていない。(4) リップセットとロッカンによれば、西欧諸国の政党システムは、大きな歴史的な変動を経験することに

図表３－１　決定的分岐点、社会的クリーヴィジと政党

決定的分岐点	社会的クリーヴィジ	争点	もたらされる政党
宗教改革－反宗教改革 16～17世紀	中央 対 周辺	国教 対 超国家的宗教 国語 対 ラテン語	地域主義政党 ナショナリズム政党
国民革命 1789年以降	国家 対 教会	大衆教育の世俗的コントロール 対 宗教的コントロール	宗教政党
産業革命 19世紀	土地 対 産業	農産物への関税水準、工業的企業をめぐる統制 対 それをめぐる自由	農業政党 保守政党 自由主義政党
ロシア革命 1917年以降	所有者 対 労働者	国家的政治体への統合 対 国際革命運動へのコミットメント	社会主義政党

出典：Lipset & Rokkan（1967: 47）、待鳥（2015：24）、岡田（2006：168-169）から著者が再配置した。

よって形成された社会的クリーヴィジが映し出された結果である。西欧諸国の歴史を近代国家の形成から社会主義革命まで振り返り、宗教改革、国民革命、産業革命、そしてロシア革命という歴史上の四つの決定的分岐点を洗い出し、決定的分岐点において現れた社会的クリーヴィジと政治勢力によるそれへの対応が、政党システムを規定する対立構造を形成している。

具体的にみると、**図表３―１**に示されているように、一六世紀に始まった宗教改革は、超国家的なカトリック教会と近代国家をめざす勢力の緊張関係によって中央（center）と周辺（periphery）のクリーヴィジをもたらし、国によっては地域政党あるいはナショナリズム政党が形成される。次の決定的分岐点は、一八世紀の国民革命になるが、そこでは近代国家における教会の影響力をめぐる争いが展開され、国家と教会のクリーヴィジをもたらし、それぞれの政治体の歴史的経緯によって、教会の影響力を容認する宗教政党とそうでない世俗的な政党の対立が形成された。そして、産業革命が土地（農業）対産業のクリーヴィジをもた

らし、場合によっては農民政党が生み出される。最後に、ロシア革命においては賃金や労働条件をめぐって資本家と労働者が対立し、保守政党、自由主義政党、あるいは社会主義政党が存在する政党システムを生み出した。重要なのは、前のクリーヴィジによって現れた政治勢力が、それぞれの政治体において、新たなクリーヴィジによって形成される勢力と同盟関係を構築するのか、あるいは排除するのか、である。つまり、それぞれの政治体の歴史的経緯によって、順番に現れた二項対立である社会的クリーヴィジが顕在化あるいは緩和され、政党システムはそれに沿って変化をとげる（Lipset & Rokkan 1967: 35-47）。そして、これらの政党システムは、普通選挙権の確立にあわせて政党による大がかりな動員を経て、安定していく（Lipset & Rokkan 1967: 50; 岡田 二〇〇六：一六九）。

前述のように、民主化以降の台湾政治における最も重要な現象は、ナショナリズムによる競合である。言い換えれば、ナショナル・アイデンティティの違いという社会的なクリーヴィジによって台湾政治が展開されてきた。そういう意味においては、リップセットとロッカンの、決定的分岐点において現れる社会的クリーヴィジとその対立構造を映し出す政党システムという分析手法を用いるのは、有意義な試みである。以下はこうした枠組みに引きつけて分析を展開したい[5]。

Ⅱ　中央対周辺というクリーヴィジの形成——植民地統治から権威主義体制へ

長く中華帝国の周辺であった台湾が近代国家のシステムに本格的に組み込まれたのは、一八九五年から始まった日本による植民地統治であった。五〇年間の植民地支配を経て、一九四五年の終戦にともなって台湾は、再び中国大陸を基盤とする政治体に取り込まれたのである。しかし、中国共産党との内戦に敗れた国民党が台湾に逃げ込み、台湾のみを支配する状況になったため、中国大陸を中央とする大陸国家は、台湾海峡を隔てて分裂したのである。そして、冷戦構造のもとでその分裂が固定化され、冷戦が終焉するまで中華民国と称する台湾大の政治体が独自に変容を遂げていった（若林 一九九二）。日本帝国と中国大陸からやってきた国民党という二つの中央による支配が、周辺である台湾において決定的な社会的クリーヴィジをもたらし、それが後のナショナリズム政党を規定する要因となっていった。本節はそのような歴史的経緯を既存研究に依拠し、ごく簡潔に要約する。

日本の植民地統治が行った諸政策によって逆説的に台湾大の社会統合が進んだ一方、台湾住民による政治参加は抑圧されたままであった。そうした日本帝国の統治に抵抗する運動は、相対的に穏健的な土着地主階級によって担われていたが、一九二〇年代に知識青年が活発的に運動を展開したことによって左翼的な要素も加わった。この時期の台湾における左翼運動は、農民の組織化、階級闘争と民族闘争の結合、などの特徴を持っており、政治的のみならず経済的な要求も含まれていた。また、組織的には中間層を代表するものである一方、イデオロギー的には、農民および労働者を包摂する台湾民衆党のような政治結社もみられた（何義麟 二〇〇三：一六―二一）。

しかし、植民地統治のもとにおいて、これらの運動および政治結社は徹底的に弾圧され、台湾社会に根を下ろすことなく消滅した。とはいえ、これらの運動は、「植民地統治システムの『裏側に張り付く』『台湾大』の社会統合に主体的内容を与え」（若林 二〇〇一：四四四）、台湾人アイデンティティを形成する重要な要素になった。

そのような台湾人アイデンティティは、戦後の国民党統治のもとにおいて政治動員につながっていったが、それを決定づけたのが、「二・二八事件」である。一九四七年二月二八日に、経済的な混乱や腐敗に満ちた戦後初期の国民党支配に反発し、戦前から台湾に住んでいた本省人による暴動が勃発した[6]。それに対して、蔣介石の国民党は、残虐な鎮圧によって同胞といわれていた本省人を虐殺し、暴動が収束してからも体系的に本省人エリートを抹殺していった。「二・二八事件」が戦後の台湾政治にもたらした影響はあまりにも大きく、すでに多くの研究が行われており、ここではそれを繰り返す必要はない。重要なのは、台湾社会において「上からの国民統合を志向する統治政策が逆説的にエスニックな政治動員を誘発」（何義麟 二〇〇三：三〇六）したことである。なぜなら、こうした意図せずに形成された政治動員は、やがては民主化によって打開された政治空間において台湾ナショナリズムに変容し、支配側の国民党が主張する中国ナショナリズムと競合するようになったからである。

決定的分岐点において現れる社会的クリーヴィジの枠組みに照らし合わせると、一九世紀末から始まった外からやってきた支配者と、それらによる植民地統治（日本）および権威主義体制（中国大陸から来た国民党政権）がもたらした政治参加や集団的アイデンティティをめぐる矛盾が、台湾社会にとっての最初の決定的分岐点になる。これらの支配者への抵抗がもたらす対立が、中央と周辺のクリーヴィジによる対立として位置づけられれば、その後のナショナリズム政党の出現が理解されうる。

Ⅲ　ナショナリズム政党と保守性の包摂

ナショナリズムは本質的に保守であり、保守と進歩のイデオロギー的対立を超えるものである。

――邱義仁（民主進歩党創立メンバー）[7]

前節においては台湾におけるナショナリズム政党を形成する台湾ナショナリズム側の流れについて述べてきた。それはのちに民進党によって担われる台湾ナショナリズムが形成された素地であり、つまり決定的分岐点によってもたらされた中央と周辺の対立による社会的クリーヴィジが形成された歴史的起源である。一方で、台湾に逃げ込んだ国民党が中国ナショナリズムを担うことは説明を要さないが、そこにおける特殊性は、台湾という地理的な空間のみにおいて、中国大陸全体を含むナショナリズムを主張する矛盾である。言い換えれば、中央において敗れた勢力である国民党が周辺の台湾に閉じ込められても引き続き、中央として周辺と対立し、それまでに形成された社会的クリーヴィジを意図せずに深化させたことであった[8]。

ところで、そうしたナショナリズム政党がどのような要因によって保守性を包摂していくのかが、本論文のもうひとつの課題である。本節では、権威主義体制から民主化以降の展開を概観し、国民党と民進党が保守性を包摂してきた理由を探りたい。

1　国民党による保守性の包摂

中国大陸にて誕生した国民党は、自らを清朝を打倒した革命勢力として一貫して位置づけてきた[9]。しかし、もうひとつの革命勢力であった共産党との内戦に敗北した国民党は、台湾に逃げ込み、蔣介石を中心に「反攻大陸」と「統一中国」の目的を果たすために、台湾独自の統治体制を構築することになったのである。自らが中国全体を支配すべき、本当の正統性を持った政治勢力であることを主張し続けるために、台湾に追い込まれた国民党は、本来複数政党の競合を想定していた憲法を棚上げし、家父長的な「指導による民主主義」を実施したのである[10]。さらには、正統な中国であろうとして、国民党は、中華の伝統をめぐる言説、シンボル、ナレーションなどを大量に用いていた。古文書に記載されている伝説に基づいて誕生した漢民族を継承する自分たちを「炎黄子孫」と称し、偉大なる中華文明の再興を祖国の統一によって実現する「復興中華」などのスローガンがそうであり、儒教的な教義を教え込む教育カリキュラムもその結果のひとつである[11]。

中国伝統を大量に援用する目的は、社会主義革命に成功し、中国大陸を支配する当時の中国共産党との区別を図ることに加え、自らが中華世界における正統な権力継承者であることを主張するもくろみももちろんあった。本論文の関心である保守性に引きつけていえば、唯一正統な中国国家を主張するがゆえに、伝統文化の重視、歴史の継続性を重視するという側面において、西欧にみられる保守主義との近似性がうかがえる。ここで国民党の中国ナショナリズムと保守との、イデオロギー的な接合点が見出されよう。

中国ナショナリズムをめぐるイデオロギーのほかに、国民党が保守を包摂するもうひとつの理由は、一九五〇年代から実施していた地方自治の選挙がもたらした影響である。中国共産党との対比として、「自由中国」の建前を維持し、さらには植民地時代から存続していた土着勢力を自らの支配体制に組み込むために実施されていた地方自治選挙は、大都市圏の台北市・台北県（二〇一〇年より新北市）を除けば、選挙を中心とするクライアンティリズムとそれを支える「地方派系」の形成につながった（Kuo 1999）。[12]「地方派系」とは、「血縁、姻戚関係、地縁、学縁などの伝統的人間関係によりつながりつつ、それ以上の組織化がなされていない準政治団体」である（若林 一九九二：一二五）。

政治的に「地方派系」が果たしうる役割はその豊かな人脈がもたらす集票能力であり、選挙における勝利である。国民党は、公認候補を独占的に決定するのと、二つの「地方派系」を育てることによって、政治的にこれらの勢力をコントロールする。権威主義体制の時代においては、党の公認を得ることがほぼ当選を確約したのである。そして二つの派系による競合は、特定の勢力が圧倒的な優位性を持つほど成長できない「分割統治」であった（若林 一九九二：一三三―一三五）。「地方派系」がこのようなクライアンティリズムによって得られるのは、政治参加のほかに、なにより経済的な利益であった。国民党は、国家政策によって農業組合、漁業組合を中心に展開している信用組合などの地方金融事業をはじめ、バス路線運営権、観光旅館業、受験予備校など幅広い事業につい寡占状態を作り、それらの利権から造出されるレントを「地方派系」に与えていたのであった（同：一三八―一三九）。

これらの「地方派系」は地方の利権構造の掌握および集票機能を持ちあわせていたため、民主化以降もその影響力を行使し続けられてきた。その最たる例は、一九九〇年代初期から、国民党党中央エリートと党内の政治闘争を制するために、のちにミスター・デモクラシーと称される李登輝が、利権まみれの「地方派系」と同盟関係を結んだことである。その副作用のひとつは、「金権選挙」の主役や暴力組織との癒着など国民党をめぐるマイナスなイメージを深めたことである（若林 二〇〇八：二〇八―二〇九）。こうした地方や農漁村部の利権構造を掌握し、選挙によるクライアンティリズムを再生産する準政治団体である「地方派系」は、体系的な保守のイデオロギーこそ持ちあわせていないかもしれないが、進歩が主張する理性に基づく社会の全面的な改造や、理想主義的な平等や正義の実現を、政治的なアジェンダに取り込みたがらないのは事実であろう。

このように、国民党は、中国ナショナリズムを主軸とする政党であるが、イデオロギーのみならず、台湾社会における保守的な要素を自らの支配体制に組み込み、保守性を包摂してきたのである。

2　民進党による保守性の包摂

党史を一九世紀末までさかのぼる国民党に対して、民進党は一九八六年に台北にて創立した。のちに台湾ナショナリズムの担い手、台湾独立を主張する政党として知られるようになるが、党創立の時点では必ずしもそれをめぐる明確な主張あるいは合意があったわけではなかった。サッターによれば、「党外」と呼ばれていたそれまでの反国民党勢力の流れをくむ民進党の創立者たちが主張していた「台湾の前途の住民自決」にある「自決」という表現は、国民党による政治権力とそれに付随する経済利益の寡占への反対であり、それらの意思決定と利益分配にすべての台湾住民が参加できるような政治改革を意味することから、統一の放棄、さらには独立のインプリケーションまで含む幅の広いものであった（Sutter 1988: 49）。一九九一年、党の基本綱領に「主権独立した自主的な台湾共和国の樹立」（通称「台独党綱」）を加えることが採決されたことによって、台湾独立をめざす路線が明確化され、いわゆる国民国家形成政党（nation-building party）になった[13]。

一方で、党創立の当初から、民進党には進歩的な要素が含まれていたといわれている。たとえば、党の基本綱領には、「社会正義に見合う財政制度を制定し、国民所得の格差を縮小」（基本綱領三の九）する、「労使および地域社会の代表による意思決定の共同参画をもたらす『生産民主制』を推進せねばならず、それが将来における民主社会を実現する方向」（基本綱領四の五）である、など、社会民主主義を彷彿とさせる表現が含まれている。また、「党外」の時代から進歩的な社会運動との連携を積極的に行い、労働者、農民の組織化などにもかかわり、国民党に対する反体制運動を拡大させていった。

しかし、二〇〇〇年に初めて政権交代を果たしてから、民進党における保守化が目立ち、かつての同志である社会運動関係者や進歩的な知識人から批判をあびるようになった。呉介民（二〇〇二）の研究によれば、政権与党になった民進党が保守的になった理由は、そもそも民進党にとって最も重要な政治的なイデオロギーは、「国民党の一党独裁の打破と自由民主主義的な政治体の設立、そして国民党によって抑圧されていた台湾土着社会の自主性[14]」の実現であったからである（同：一八九）。それに対して、労働者、農民、漁民など経済的に脆弱な階級の利益をめぐる保障は、副次的な目的でしかなかった（同：一九〇）。したがって、進歩的な社会勢力との連携および協力は、あくまでも、国民党との政治闘争を制するため、それらの社会勢力を道具化するという戦略であった。

つまり、民主化の実現にともなう体制内の競合（選挙）によって、政権奪取が可能になった民進党は、主要なる政治目的（台湾ナショナリズム）を実現するため、副次的なものをめぐる課題は、保守的な勢力（たとえば企業主）に容易に妥協し、そのため、進歩的な社会勢力との矛盾と乖離が顕在化したのであった。二〇〇〇年の政権交代の直後に、反原発を党是のひとつとして掲げていた民進党政権が第四原子力発電所の建設続行を決定したのも、また労働者権益の代弁者であった民進党が労働時間規制の改正において企業側の要求に妥協したのも、こうした政治目的の優先順位による結果であったと批判されている[15]。台湾ナショナリズムを強化する目的が、民進党の保守化につながったともいえる論理である[16]。

民進党の保守化が促されたもうひとつの理由は、選挙を制するため、様々な勢力との合従連衡を繰り広げたからである。支持基盤の拡大という目的を実現するために、国政のみならず、むしろ地方選挙から実力を築き上げていかねばならなかった。また、前述のように、早くから実施されていた地方自治選挙によって、「地方派系」のような土着社会における政治勢力も存在していた。「党外」の時代から国民党の離反勢力の受け皿としても機能していた民進党は、一九九〇年代に入ってから反国民党の独立勢力をさらに積極的に取り込み、一九九七年には、「地方をもって中央を包囲する」というスローガンを掲げ、地方選挙において二三の自治体のなかの一二において勝利をおさめ、直轄市であった台北市も民進党政権であったことを合わせると、地方レベルにおいては、事実上過半数の自治体と人口を掌握していた[17]。

このような選挙戦略は、二〇〇〇年の政権交代以降も、国家政策をコントロールできたことによってさらに強化されていった。二〇〇一年になると、地方選挙では南部のすべての自治体において民進党が勝利をおさめた。民進党にとって劣勢であった二〇〇五年の地方選挙においては全体的に大敗を喫したわけであるが、南部の五つの自治体だけは依然として民進党が制したのであった[18]。民主化してからも国民党が優位に選挙を進められていた南部の自治体を、民進党は自らの強固な地盤に変化させたのであった。

合従連衡の対象となるのは、多くの場合、権威主義体制の時代に国民党と協力関係を築いてきた「地方派系」である。その最も象徴的な事例は、南部の嘉義県である。長く国民党の分裂統治によって二つの「地方派系」が共存してきたが、二〇〇一年に国民党の公認候補を得られなかった陳明文が国民党を脱退し、民進党の公認候補として当選したのを契機に、嘉義県においては二〇一七年現在にも民進党政権が継続し、民進党はかつて国民党が育成した「地方派系」をほとんど吸収し、あるいは消滅させたのである[19]。

これまでにも説明した通り、「地方派系」という準政治団体は、地方の利権構造に深くかかわっており、長く国家が供与するレントによって存続してきたものである。民進党がこれを吸収しうるとすれば、社会的正義など進歩的なアジェンダへの妥協ではなく、むしろ民主化を経て成長した台湾人アイデンティティによる取り込みのほうが合理的であり、心理的に受容できるものであった。台湾人アイデンティティが直ちに台湾国家を建設する台湾ナショナリズムに直結するとは限らないが、中国ナショナリズムからの離脱であることには違いない。取り込まれていった「地方派系」もまた民進党内の派閥に変身し、民進党の政策路線にかかわる意思決定に参加できるようになり、民進党の保守化にも貢献したのである。

政権運営するための保守化あるいは選挙勝利のための保守化、そのどれも突き詰めると、民進党にとって最も重要な目的である、台湾社会の土着勢力による政権の奪取と維持のためである。しかし、これをひっくり返していえば、台湾ナショナリズムという最大公約数があるため、保守化する民進党自体が矛盾を抱えながらも、進歩的な社会勢力との対話能力を、国民党よりも持ちうるのである。政権維持のための保守化という現象は、台湾に限られた現象ではないかもしれない。しかし、台湾の事例が特殊であるのは、それを促している、あるいは許容されているのが台湾ナショナリズムという共通項にあることである。「台湾大」のナショナリズムと対峙する中国ナショナリズムが存在するために、台湾土着の進歩は台湾土着の保守との共存を図らねばならなくなる。

しかし、中国（大陸にある中国共産党政権が支配する中央）の台頭、そして台湾における中国の影響力の増大とそれによる中国ナショナリズムの変化は、台湾におけるナショナリズム政党制とそれによって覆い被せられていた保守と進歩に新たな変化をもたらしたのである。次節においてはそれを検証したい。

Ⅳ 「ひまわり運動」、中国要因、保守対進歩の変容

1 「ひまわり運動」と中国要因

二〇一四年三月一八日に、数百名の学生が立法院（国会）議場内に侵入したのを契機に、多くの学生、青年、市民が立法院とその周辺に集結し、その後立法院の議場を二四日間にわたって占拠した。運動のプロセスにおいて最も大規模な集会は、三月三〇日に総統府の前にて行われ、主催者の発表によると、五〇万もの人々が参加した。彼らの目的は、立法院において強行採決された国民党の馬英九政権が中国と締結する「サービス貿易協定」の法案を行政院（内閣に相当）に差し戻すことであった。「ひまわり運動」と呼ばれるようになったこの運動は、同四月一〇日に学生らが立法院から自主退去したことによって終わりを告げたが、中台間の協議に対する立法院の監視機能を定める条例が法制化されるまで、サービス貿易協定を審議しないことを、馬英九総統および王金平立法院長（国会議長に相当）の両方から取りつけたことからみて、運動自体は成功したと評価されている。[20]

台湾全体を大きく震撼させた「ひまわり運動」の歴史的な位置づけを行うにはより多くの研究が必要とされるが、台湾政治に重大な衝撃をすでに与えていることは疑いない。学生、若者、市民、政党、政府をも巻き込んだこの運動の捉え方は分析の視点によって異なるが、呉介民（二〇一五）は、台湾社会のあらゆる側面に浸透している中国要因（China factor）に対する台湾の市民社会による抵抗であ

ると位置づけている。メディアなどにおいて中国要因という表現は、政治領域（安全保障、選挙政治への影響）、経済産業領域（産業構造に及ぼす変化）、文化とアイデンティティ（ナショナリズム、宗教、メディアなどへの浸透）に類別することができる（呉介民 二〇一七：三二―三三）。具体的には、中国共産党が自らの政治目的を達成するために、経済的な手段を主として、現地協力者および政治的代理人を育成し、政治、経済、社会、文化、ひいてはライフスタイルを含む台湾社会のあらゆる側面に影響を及ぼすことを表す概念である[21]（同：三四）。

台湾に対しての政治目的は、いうまでもなく中国共産党がめざす国家の統一である。政治の領域においては、中国は一九九〇年代からすでに様々な手段によって影響を及ぼそうとしており、特に重要な選挙においてはそのような動きが目立っていた。たとえば、一九九六年三月に初めて直接選挙によって総統を選ぶことになった台湾に対して、中国は三波に分けてミサイルを台湾近辺の海域に打ち込み、軍事的な緊張をもたらし、これは、李登輝に対する牽制と脅迫とみられた。ほかにも台湾の重要な選挙に対して介入する一貫した手段のひとつとしては、中国に駐在する台湾ビジネスマンを動員し、航空券の優遇措置などの実施によって台湾に戻らせ、中国ナショナリズムを共有している国民党に投票するように奨励することであった（呉介民 二〇一六）。こうした手段は中国の資源の増大と経験の蓄積にともなって精緻化し、二〇一二年の総統選挙前には多くの財界人を動員し、次から次へと一つの中国原則の含意を持つ「一九九二年コンセンサス」を支持する発言をさせ、選挙の結果に影響を及ぼしたとされている[22]（呉・廖 二〇一五）。

中国要因による台湾政治への影響は莫大であり、これらにとどまるわけではないが、本章の関心である台湾における政党システムに短期的に及ぼした影響は、少なくとも三つある。ひとつは、国民党による先祖返り的な保守化を促した。もうひとつは、保守化していた民進党に新しい進歩性を注入した。最後は、進歩を明確に掲げる新党の誕生であった。より詳しい分析は、本節の最後において行うが、まずはこれらの結果を形成する、「ひまわり運動」が起きた政治、経済、社会的なコンテクストを把握しておきたい。

2 「ひまわり運動」のコンテクスト

(1) 政治的なコンテクスト

中台間の「サービス貿易協定」をめぐる杜撰な立法過程は、「ひまわり運動」の起爆剤になったが、それにいたるまでの中台間の動きがその点火を容易にする素地を作ってきた。まずは、中国共産党におけるリーダーシップを固めた胡錦濤国家主席は、台湾に柔軟な対応をとり、一つの中国さえ認めれば、対話は可能であるというスタンスに転じたことである。二回も総統選挙に敗れた国民党にとっての打開策は、胡錦濤の柔軟性を持った対台湾政策に呼応し、中国と急接近することであった[23]。

まず、二〇〇五年三月一四日に全国人民代表大会にて、「反国家分裂法」が可決され、当時の民進党政権はこれに強く反発し、台湾全体にて数十万人にものぼる反対集会を開いた。それにもかかわらず、その直後の四月に国民党の連戦党主席は急遽訪中を発表し、四月二九日に北京にて胡錦濤総書記と正式に会談を行ったのであった。会見の結果として発表された「両岸和平発展共同願景」(両岸の平和発展をめぐる共通ビジョン)の骨子は、「一九九二年コンセンサス」の堅持、台湾独立反対、両岸和平の追求、両岸交渉の再開、両岸交流の促進、国民党・共産党の定期協議などであった。中国政治においてこれが意味するのは、一九二七年から断続的に続いていた国民党と共産党の内戦が、連戦主席の訪中によって正式に和解したことである。しかし、台湾政治に置き換えれば、それはすなわち民主化とともに台頭した台湾ナショナリズムによって崩されつつあった国民党の中国ナショナリズムが、台湾の外にいる中国共産党との合作によって息を吹き返したことである。

この流れは、二〇〇八年に国民党が政権を奪回すると一層明確になった。総統になった馬英九は自らの就任スピーチにおいて、「両岸の人民は共に中華民族に属しており……中華民族の素晴らしい知恵によって台湾と大陸は必ずや平和と共栄の道を見つけられる」、と民進党政権の時代には使用しなかった中華民族の語を再び用いたのであった。[24] 二〇一二年に再選を果たした馬英九の就任演説においても、「両岸の人民は、ともに中華民族に属し、すべて炎帝黄帝の子孫であり、同じ血縁、歴史と文化を擁していると同時に、国父孫中山（孫文）を尊崇している」と語った。最も重要なのは、同じ就任演説にて言及した「一国二区」という概念である。それはすなわち中華民国の憲法によれば、中華民国は、大陸と台湾という二つの地区を含めているが、現在統治しているのは、台湾のみということである。[25] かつての国民党による中国ナショナリズムをめぐる言説は、民主化以降の台湾において後退したが、連戦の訪中を契機に、馬英九政権では対中関係の改善をはかると同時に、中国ナショナリズムの再興を推し進めたのであった。

(2) 経済的なコンテクスト

国民党の馬英九政権の登場によって政治的に中国に接近し、中国ナショナリズムへの回帰が明確になったのに対して、経済交流に関してはさかのぼって、李登輝時代

図表３－２　中台間の人的交流、中国からの渡航者

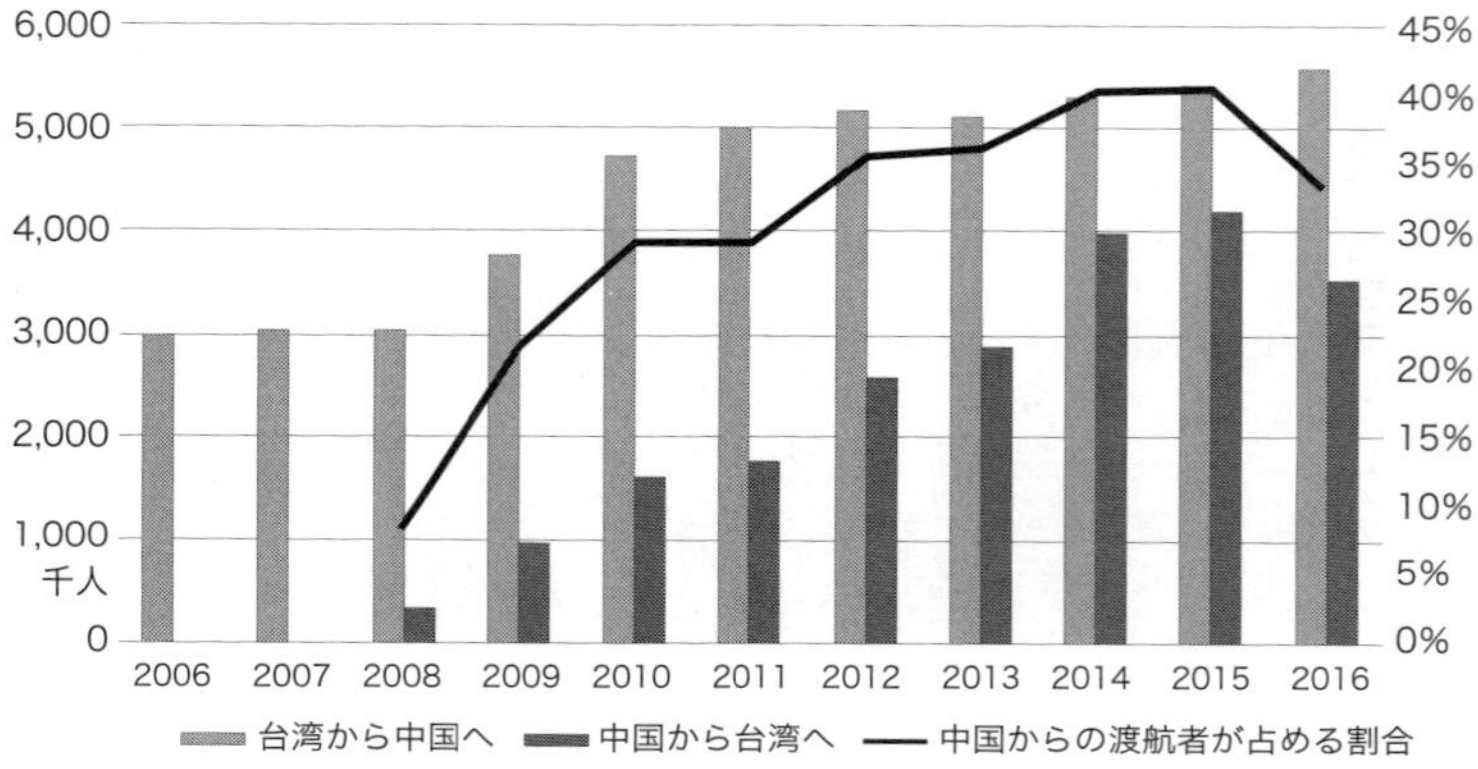

出典：中華民国行政院交通部観光局観光統計年報 <http://admin.taiwan.net.tw/statistics/year.aspx?no=134>（2017年9月12日最終アクセス）。

から一貫して増えつつあった。二〇〇〇年からの八年間の民進党政権においても中国との経済交流をめぐる基調は開放路線であり、国民党の馬英九政権の登場によって一層強化されたといえる。対中事務を担当している大陸委員会によれば、二〇〇八年から二〇一六年までの国民党政権においては、中国と二三個の協定を締結し、その代表格が二〇一〇年九月に発行した「海峡両岸経済合作架構」（両岸経済協力枠組み協議、通称ＥＣＦＡ）という自由貿易協定に相当するものであった[26]。

その結果として、台湾の対中国貿易依存度は、二〇〇〇年の一三・八％から二〇一四年の三二・九％まで上昇したのである。また、対外投資の多くも中国に集中してきた。一九九一年から一九九九年までの国民党政権のあいだは、対中国投資の割合は年間平均三八・五％であったが、二〇〇〇年から二〇〇七年の民進党政権のあいだは、六〇・四％までに上昇し、二〇〇八年から二〇一三年の国民党政権では、

七三・四%という極めて高い水準にまで増えたのであった[27]。つまり、台湾による対外投資における中国向け投資のシェアは、一九九〇年代から増加傾向にあったが、民進党政権になっても継続され、二〇〇八年以降の国民党政権においてピークに達したのである。

中国との経済交流によって最も明確に変化したのは、中国側が本格的に台湾への観光客を開放したことによってもたらされた人的交流である。**図表3―2**に示されているように、中国による観光客が開放された初年度の二〇〇八年には三三万人ほどであったが、二〇一〇年から急成長し、二〇一五年には五四〇〇万人を超え、中国から台湾への渡航者が台湾への渡航者全体の四割ほどを占めるようになった。

つまり、政権与党がどれであろうと、経済交流が深化し、それによって台湾経済による中国への依存が強まったことである（呉介民 二〇一五）。また、中国側と中国ナショナリズムを共有する国民党政権のもとでは、貿易や投資のみならず、人的交流も急速な成長をみせたのであった。

（3） 若者世代

このように、政治的には中国ナショナリズムが再び台頭し、経済的には中国への依存が大きく深まっていったことによって台湾社会における中国の存在感が急速に増加した。そのなかで「ひまわり運動」の主役であった若者たちがおかれている環境は決して楽観的なものではなかった。次頁の**図表3―3**に示されているように、二〇〇〇年を境目に若者の失業率が上昇し、二〇〇九年あたりは一四%を超えていた。二〇一〇年代において一五歳から二四歳の年齢層の失業率は、一二%を超え、平均失業率の三倍以上の失業率である。

このような状況に加えて指摘されているのは、台湾社会における階級間の流動性が低くなったこと

図表3－3　台湾における年齢層別失業率

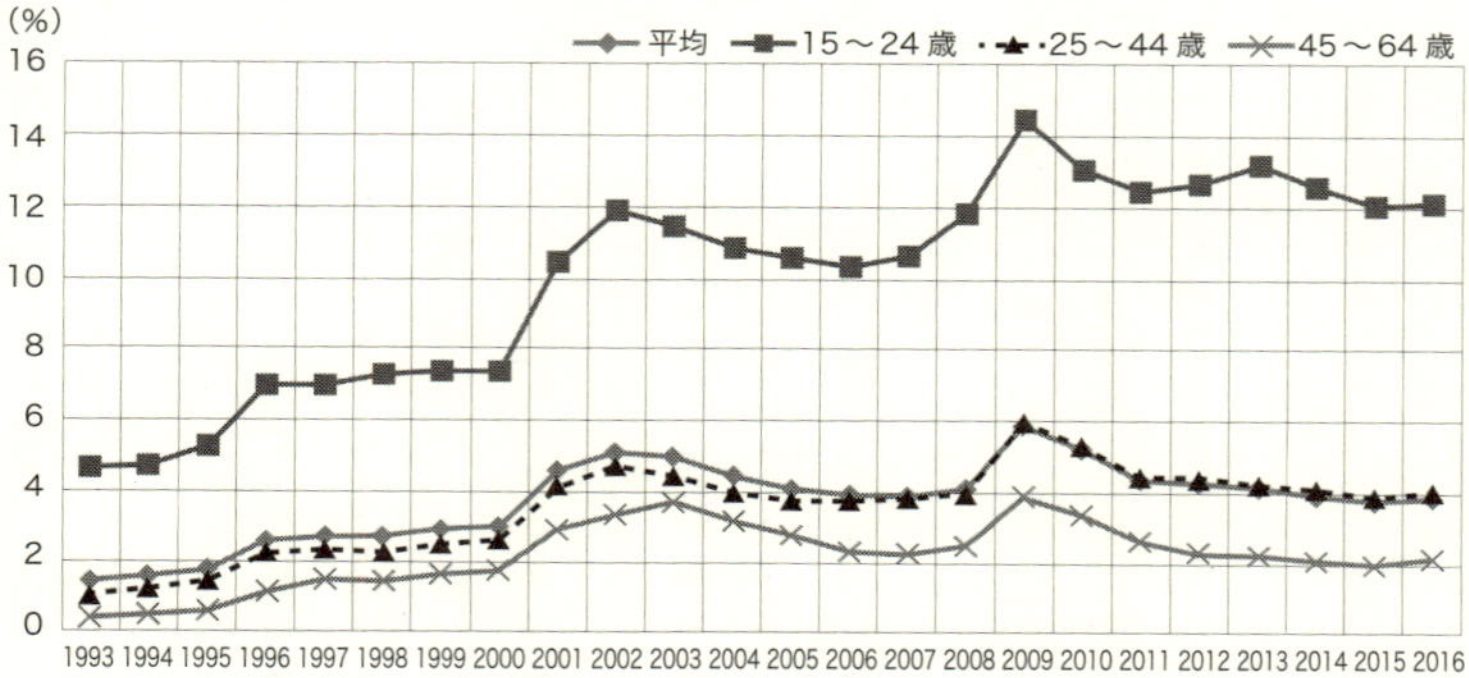

出典：中華民国統計資料網 <http://www.stat.gov.tw/ct.asp?xItem=18844&ctNode=4944>（2017年8月31日最終アクセス）。

である。台湾・中央研究院社会学研究所が定期的に行ってきた大規模なアンケートの調査によって得られたデータを用いて計量分析を行った結果、一九九〇年代以降の台湾においてはかつてよく観察されていた熟練労働者から小企業のオーナーになるパターンが大幅に減少し、熟練労働者としてとどまっている比率が大きく上昇している（林宗弘 二〇一二）。これと同時に、平均月間収入の全国平均が三万六〇〇〇台湾ドル帯であるのに対して、二〇から二四歳の若者はそれをかなり下まわる二万五〇〇〇台湾ドルである[28]。つまり、一九九〇年代から始まった中国との経済交流によってもたらされた成果は、若者にとって実感できないものである。

他方、一九八〇年代に始まった民主化プロセスのあいだ、あるいはその後に生まれ育った若者の台湾人アイデンティティは、圧倒的に強くなっている。**図表3－4**に示されているように、二〇一三年にいたると、台湾人アイデンティティは全般的に高い状況にあるが、一九から二四歳の年齢層においては、全体の九三・三％を占めて

図表３－４　台湾における年齢層別のナショナル・アイデンティティ（2013 年）

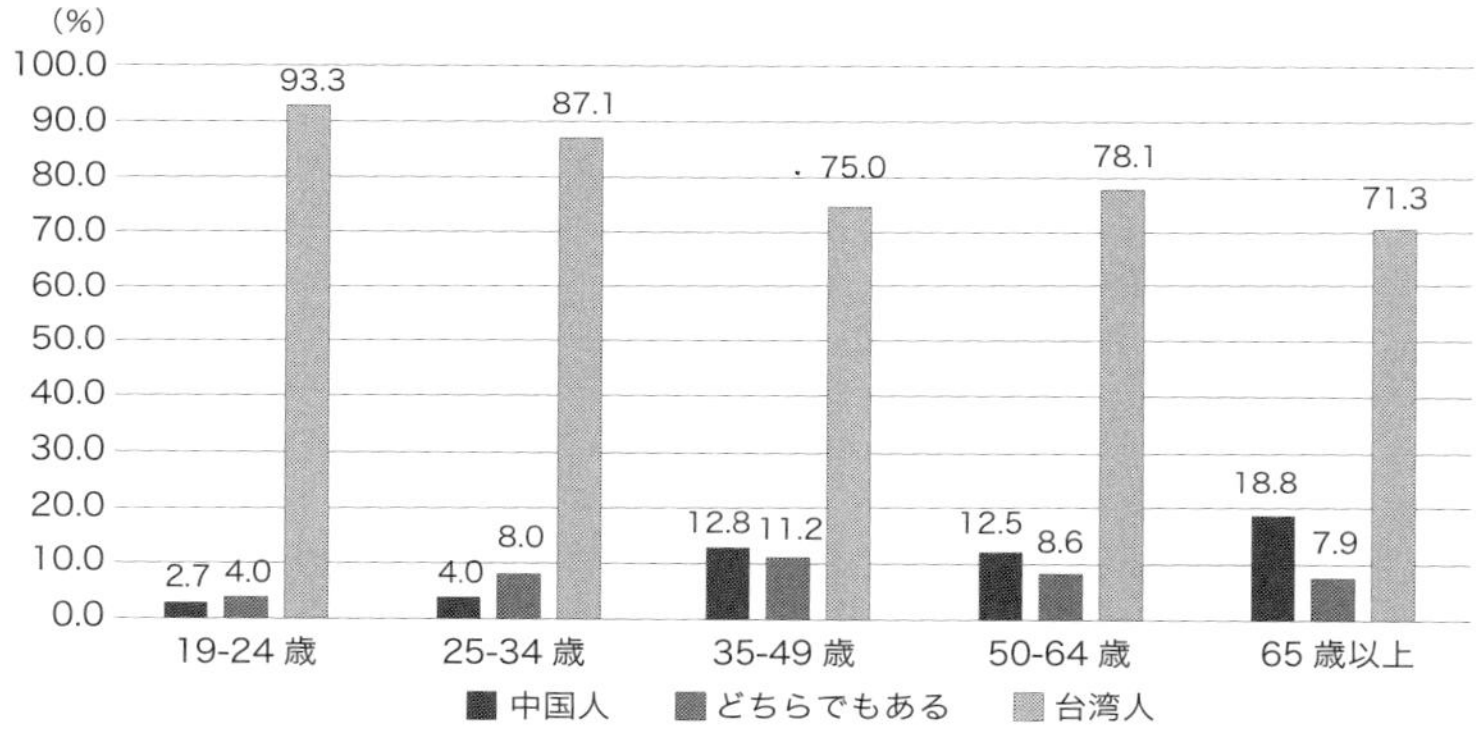

出典：呉介民（2015：26）。

いる。そうしたアイデンティティは、国家の位置づけをめぐる選好にも反映されている。台湾のオピニオン誌が行った調査によれば、「現状維持」や「一定の条件のもとで統一する」などの選択肢も含まれている調査において、「台湾は独立する一方、大陸とは平和な関係を維持する」ことを選んだのは、三一・一%であった。しかし、年齢層別にみると、平和が維持される台湾独立を選んだ二〇から二九歳の年齢層と三〇から三九歳の年齢層は、それぞれ四三・一%と四九・三%であり、平均を大きく上まわっているだけでなく、四〇歳以上のそれとは明確な断層が存在している（四〇歳代と五〇歳代は、それぞれ二四・九%と二五・〇%）。

「ひまわり運動」はこのような政治経済的なコンテクストにおいて若者が主導した運動であった。いうまでもなく、これらの現象にとどまらず、民主化以降の台湾における社会運動・学生運動の世代間の伝承、「ひまわり運動」にいたるまでに多くの社会問題をめぐる社会運動がもたらした運動をめぐるノウハウの蓄積、さらには国民党党内の政治闘争など多くの要素が相まって、台湾政治を大きく揺るがす運動が起きたのである。

3　政党への影響

「ひまわり運動」が台湾政治に与えた影響を評価するのはより多くの研究を要するが、呉介民（二〇一五）によれば六つの短期的な効果があった。それらは、（1）統治の正統性を失った支配者に対する市民的不服従と抵抗権の行使、（2）国民党および中国共産党の政治経済をめぐる独占的な性質の暴露、（3）市民社会が中台間の相互作用における有意義なアクターになったこと、（4）国民党と中国共産党による協力のシナリオに大きな打撃を与えたこと、（5）中国による「台湾買収」戦略の挫折、（6）香港の「和平占中（オキュパイ・セントラル）」運動への影響、である（呉介民 二〇一五：三二一―三二三）。ここでは、関連する点をとりあげ、本章の分析対象である政党への影響に引きつけて論じたい。

右の（2）、（3）と（4）のいずれも国民党と中国共産党との協力関係に楔を打ち込む結果となったものである。前述のように、二〇〇五年以降の国民党は、中国共産党との和解によって台湾外部において強力な協力者を獲得し、政権を奪回したのである。中国共産党との協力関係によって中台関係を安定させ、経済成長をもなし遂げたことは、国民党政権の維持に大きく貢献した。しかし、それによってもたらされた新たな構造的特徴は、いわば国民党と中国共産党の協力による台湾の政治経済体制のコントロールである。政党としての国民党は、中国ナショナリズムを再び抱擁し、中国経済に食い込むことによって生じた利権の分配者になったのである。「ひまわり運動」は、こうしたマクロ構造にインパクトを与えたが、国民党による路線変更はその後もみられなかった。そもそも中国ナショナリズムと保守性の両方を持つ国民党は、こうした市民社会に根づく勢力を包摂できない一方、中国ナショナリズムを共有できる中国の台頭が続く限り、そうした強力な協力者を放棄する選択肢をとることがなかったのかもしれない。実際、馬英九総統は、二〇一五年一一月七日にシンガポールにて中国の習近平国家主席と歴史的な会談を果たし、現役の台湾総統と中国の国家主席――つまり中華民国総統と中華人民共和国国家主席――が会うのはもちろん史上初めてであり、そこにおいても「一九九二年コンセンサス」が確認されている。

他方、民進党は「ひまわり運動」によって顕著になった台湾社会が抱える矛盾に対する不満の受け皿となり、二〇一六年には政権への返り咲きを果たした。同時に、「ひまわり運動」に参加した若者――いわゆる「ひまわり世代」――の一部は民進党入りし、選挙や政権の幕僚となり、社会運動から政治への参加に転じたのである。つまり、「ひまわり運動」においては、サポート役を演じた民進党と多くのアドボカシー団体・社会運動は新たな協力関係を少なくとも一時的には再構築し、強化できたのである。それのみならず、結果として民進党は進歩的な色彩を強め、「ひまわり運動」によって関心を集めた様々な社会的正義をめぐる問題を選挙キャンペーンの言説に取り入れ、政権の奪回に成功したのである。しかし、その民進党も、政権が発足してから労働時間規制の改正、土地再開発、先住民の権利の確立、同性婚の実現などをめぐって「ひまわり運動」を支えた若者、アドボカシー団体などとの関係が悪化し、今後はどのようにそれを維持できるかが、早くも課題となっている。

「ひまわり運動」が台湾の政党システムにもたらした最も重要な短期的影響は、台湾ナショナリズムを前提としたうえで自ら社会民主主義や進歩をかたる政党の誕生である。「ひまわり運動」の翌二〇一五年一月二五日に、時代力量（New Power Party）という政党が結成された。党創立のメンバーは、「ひまわり運動」の主役でもあった中央研究院[29]（Academia Sinica）の若手法学者であった黄国昌と、「ひまわり運動」のあいだに新聞やニュースを連日飾った運動の主役であった学生、弁護士、文化人などであったため、同党はまさに「ひまわり運動」の産物であった。政党の基本的主張として真っ先に挙げたのは、「台湾の国家としての地位の正常化」であり、ガバナンスに関しては、「『公平正義』を施政の目標とすべく、分配の不正義、世代間の不正義に挑み、租税改革および年金改革を推し進め、キャピタルゲイン税を強化する」ことなどが挙げられていた[30]。

社会民主党（Social Democratic Party）はそれを追うように二〇一五年三月に創立され、こちらも「ひまわり運動」に参加した学生、大学教授、アドボカシー団体、労組の幹部などが中心であったが、時代力量ほどの知名度はなかった。社民党は、台湾がすでに独立した主権国家であるうえ、自由、平等、かつ団結した社会民主的な理想国家をめざすため、台湾の経済、社会、政治の改革を推進すると、党の基本政策綱領および組織規程において宣言している[31]。時代力量との決定的な違いは、政策綱領において、自らが中産階級および被雇用者階級の労働権を守る政党であると明確に台湾のコンテクストに沿った社民主義的な色を打ち出しているところである。

二〇一五年に一五歳から二〇歳の青少年に対して台湾の民間団体が行った調査では、**図表3―5**の通り、これらの進歩政党は若者によって支持されていた。二〇一六年の総統・立法院同日選挙の一年前に行われたこの調査では、時代力量と社会民主党・緑の党連盟が、若者からそれぞれ一五・五％と

図表3－5　台湾における主要政党の青少年支持率と2016年立法院選挙比例区の得票率

	社会民主党 緑の党連盟 ＊＊＊	時代力量	民進党	国民党
青少年（15歳から20歳）による支持率＊（2015年12月14日～25日）	7.95%	15.47%	27.98%	15.90%
2016年立法委員選挙 比例代表における得票率＊＊	2.50%	6.11%	44.10%	26.91%

出典：台湾少年権益与福利促進連盟 <http://www.youthrights.org.tw/news/303>（2017年9月15日最終アクセス）、（台湾）中央選挙委員会 <http://db.cec.gov.tw/histMain.jsp?voteSel=20160101A2>（2017年9月15日最終アクセス）。

注：＊親民党（6.52%）も5%を超えたが、本文中の議論に登場しないため、表に含まなかった。また、台湾少年権益与福利促進連盟によって行われた調査においては13,466人が参加した。

＊＊阻止条項は、5%である。

＊＊＊実際の選挙においては社会民主党と緑の党が連立を組んだため、調査においてもそれが反映されていた。

七・九％の支持率を確保していた。時代力量にいたっては国民党とほぼ同レベルの支持率を得ており、若者における新しい進歩政党の人気がうかがえる。さらに、若者における国民党の不人気ぶりが際立っていたのも明らかであった。

二〇一六年一月に行われた総統・立法院同日選挙では、両党とも自ら総統候補を出さず、立法院に関しては一部の小選挙区において、民進党と統一候補の調整を行い、民進党と一定の協力関係を構築し、選挙戦に臨んだのであった。選挙の結果は、時代力量は小選挙区における民進党との候補者調整が功を奏し、選挙区においては三議席を確保し、比例区においては有効投票の五％を上まわり、二名を当選させたのであった。一方、社会民主党は健闘したが、得票率が五％に届かず、議席を確保することができなかった（**図表3―5**）。国会において時代力量が安定した勢力として成長するかどうかは今後の展開を観察する必要があるが、これらの政党の出現によってかつては統一対独立――つまりはナショナリズムをめぐる

図表３－６　「ひまわり運動」以降の政党システム

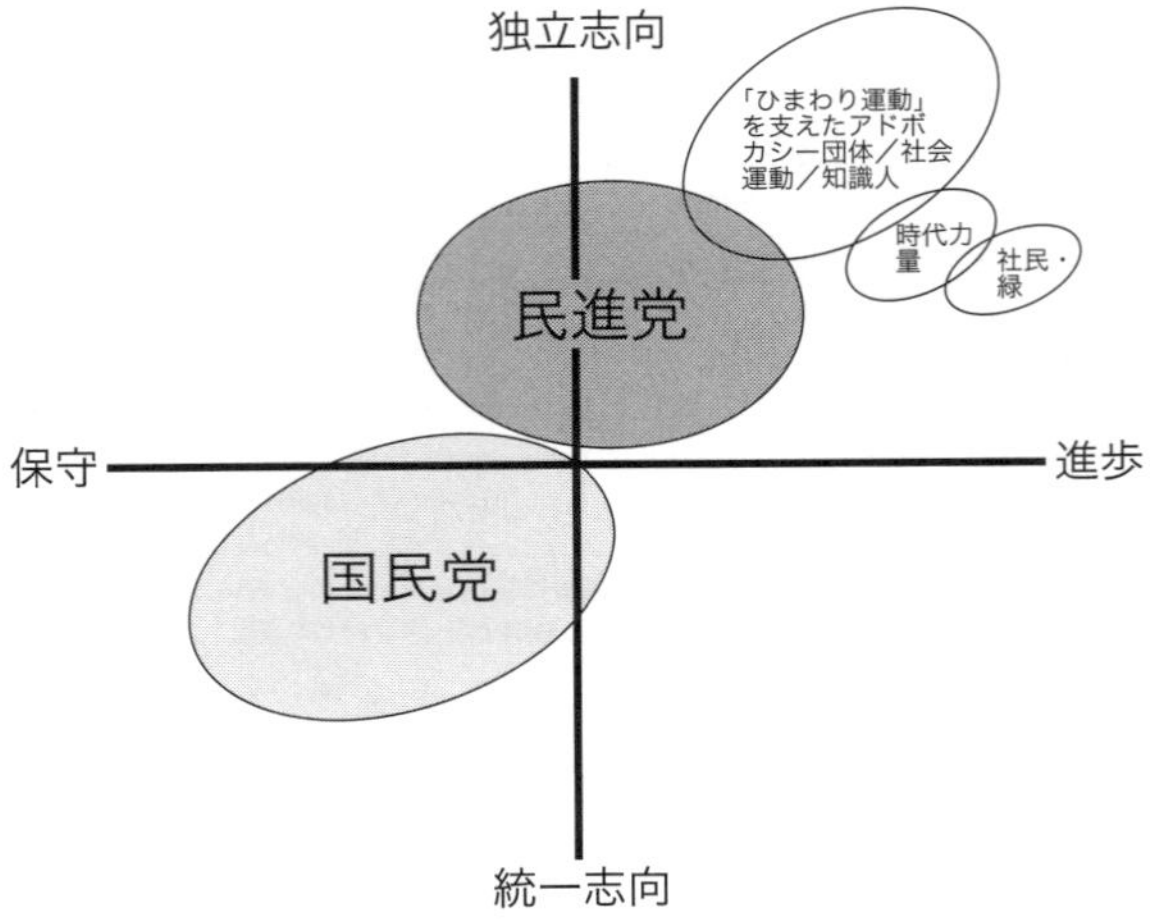

出典：筆者作成。また、親民党は、2016年1月の立法委員選挙において比例代表区から3名当選しているが、ポジションは国民党と重複しているため、図において示さないことにした。

対立軸——によって規定されていた政党システムが変わる兆しをみせている。

図表３—６に示されているように、「ひまわり運動」の結果によって新たに現れた政党は、すべて台湾ナショナリズムを主張しているうえ、進歩的な主張をも持ち合わせている。その結果、従来はナショナリズムの対立軸によって展開されていた政党政治は、変化をみせている。いうまでもなく、今後このようなシステムが定着するかどうかは未知であるが、「ひまわり運動」によって政党システムに新たな要素が加えられたといえよう。当時野党であった民進党は彼らとの協力関係を構築したことによって選挙において有利になったが、そもそも彼らとは対立関係にあった国民党は、保守性をめぐっては明確な変化がない一方、中国ナショナリズムを一層強化したのであった。

リップセットとロッカンが提示した決定的分岐点と社会的クリーヴィジに照らし合わせた議論は、「おわりに」にゆずり、次節は、このような政党システムの帰結を表す政策結果を簡潔に述べたい。

V　政策結果

本節においては、台湾の政党システムの特徴を表す政策結果を紹介したい。これまでの議論では、ナショナリズム政党どうしの対立が基軸である一方、それぞれが異なる理由によって保守性を包摂してきたが、「ひまわり運動」によってそれが変化する兆しをみせている、ということが今日の台湾の政党システムの特徴となっている。以下はその現状を描き出すため、同性婚をめぐる法改正と税制という二つの政策領域について論じたい。

1　同性婚をめぐる法改正

台湾におけるＬＧＢＴの権利および同性婚をめぐる運動は二〇〇〇年代から明確に台頭し、ジェンダー平等教育法（二〇〇三年）やジェンダー就業平等法（二〇〇七年）においては教育や職場などでは性別や性的指向による差別を禁止することが法制化されている。二〇〇三年から行われているＬＧＢＴプライドパレードは、アジア最大といわれており、毎年数万人が参加し、二〇一六年には八万人を超える人々が参加したといわれている。(32)

図表3－7　同性婚をめぐる立法委員の立場——政党別

	議席数	民法の大幅改正	民法の８か条改正	同性婚法	反対	明確なスタンスを示していない
民進党	68	0	46名	1名	2名	19名
国民党	35	0	12名	2名	10名	11名
時代力量	5	5名	—*	—	—	—
親民党	3	0	1名	2名	—	—
無党派	2	0	1名	—	—	1名
（合計）	113	5名	60名	5名	12名	31名

出典：同志人権法案遊説連盟〈http://pridewatch.tw/beta/9th-legislators〉（2017年9月16日最終アクセス）。
注：*すべての時代力量の立法委員は同時に８か条の改正案にも署名している

こうした運動が決定的な転機を迎えたのは、二〇一五年一〇月三一日に、翌年の一月に行われる総統選にて当選する可能性の高い民進党党主席の蔡英文候補が、ネットにてビデオを公開し、「わたしは蔡英文、わたしは同性婚を支持する」というように正式に同性婚支持を表明したことであった[33]。当日行われるＬＧＢＴプライドパレードにあわせた支持表明であったが、多くの若者の喝采をあびることになった。これがやがては二〇一七年五月二四日に多くの国際メディアが大々的に台湾を取り上げた、同性婚を認めない現行の民法の規定が違憲であるとの憲法解釈につながったのである。

しかし、大法官会議の解釈が公表されるまで、蔡英文総統は、反同性婚団体のプレッシャーによって同性婚のための法改正に消極的になり、国民党主席の呉敦義にいたってはインタビューにて同性婚について「恐ろしくて身の毛がよだつ」と非難したほどであった[34]。また、台湾の世論調査においても、一時は反対派が五六・〇％であり、賛成派の三七・八％を大きく上回っていた[35]。同性婚をめぐる法改正については、民進党および民進党支持勢力のなかにおいても大きな分岐があった。

始まりは、二〇一六年一一月に選挙公約を実現すべく、一部の民進党籍の立法委員（国会議員）が同性婚を合法化するための民法修正案を提出したことであった。法改正の審議を阻止するため、一一月一七日に宗教団体を中心とした反対集会が国会の周辺にて結集し、その規模は一万人を超えたといわれている。その一部は立法院内部の委員会室に乱入し、審議を阻止しようとしたほどであった。社会的な動員によって衝突が表面化すると、与野党の立法委員も民法の関連四条項の小幅修正、男女の性別にかかわる八一条項の大幅修正、民法とは別の同性婚法の立法、そして反対の立場にそれぞれ分かれていく（**図表3—7**）。表によって示されている通り、国民党においては同性婚を支持する立法委員が相対的に少なく、「ひまわり運動」によって誕生した時代力量は全員支持であった。対立が複雑化するなか、単独過半数を有していた民進党内部の調整も難航した。法改正の難航にあきれた運動家たちが憲法解釈の要求を提出したため、法改正の結果を待たずに憲法解釈が出されたのであった。

蔡英文総統および民進党全体が躊躇した理由は、主に二つであった。ひとつは、法改正の幅であった。時代力量による民法全面的な見直しの要求は、ＬＧＢＴコミュニティおよび多くの若者の支持を得たが、民進党は党内の調整ができなかった。もうひとつは、法改正の幅が引き起こした混乱によって、保守的な宗教団体のみならず、一部の民進党支持者による反発も噴出したのであった。特により保守的とみられている南部における民進党支持者は同性婚に非常に批判的であった。[36]

いずれにせよ、アジア初の同性婚容認になる憲法解釈の結果を受けて、蔡英文総統は、「憲法解釈の結果は勝ち負けではなく、いまは周りのすべての人たちを自分の兄弟姉妹と思うべき時である」と、フェイスブック経由で支持声明を発表した。[37] のちに国民党の党主席になる呉敦義も、わざわざ「愛は平等」という記者会見を開き、「すべての人間には幸せを追い求める権利がある」と賛辞を送った。[38]もっとも、現時点では進歩的な価値観が勝利し、保守が後退した状況であるが、具体的な法改正になれば、新たな攻防が展開されるだろう。同性婚をめぐる法改正のプロセスは、「ひまわり運動」によって誕生した時代力量の急進的な主張によって、それぞれ違うかたちで保守性を包摂したナショナリズム政党のあり方が映し出されたものであった。

2　税　制

民主化以降の台湾政治においては、ナショナリズム政党によって激しく対立が繰り広げられてきたが、このような対立は政策分野にも影響を及ぼしているといわれている（Fell 2008; 2014; Rigger 2014）。しかし、税制においてはそのような政党間の激しい対立による違いがほとんど観察されず、むしろどの政党が政権をとってもかなりの継続性がみられる（佐藤 二〇一〇、二〇一五、二〇一六）。今日の台湾における税制は、二つの特徴を持ち合わせている。[39]ひとつは、租税負担率（対GDP比）が一貫して低い水準にて維持されていることである。具体的にいえば、二〇〇〇年代以降、台湾における租税負担率は二％を超えたことがなく、低い年度（たとえば二〇〇三年）は、一六％前後であった。対照的に、一九九〇年代後半ではほぼ同レベルにあった韓国は、その後租税負担率が上昇し続け、二〇一〇年以降は、二五％を超えている。先進国のなかでは低いといわれている日本においても同時期には基本的に二五％から二八％のあいだで推移してきた。もうひとつの特徴は、個人所得税への依存をやや高めている一方、多くの新興産業国のように財源を付加価値税への依存にシフトしていないことで

図表３－８　台湾における企業に対する税控除・免除の規模（2001～2013年）

	全国税収（a）	全国税収に対する割合	企業に対する税控除・免除（b）				総統／政党
		(=b/a × 100)	合計	投資奨励	産業アップグレードの促進	産業イノベーション	
2001	1,257,841	5.2%	(65,913)	(604)	(65,308)		陳水扁／民進党
2002	1,225,601	3.0%	(36,434)	(170)	(36,264)		
2003	1,252,766	4.4%	(54,912)	(2)	(54,910)		
2004	1,387,300	3.8%	(53,314)	(175)	(53,139)		
2005	1,567,396	5.3%	(83,626)	(219)	(83,406)		
2006	1,600,804	7.5%	(119,747)	(284)	(119,463)		
2007	1,733,895	10.4%	(180,562)	(61)	(180,501)		
2008	1,760,438	8.6%	(151,352)	(91)	(151,261)		馬英九／国民党
2009	1,530,282	12.9%	(196,755)	(73)	(196,682)	—	
2010	1,622,244	11.9%	(192,644)	(88)	(192,556)	—	
2011	1,764,611	9.1%	(160,659)	—	(160,659)	—	
2012	1,796,697	6.2%	(112,281)	—	(106,546)	(5,735)	
2013	1,834,124	—	—	—	—	—	
累計 2001-2013		—	(1,408,199)	(1,767)	(1,400,695)	(5,735)	

（百万台湾ドル）
出典：中央研究院（2014：17）。
注：これら以外にも少なくとも18の条例によって企業に対して様々な税控除・免除を行っている。

ある。台湾では営業税と呼ばれている付加価値税は、一九八六年に実施され、行政院（内閣に相当）の判断次第で五％から一〇％のあいだに設定できることになっている。しかし、五％で発足してから今まで一度も調整されたことがなかったのである。その結果として課税ベースを拡大できず、台湾政府の課税能力は明らかに低下しているといわれている（Lin 2017）。

　こういう状況をもたらしている重要な原因のひとつは、輸出増進型の産業発展をなし遂げてきた政策遺制である。一九六〇年代に製造業の誘致と国内投資を促すために実施されはじめた様々な税控除・免除政策は、今日にいたっても存在しており、その規模もかなり大きい。前頁の**図表3―8**に示されている通り、年度によっては全国税収の一〇％を上まわる規模にもいたっている。この問題は、労働問題や社会的正義に関心のあるアドボカシー団体のみならず、政治的なイデオロギーが顕著ではない財政学者からも批判をあびている。

企業や富裕層にとって有利な税制度になっているのは、「ひまわり運動」を支えたアドボカシー団体によっても常に取り上げられてきた問題である。労働問題のアドボカシー団体として知られている労工陣線の研究によれば、二〇〇〇年代以降の台湾では可処分所得の五分位階級の最上位階級（最上位二〇％）と最下位階級（最下位二〇％）の比が広がっているにもかかわらず、政府の税政策による経常移転が世代別の可処分所得に与える影響は、一貫してかなり低く、再分配の機能を果たしていない（林宗弘ほか 二〇一一：一〇七）。[40]

しかし、このような政策は、**図表3―8**にも示されているように、政権与党が国民党であろうと民進党であろうと、継続されてきたものである。佐藤（二〇一〇）の研究に示されているように、民進党政権のあいだにも改革が試みられたが、政権内部においてすら合意に達することができなかった。また、税制にかかわる行為者として、総統、行政院長、官僚、立法委員、専門家、アドボカシー団体、そして経済界のなかでは、経済界が強い影響力を一貫して持ってきた（佐藤 二〇一六）。世論の流れによって経済界が妥協を迫られることもあるが、結果として本格的な財政改革が貫徹されていない現状に鑑みれば、どの政党が政権を掌握しても税制改革は困難である。実際、長く批判にさらされてきた企業に対する税控除・免除措置を担う産業創新条例[41]（産業イノベーション条例）は、二〇一七年現在も継続しており、二〇一六年五月に発足した民進党政権がそれを撤廃する様子はない。あるいは、最も代表的な例は、二〇〇八年の総統選挙においては、国民党と民進党の候補者両方が、遺産相続税を五〇％から一〇％に下げることを主張していたことである。税制に関してはどのナショナリズム政党とも、保守的であることがいえよう。

二度目の政権についた民進党には、より公平な税制改革を実現するという選挙公約があったが、二〇一七年九月現在は、まだ具体的な方針が提示されていない。しかし、「ひまわり運動」によって台頭した進歩的な勢力は、長く税制の公平性を強化すべきであると主張してきた。それを代表する政党である時代力量は、遺産相続勢の引き上げ、法人所得税の引き上げ、企業への税控除・免除の漸次的な廃止、証券取引所得税および環境税の導入など、具体的な税改革を要求している[42]。同性婚の合法化のように、保革対立の軸をまた描き出すことになるかもしれない。

以上二つの政策分野を検証してきたが、台湾のナショナリズム政党は、同性婚に関しては分岐する傾向をみせている一方、税制に関しては収斂する経路をたどってきた。同性婚については「ひまわり運動」によって顕在化した進歩的な政治勢力と連携する民進党によって重要な課題として浮上し、合法化の勢いを得たのである。しかしながら、進歩的な政党である時代力量の存在によって、民進党の保守性もまた見え隠れするようになり、ナショナリズム政党として「進歩性」に限界がみてとれた。他方、国民党は、憲法解釈の結果を受け入れているため、保守的な立場がやわらげられたが、党首や立法委員の同性婚をめぐる立場をみれば、保守的なスタンスが強いことは明確である。税制に関しては新たな進歩政党の出現によって、どのナショナリズム政党であっても保守的な傾向が浮き彫りにされている。したがって、今後の展開次第では進歩的な勢力とこれまでのナショナリズム政党との違いが一層明確になるかもしれない。いずれにせよ、これまで存在していなかった保革対立の軸が浮かび上がりつつあることがうかがえる。

おわりに

リップセットとロッカンの分析対象であった西欧諸国と台湾のような新興産業民主国との決定的な違いは、宗教改革をはじめ、国民革命、産業革命、ロシア革命、という四つの決定的分岐点が順番に発生し、それに合わせて政治勢力が再編を繰り返す歴史的経緯をたどってきたか否かにある。もちろん、台湾を含む東アジアの国々には超国家的な宗教的権威が存在していなかった。そのうえ台湾においては、経済の発展過程が圧縮されているのと同様に、植民地統治と権威主義体制によってもたらされた中央対周辺のクリーヴィジと歴史的にみればわずかの時間差で、産業化の衝撃と普通選挙権の導入（地方自治選挙の実施）を経験している。結果として、中央対周辺の社会的クリーヴィジに現れがちなナショナリズム政党による対立構造が固定化されてきた。

しかし、二〇〇〇年前後に台頭しはじめた中国が本格的にグローバルパワーになり、その祖国統一の目的を果たそうとすることによって、一九九〇年代までに比較的に隔離され、自律的な政治体としての変容を遂げてきた周辺である台湾にとって、また再び中央との歴史的な対立構造が呼び起こされたのであった。台湾に浸透する中国要因は、間違いなく中央としての性質を帯びている一方、これまでの中央対周辺の対立と大きく異なるのは、周辺である台湾社会がすでに成熟したポスト産業化社会であり、政治的にも民主化によって自由な政治競争が定着していることである。経済的手段によって浸透する中国要因が、結果として台湾における格差の拡大をもたらしたとみられてしまえば[43]、中央と周辺の対立の争点にはナショナリズムのみならず、格差問題が加えられてしまう。それに呼応するように、進歩的な勢力が現れ、保革対立の軸が浮上したのである。こうした進歩的な政党の存在によって既存のナショナリズム政党の保守性が浮き上がってくる。

これまでマクロ的な視点から台湾の政党システムを分析してきたが、ナショナリズム政党制およびそれが保守性を包摂してきた要因を一定程度えぐり出すことができたといえよう。他方、すでに言及した通り、「ひまわり運動」によって新たに現れた進歩政党によって出現した保革対立の軸が定着するかどうかは、まだ断言できない。中国要因とそれに加えてグロバリゼーションの深化に対応するアクターの戦略およびそれをもたらす誘因構造も重要な変数になりうる。いいかえれば、ミクロの視点からの検討も必要とされる。チェンとシュー（Cheng & Hsu 2015）によれば、台湾の国会議員選挙において小選挙区制が二〇〇八年に導入されるまで中選挙区制であったにもかかわらず、二大政党制が定着してきたのは、選挙制度よりもむしろ政党内の候補者公認制度を戦略的に調整してきた結果である。国民党も民進党も、党内の調整、党員投票、そして世論調査における支持率、あるいはこれらの組み合わせによって最適な公認候補数を決定し、それによって選挙における得票数を効率的に活かした結果、より多くの候補者を当選させてきた。その結果、国民党が大きく分裂した二〇〇一年の立法院選挙を除けば、一九九二年以降の台湾における国政選挙（総統と立法院）の有効政党数に大きな変化が観察されず、おおよそ二プラスの値となっている（同：115）。

また、民主化以降の政党組織についての研究がまだ少ないが、国民党と民進党の党組織は似ており、両方とも地方において高度に組織された党支部（地方党部）を持っている。そのため、地方においては党支部を中心に日本の議員後援会のような選挙組織が形成され、選挙活動においては集会の動員から議題の設定など、新しい政党を圧倒する組織力が発揮される。加えて、阻止条項が五％であれば、新しい政党が本格的に力をつけるのは困難である。「ひまわり運動」以降顕在化した世代間のクリーヴィジが、こうした制度的な条件のもとで政党勢力として転化されるのかどうかは、楽観視できない。いいかえれば、台湾においては普遍的な政党組織の構築によって、選挙競合において生き残り、さらには制度的な規定要因が二大政党制に収斂するように促しているため、民進党や国民党という二大政党以外の勢力が存続するには高いハードルを乗り越えなければならない。

さらに、中国による統一という目的が継続される限り、中国ナショナリズムと台湾ナショナリズムの対峙が維持され、そうした社会的クリーヴィジに沿って展開される政党システムも本質的な変化がみられないかもしれない。とすれば、制度的にも、歴史構造的にも、二大勢力を代表する政党の存在を促すことになり、「ひまわり運動」によって顕在化した世代間の要素も含まれている保革対立は、台湾のナショナリズム政党に保守あるいは進歩への新たな対応を迫ることになる。台湾において中国共産党政権の協力を得て中国ナショナリズムを担う国民党の保守性が明確になったとともに、中国ナショナリズム以外の広がりを見出さないと政権を担う包括的な政党としての再建が困難であるに違いない。そういう意味において、呉敦義国民党主席が同性婚をめぐる憲法解釈に対して支持を表明したのは、若者世代へのアピールを意識したものであり、進歩性を選択的に取り入れる行動としても解釈できる。一方、民進党は再び進歩性を明確に取り入れ、その結果として政権を奪回できたが、その後はどのように進歩勢力と関係を維持するかに苦心している。このような傾向が継続するのであれば、今後台湾における政党システムは、保守的なナショナリズム政党がどのように進歩性を包摂していくかによって特徴づけられるかもしれない。

《注　釈》

（1）以下において紹介されるように、台湾には体系的なイデオロギーを持つ保守政党と革新政党が存在していない。そのため、本章における保守と進歩、保革対立は文章の構成上、便宜的に使うものであり、また進歩と革新の区別はしない。また、保守性も体系的なイデオロギーを意味するものではなく、分配、ジェンダー、土地所有、人権、あるいは台湾において注目される移行期における正義（transitional justice）など社会的正義をめぐる価値により無関心であることを意味するのみである。なお、若林（二〇〇四）は、二〇〇〇年に誕生した民進党政権にとって台湾式半大統領制がもたらした問題を分析する際、「『保革共存』なき」という表現を用いたが、政党政治の対立軸がナショナリズムをめぐるものであるため、保革はあくまでも比喩として使用したと説明している（同：一二七）。

（2）ジョー（Jou 2011）がアンケート調査の結果に基づいて行った分析においても八〇％以上の台湾人は、自らを左右のスケール（左から右を一から一〇）において、中道あるいは中道右派として位置づけている。

（3）一方で、アクターと制度を分析するミクロ的な手法の有意義性を否定するものではない。本章の「おわりに」においても言及するように、制度的な変数が台湾の政党システムにもたらす影響についても多くの研究が成果をあげている。また、松本（二〇一一）は、選挙制度、統治形態、そして社会的亀裂などの側面に注目し、その形成および変容を分析しており、台湾の政党システムをめぐる比較研究としての重要な手がかりを提供している。本章との大きな違いは、それが政党システムを概観する分析であり、政党と保守性の関連を問題意識としていなかったことである。

(4) リップセットとロッカンの分析がその後多くの反論を受けているのは、一九二〇年代以降安定した欧米諸国の政党システムがそのまま変化せず、凍結されているという主張である。それについての反論および分析をめぐるサーベイは、待鳥（二〇一五）を参照せよ。

(5) シュー（Shyu 2011）もリップセットとロッカンの枠組みを台湾政党システムの分析に適用したが、本章との決定的な違いは、三つある。まずは、シューの研究においては決定的分岐点の歴史的形成が議論の対象ではなく、むしろ台湾の政党システムは、民主化とともに多党制から二大政党制に移行したことによって凍結された、というリップセットとロッカンの凍結論を強調したところである。次に、保守政党を意識した分析ではなかったことである。最後は、それが「ひまわり運動」の前に行われた研究であるため、「ひまわり運動」がもたらした影響をめぐる分析が当然ながら含まれていないことである。

(6) 戦前中国大陸から台湾に移住してきた人々を本省人というのに対して、終戦以降、主に内戦に敗れた蒋介石とともに台湾に移った人々を外省人という。

(7) 邱義仁氏へのインタビュー（二〇一七年九月四日、台北にて）。邱は民主進歩党の創立に中心的な役割を果たした一八人のひとりであり、野党時代から二度の政権にわたって、党秘書長（幹事長相当）、総統府秘書長と行政院秘書長（官房長官相当）、国家安全会議秘書長、行政院副院長（副総理大臣相当）などの要職を経験し、民進党を代表する政治家である。

(8) 外からやってきた移住者集団による土着社会に対する支配について台湾政治の研究者は、遷占者国家という概念を使用し、その特徴を説明してきた（若林 二〇〇八：八〇―八一）。

(9) いまでも国民党のホームページにおける党史の紹介では、党の起源を孫文がホノルルにて興中会を創立した一八九四年にさかのぼる <http://www.kmt.org.tw/p/blog-page.html>（二〇一七年八月二〇日最終アクセス）。

(10) 「指導された民主主義」（democracy via tutelage）は、Cheng（1989: 477）からの引用である。

(11) 山崎（二〇〇九）の第三章は、中国的なナショナル・アイデンティティの形成という視点から教育政策とその内容を分析した。陳俊傑（二〇一〇）は、教科書における中国国家をめぐる論述を分析し、それが中国的なアイデンティティの形成だけではなく、台湾人アイデンティティを抑圧するものであると結論づけている。この点については、山崎直也氏（帝京大学）のアドバイスによるものであり、感謝を記したい。

(12) 「地方派系」をめぐる研究は台湾の研究者によって多く行われている。その先駆的な業績は、呉乃徳（Wu 1987）と陳明通（一九九八）であるが、一九九〇年代初期までの業績は、若林（一九九二）の第三章において詳細に引用され、党国体制の分析に使用されている。民主化以降の制度改革および民進党との協力関係は、ワンとホァン（Wang & Huang 2010）を参照せよ。

(13) これに対して、チェンとシュー（Cheng & Hsu 1995）は、統一対独立という政治的なクリーヴィジは、歴史的所与ではなく、民進党はそもそも国民国家形成政党として創立されたわけではない。むしろ、新潮流（民進党の主要派閥のひとつ）のしたたかな戦略によって変えられてしまったのである、としている（同：139）。

(14) ここでの自主性は、サッターに似た解釈である。すなわち、必ずしも独立を目標としていない住民自決から法理的な台湾独立まで含まれている。

(15) 第四原子力発電所の建設続行は、反原発運動およびその周辺の住民にとってみれば民進党に見事に裏切られたことになるが、その運動にとっての意味およびその後の民進党との関係は、Wei（2016）を参照せよ。

(16) これがすなわち民進党による台湾ナショナリズムをめぐる言説および方向性に変化がなかった、あるいは一貫してより急進的になったことを意味するわけではない。二〇〇〇年から続いた八年間の民進党政権においては「統独」（統一あるいは独立）をめぐる路線調整があったし、今日にいたっても台湾独立をめざす党の基本綱領の一部を凍結する提案が党代表大会にて提案されるなど、台湾独立をめぐる路線の多様化が依然として党内には存在している。ここで主張したいのは、保守あるいは進歩を体現する政策課題の衝突に直面し、保守的な選択を行った場合の民進党が、それについて説明する論理である。つまり、土着勢力による政権を維持するために、そうした妥協が必要である、という考えである。

(17) 一九九〇年代の民進党の選挙戦略および地方派系との同盟関係を概観する評論は、路向南（二〇一四）を参照せよ。

(18) 台湾の地方自治体の選挙については、直轄市をめぐる位置づけと調整にともなって時期にズレが発生しているが、基本的には一期四年である。

(19) 嘉義県が非常に象徴的であるのは、従来国民党の牙城であったにもかかわらず、「地方派系」の吸収によって強固な民進党政権になったことである。詳細は陳泰尹（二〇〇九）を参照せよ。

(20) この運動の名称は台湾においても複数あるが、日本の台湾研究者が用いる「ひまわり運動」を使用する。また、ひまわり運動をめぐる研究は現在進行中かつ膨大であり、運動にいたる、かつ運動自体のプロセスを時系列に追跡したのは、実報<https://issuu.com/truthpaper>の「反什麼服貿」を参照せよ。複数の研究領域から分析した論文集である林と呉（二〇一六）も大変参考になる。

(21) 呉は、「中国要因」の存在および効果は、台湾と香港において特に顕著であるが、そこにとどまらず、世界的にもその現象が観察されうると主張している（呉介民 二〇一七：三〇）。

(22) 佐藤（二〇一二：五八）の調査によると、二〇一一年一二月一日から二〇一二年の一月一三日まで、計三一人の著名な財界人が「一九九二年コンセンサス」の支持を表明した。総統選挙は二〇一二年一月一四日に行われた。世論調査の結果によって中国との経済交流が選挙に与えた影響を分析したものとしては、ウェイら（Wei, Hung, & Tung 2016）を参照せよ。

(23) 二〇〇〇年以降の中台関係あるいは国民党と中国共産党の動きについての研究は非常に多いが、日本語で丹念にフォローした研究成果としては、小笠原欣幸（東京外国語大学）のホームページ<http://www.tufs.ac.jp/ts/personal/ogasawara/>を参照せよ。連戦の訪中をめぐる記述は、小笠原（二〇一一）より要約した。

(24) 国民党による中国ナショナリズムの再興と政権の奪還に明確な因果関係はなく、むしろ選挙キャンペーンを通じて台湾をめぐるシンボルを多用し、馬英九も自ら台湾語を話そうとしていた。しかし、選挙の勝利によって国民党は結果的には中国ナショナリズムをめぐる発言権を持つことになる。馬英九の国民党による政権の奪回については、松本（二〇一〇）を参照せよ。

(25) 正確には、台湾、澎湖、金門、媽祖というくだりであった。

(26) 行政院大陸委員会ホームページ<https://www.mac.gov.tw/cp.aspx?n=3788E6E04BC17563>を参照せよ。

（27）対中国貿易依存度は、すなわち trade-to-GDP ratio によって算出されているが、台湾における対中貿易の統計が統一されておらず、研究者によっては異なる数値を用いている。ここでは呉介民（二〇一五：一一一―一一二）の数字を使用しているが、どの研究者でも明確なのは、二〇〇〇年以降急速に増加し、その勢いが馬英九政権において一層明らかになったことである。また、二〇〇八年から二〇一二年の経済交流の結果に関しては佐藤（二〇一二）を参照せよ。

（28）紙幅のため詳細なデータは提供しない。ここで用いられている数字は二〇一六年のものであるが、その傾向は二〇〇〇年代から継続している。詳細は、林宗弘ほか（二〇一一）の第一章を参照せよ。

（29）中央研究院は、台湾における総統府直属の最高学術機関である。

（30）時代力量のホームページ <https://www.newpowerparty.tw/about> を参照せよ。

（31）社会民主党のホームページ <https://www.sdparty.tw/constitution> を参照せよ。

（32）自由時報「８萬人到場挺同志人權 遊行氣氛繽紛歡樂」（二〇一六年一〇月二九日）。

（33）「我是蔡英文，我支持婚姻平權」<https://www.youtube.com/watch?v=ERzDKQ_mglc>（二〇一七年八月二九日最終アクセス）。

（34）上報「邀宗教団体入府茶叙―蔡英文首談同修法訝異：『没想到衝那麼快！』」<http://www.upmedia.mg/news_info.php?SerialNo=12254>（二〇一七年七月一五日最終アクセス）、蘋果日報「同婚釋憲結果出爐 呉敦義表態支持同婚」（二〇一七年五月二四日）。なお、呉敦義がこの発言をした当時はまだ党主席ではなかった。

（35）蘋果日報「上月民調挺同 昨卻56％反同婚」（二〇一六年一二月二七日）。

（36）著者による民進党幹部へのインタビューによれば、民進党の支持者は、賛成、反対、無関心がそれぞれ約三割になるが、反対派は、南部に集中している。（台北にて二〇一七年三月二四日）。

（37）自由時報「同婚釋憲出爐 蔡英文：釋憲結果不是勝負輸贏」（二〇一七年五月二四日）。

（38）蘋果日報「同婚釋憲結果出爐 呉敦義表態支持同婚」（二〇一七年五月二四日）。

（39）より詳細な分析は、Lin（2017）を参照せよ。

（40）この研究は、労働運動の専門家と社会学者による共著として出版された「崩世代」という本であるが、台湾ではアドボカシー団体によって出版された書物で初めて一万部以上を販売したものである。「ひまわり運動」にかかわった多くの学生、青年はこの本を読んでいるといわれている（労工陣線の幹部とのインタビュー、二〇一六年八月二日）。

(41) その前身にあたるのが、二〇〇九年に廃止された促進産業升級条例（産業高度化促進条例）である。

(42) 時代力量の具体的な政策は、ホームページ <https://www.newpowerparty.tw/policy> を参照せよ。

(43) いうまでもなく、格差がもたらされる要素は、中国要因のみではない。

《参考文献》

岡田　浩（二〇〇六）「社会的クリーヴィジと政党システム」日本比較政治学会編『比較政治学の将来』早稲田大学出版部、一六七～一八九頁．

小笠原欣幸（二〇一一）「胡錦濤政権の対台湾政策」（二〇一一年六月）<http://www.tufs.ac.jp/ts/personal/ogasawara/>（二〇一七年九月一〇日最終アクセス）．

何　義麟（二〇〇三）『二・二八事件』東京大学出版会．

呉　介民（二〇一五）「『太陽花運動』への道」日本台湾学会報一七号、一～三七頁．

――（二〇一六）「政治ゲームとしてのビジネス」園田茂人・蕭新煌編『チャイナ・リスクといかに向き合うか』東京大学出版会、三五～七四頁．

佐藤幸人（二〇一〇）「ポスト民主化期における租税の政治経済学」若林正丈編『ポスト民主化期の台湾政治』アジア経済研究所、一六九～一九九頁．

――（二〇一二）「選挙の争点に浮上した経済問題」小笠原欣幸・佐藤幸人編『馬英九再選』（IDE―JETRO情勢分析レポートNo.18）アジア経済研究所、四五～六二頁．

――（二〇一五）「馬英九再選直後における税制改革の取り組み」川上桃子編『馬英九政権下・台湾の経済社会学的分析』（基礎理論研究会成果報告書）アジア経済研究所、一七～三一頁．

――（二〇一六）『馬英九政権の税制改革の明暗と台湾の政治制度』（未刊行）．

陳　明通（一九九八）『台湾現代政治と派閥主義』（若林正丈監訳）東洋経済新報.
待鳥聡史（二〇一五）『政党システムと政党組織』東京大学出版会.
松本充豊（二〇一〇）「国民党の政権奪回」若林編（二〇一〇）九五～一二一頁.
———（二〇一一）「第九章　台湾の政党システム」岩崎正洋編『政党システムの理論と実際』おうふう、二八三～三一一頁.
山崎直也（二〇〇九）『戦後台湾教育とナショナル・アイデンティティ』東信堂.
若林正丈（一九九二）『台湾―分裂国家と民主化』東京大学出版会.
———（二〇〇一）『台湾抗日運動史研究〔増補版〕』研文出版.
———（二〇〇四）「『保革共存』なき半大統領制」日本比較政治学会年報六号、一一三～一三〇頁.
———（二〇〇八）『台湾の政治』東京大学出版会.

Cheng, Tun-Jen. 1989. “Democratizing the quasi-Leninist Regime in Taiwan.” *World Politics* 41 (4): 471-499.
——— & Yung-ming Hsu. 2015. “Long in the Making.” in Allen Hicken & Erik Martinez Kuhonta (eds.). *Party System Institutionalization in Asia*. Cambridge University Press: 108-135.
——— & Yung-ming Hsu. 1995. “Issue Structure, DPP’s Factionalism and Party Realignment.” in Hung-Mao Tien (ed.). *Taiwan’s Electoral Politics and Democratic Transition*. M.E. Sharpe: 137-173.
Fell, Dafydd. 2008. “Inter-Party Competition in Taiwan.” in Steven M. Goldstein & Julian Chang (eds.). *Presidential Politics in Taiwan*. EastBridge: 49-84.
——— 2014. “Taiwan’s Party System in the Ma Ying-Jeou Era.” in Jean-Pierre Cabestan & Jacques deLise (eds.). *Political Changes in Taiwan under Ma Ying-Jeou*. Routledge: 37-59.
Jou, Willy. 2011. “How Do Citizens in East Asian Democracies Understand Left and Right?” *Japanese Journal of Political Science* 12 (1): 33-55.
Kuo, Chengtian. 1999. “The Origins of State-Local Relations in Taiwan.” *Issues and Studies* 35 (6): 29-58.

Lin, Chenwei. 2017. "Weak Taxation and Constraints of the Welfare State in Democratized Taiwan." *Japanese Journal of Political Science* (forthcoming).

Lipset, Seymour Martin & Stein Rokkan. 1967. "Cleavage Structures, Party Systems, and Voter Alignments." in Lipset & Rokkan (eds.). *Party Systems and Voter Alignments*. Free Press: 1-64.

Rigger, Shelley. 2014. "Political Parties and Identity Politics in Taiwan." in Larry Diamond & Gi-Wook Shin (eds.). *New Challenges for Maturing Democracies in Korea and Taiwan*. Stanford University Press: 106-132.

Shyu, Huo-yan. 2011. "Taiwan's Democratization and the Freezing of the Party System." in Lye Liang Fook & Wilhelm Hofmeister (eds.). *Political Parties, Party Systems and Democratization in East Asia*. World Scientific Publishing Company: 257-290.

Sutter, Robert G. 1988. *Taiwan: Entering the 21st Century*. Rowman & Littlefield.

Wang, Yeh-lih & Hsin-ta Huang. 2010. "Local Factions after Twin Transitions of Government in Taiwan." Paper presented in the Annual Conference of American Political Science Association 2010.

Wei, Mei-chuan*, Yao-nan Hung, & Chen-yuan Tung. 2016. "The Economicization of Cross-Strait Relationship." *Issues & Studies* 52 (2): 1650006-1~1650006-29.

Wei, Shuge. 2016. "Recovery from 'Betrayal'." The Asia-Pacific Journal 14 (8): 1-22.

Wu, Nai-teh. 1987. "The Politics of a Regime Patronage System." Ph.D. Dissertation, University of Chicago.

吳介民（二〇〇二）「解除克労塞維的魔咒」台湾社会学四期、一五九～一九八頁．

——・廖美（二〇一五）「従統独到中国因素」台湾社会学二九期、八九～一三二頁．

——（二〇一七）「中國因素作用力與反作用力」吳介民・蔡宏政・鄭祖邦編『吊燈裡的巨蟒』二一～八六頁、左岸文化．

中央研究院（二〇一四）『中央研究院報告 賦税改革政策建議書』中央研究院．

陳俊傑（二〇一〇）『戦後台湾国民教育社会科教科書与国家形塑』（修士論文、国立政治大学）．

陳泰尹（二〇〇九）『民主化以後的台湾地方派系』（修士論文、国立清華大学）．

林秀幸・吳叡人（二〇一六）『照破：太陽花運動的振幅縱深与視域』左岸文化．

林宗弘（二〇一二）「台湾的後工業化：階級結構的轉型与社会不平等1992～2007」謝雨生・傅仰止編『台湾的社会変遷1985～2005：社会階層与労働市場』中央研究院社会学研究所、一～六頁．

林宗弘・洪敬舒・李健鴻・王兆慶・張烽益（二〇一一）『崩世代―財団化、貧窮化与少子女化的危機』台湾労工陣線協会．

路向南（二〇一四）「想想論壇：民進党『地方包囲中央』策略的歴史回顧（1989～2000）」（二〇一四年一二月二四日）．<http://www.thinkingtaiwan.com/content/3533>（二〇一七年八月二二日最終アクセス）．

［ウェブサイト］

時代力量「関与（時代力量）」<https://www.newpowerparty.tw/about>（二〇一七年九月二〇日最終アクセス）．

実報「反什麼服貿」（二〇一四年四月二日）<https://issuu.com/truthpaper>（二〇一七年九月二三日最終アクセス）．

社会民主党（台湾）「政綱」「政見」<https://www.sdparty.tw/constitution>（二〇一七年九月二〇日最終アクセス）．

上報「邀宗教団体入府茶叙―蔡英文首談同修法訝異：『没想到衝那麼快！』」<http://www.upmedia.mg/news_info.php?SerialNo=12254>（二〇一七年七月一五日最終アクセス）．

台湾少年権益与福利促進連盟「未来首投族二〇一六年総統暨政党選情盤勢解析報告」（二〇一五年一二月二五日）<http://www.youthrights.org.tw/news/303>（二〇一七年九月一五日最終アクセス）．

中央選挙委員会「選挙資料庫」<http://db.cec.gov.tw/histMain.jsp?voteSel=20160101A2>（二〇一七年九月一五日最終アクセス）．

中華民国行政院交通部観光局「観光統計年報」<http://admin.taiwan.net.tw/statistics/year.aspx?no=134>（二〇一七年九月一二日最終アクセス）．

中華民国行政院大陸委員会ホームページ「両岸協議執行成効果専区」（二〇一七年九月五日）<https://www.mac.gov.tw/>（二〇一七年九月二三日最終アクセス）．

中華民国統計資料網<http://www.stat.gov.tw/ct.asp?xItem=18844&ctNode=4944>（二〇一七年八月三一日最終アクセス）．

中国国民党<http://www.kmt.org.tw/>（二〇一七年九月一一日最終アクセス）．

同志人権法案遊説連盟「第九届立委対同志婚姻法案之態度」<http://pridewatch.tw/beta/9th-legislators>（二〇一七年九月一

六日最終アクセス）.

「我是蔡英文、我支持婚姻平權」<https://www.youtube.com/watch?v=ERzDKQ_mglc>（二〇一七年八月二九日最終アクセス）.

第4章

[イギリス]ポスト・ニュー・レイバーの保守主義

——放棄された現代化戦略

阪野智一

2010 年 5 月首相就任直後のキャメロン
http://en.citizendium.org/wiki/File:David-cameron-2010.jpg

はじめに

一九九七年総選挙で大敗し、下野したイギリス保守党は二〇一〇年総選挙で勝利し、自由民主党（以下「自民党」という）との連合とはいえ、政権に復帰した。二〇一七年総選挙で過半数を割ることになったが、第一党として、その後も政権を維持している。イギリス保守党は、一九九〇年代後半以降における中道左派勢力の台頭という時代潮流のなかで、下野を余儀なくされた保守政党が、その後政権に返り咲くという「保守の復調」を顕著に示す事例といえよう。

一九九七年のヘイグ党首選出後も総選挙での敗北のたびに、ダンカン・スミス、ハワード、そしてキャメロンと保守党は党首を交代させてきた。一九九七年以降の野党期の保守党については、我が国においてもすでに研究がなされている。たとえば成廣は、ヘイグからダンカン・スミスまでの一九九〇年代後半以降の保守党政治を、①ヨーロッパ統合問題、②国民統合・ネーションフッドをめぐる問題（移民と多文化社会イシュー）、③文化的問題（同性婚、エスニック・マイノリティ）の三つの争点を軸に、サッチャー主義からの脱却を志向する「ポスト・サッチャー」か「サッチャーへの回帰」かをめぐる政治と捉え、その展開を克明に描いている（成廣 二〇〇二）。

これに対して、渡辺は、党内改革を推進し、同性婚をはじめとする一連の現代的諸問題に比較的リベラルな態度を示す「モダナイザー」と、こうした問題に対して因習的道徳的立場から伝統的ライフスタイルを保持しようとする「トラディショナリスト」の党内対立として野党期の保守党政治を捉えている。大きな政府vs.小さな政府でも、親欧州vs.反欧州でもなく、成廣が挙げた争点に関連づけていえば、文化的問題に関する党内対立が大きな意味を持っているとの認識がそこにある。そして「モダナイザー」に属するキャメロンの保守主義については、経済的自由主義者で社会的にもリベラルな「リベラル保守主義」[1]であるとされる。また戦後イギリス保守主義全体のなかでみた場合、ヒックソン・モデルに依拠して、「ニューライト」（小さな政府）、「ワンネーション」（政府介入）、「伝統的トーリー主義」（個人の自由擁護）のいずれでもなく、コミュニティ重視型の「センター」に近い立場に位置づけられるという。しかもキャメロンの「大きな社会」構想には、新たな公共性の模索もみられ、その点で「さらに新しいタイプの」センター保守主義としての位置づけも可能だとしている（渡辺二〇〇六、二〇一五）。

さらに今井は、一九〇〇年以降、三分の二以上の期間にわたって政権の座を占めてきた「当然の与党」（natural party of government）という歴史的な視点から、キャメロン保守党の特色を明らかにしている。時代の変遷への「適合」、言い換えると「慎重さを備えた狡猾なまでのプラグマティズム」が、イギリス保守党の特色であり、その点からみれば、イデオロギーに偏重したサッチャー政権は「保守主義の死」を意味するとされる。[2] 一九九七年の下野以降、長期低迷にあったイギリス保守党が二〇一〇年に政権復帰を果たすのは、「リベラル保守」を掲げ、中道寄りに政策ポジションをシフトさせたキャメロンの適合戦略によるものであり、ポスト・サッチャー時代の保守党における脱サッチャー主義化の試みと捉えることができるという（今井二〇一六）。

いずれの先行研究も、それぞれの時点における野党期保守党の特色やキャメロン政権の意味を適切に照射している。ただ、特に渡辺の論考にみられるように、野党時代にキャメロンが掲げた構想や政権発足直後に提示された構想に分析の焦点が当てられており、それが実際どのように政策化されたのか、その後の政策内容や政策展開について十分な検討がなされていない。たしかに一連の政策提言や構想は、従来の政策との相違を際立てようとするため、その方向性や特色を掴みやすい。しかし、それは修辞上のことであって、理念と現実の政策とが乖離していることは少なくない。

以下の本章では、キャメロン党首下の保守党に焦点を当て、ポスト・ニュー・レイバー時代におけるイギリス保守党がどのように、どの程度自己刷新したかを検討したい。その際、政策実施に重点をおき、政策理念と政策実施との乖離に注視したい。また、分析対象となる政策分野については、国内政策に加え、とりわけEU離脱問題に焦点が当てられる。キャメロンおよびその後のメイ党首下においても、EU離脱問題が保守党の党内政治、さらにそれを軸とするイギリスの政党間政治全体にとって決定的な重みを持っているからである。

I　キャメロン党首による保守党現代化戦略

一九九七年以後三回にわたる総選挙での連続した敗北を受け、保守党は二〇〇五年一二月にキャメロンを党首に選出した。キャメロンは党改革の主な課題として、①党イメージの刷新、②政策の広範な見直し、③中道（centre ground）へのイデオロギー的再ポジショニングを掲げた。こうした一連の取り組みを包括する概念が、保守党の「現代化」(modernization)であった(Hayton 2016: 41)。以下、それぞれの内容について検討しておこう。

一九九七年総選挙で保守党は三〇・七%という、自由党が地滑り勝利を収めた一九〇六年総選挙以来最悪の得票率を記録した。その後もスコットランド、ウェールズではほぼ壊滅に近い議席減を喫し、またイングランド北部でも大半の議席を失い、保守党はもはや全国政党とはいえない状態にあった。二〇〇二年党大会での演説で、党幹事長に就任したメイが自ら「冷酷な政党」(nasty party)と呼ばざるをえないほど、貧困や福祉問題に対する保守党の政策は苛酷で、普通の人々からかけ離れた政党というイメージが蔓延していた。こうした保守党に対するネガティブなイメージを払拭することが、次期総選挙で政権を奪回するための最優先事項とされた。

党首に選出された後直ちに、キャメロンは大規模な政策見直しを開始した。①経済的競争、②公共サービスの改善、③生活の質、④社会的正義、⑤国内・国際的安全保障、⑥グローバル化とグローバルな貧困という六つのテーマに沿って、政策見直しグループが設置された。社会的正義、生活の質、環境問題といった保守党とは伝統的に結びつけられてこなかったテーマを取り上げることで、ポスト・サッチャー保守主義の構築に向けたキャメロンの取り組みをアピールする狙いがあった。他方で、欧州問題や移民問題等、これまで党内対立を生み出し、有権者の支持を失いかねないような政策争点は、見直しの対象から外された。各グループは保守党議員のほか、外部の専門家もメンバーに加え、次期総選挙のマニフェストに向けて二〇〇六年末までに中間報告、二〇〇七年夏までに最終報告を提出することが求められた(Lee 2009b: 50; Dorey 2016: 61)。

このうち、経済的競争政策見直しグループの報告は、サッチャー派のレッドウッド（John Redwood）が座長であったことにも示されるように、法人税等の減税、規制緩和、ＥＵ社会憲章からのイギリスの適用除外等、経済問題に対するサッチャー主義的手法の必要性を主張した。これに対して、社会的正義政策見直しグループの座長となったのが、ダンカン・スミス（Ian Duncan Smith）である。ダンカン・スミスは、二〇〇三年不信任決議により党首辞任を余儀なくされた後、二〇〇四年に中道右派のシンクタンクである「社会正義センター」（Centre for Social Justice）を設立し、貧困や福祉依存問題についての調査・政策提言を行っていた。同センターが社会的正義政策見直しグループの中間・最終報告として提示した「壊れた社会」（broken society）に関する豊富な事例と政策提言は、後にキャメロンが提唱する「大きな社会」（Big Society）構想の基礎となる（Dorey et al. 2011: 96-101）。

全体を通して注目すべき政策見直しの主な方向性として、以下の点が挙げられよう。第一は、環境問題をはじめ「生活の質」という争点の重要性を提起している点である。脱物質主義的な争点の重視は、保守党の新自由主義に嫌悪感を持つ有権者へのアピールと、労働党との差異化をも意図していた。第二は、政策目標を達成する手段としての国家の役割の縮小、国家による規制の回避である。この点において、サッチャー主義との連続性を見出すこともできるが、注目されるのは、公共サービス改革において、サービスの供給主体として第三セクターの役割を強調している点であろう。キャメロン党首下の保守党は、労働党政権の手法は「国家主義」的でトップ・ダウンであると批判し、政策決定における地方主義、地方コミュニティへの権限移譲の重要性を強調している。公共サービスの供給において国家の役割を縮小したあと、その空隙を埋めるのが民間企業、そして特に、慈善団体やボランタリー団体といった「第三セクター」であるとされる。第三に、同性婚の承認に象徴されるように、より社会的にリベラルで、社会的な多様性に寛容な姿勢を打ち出している点である。もっとも、結婚や家族の持つ制度としての役割重視という点では変わりはない。第四に、キャメロン党首下の保守党は、社会問題に対処することに高い優先順位を与えていた。影の閣僚のなかには、犯罪、失業、貧困といったイギリスの「壊れた社会」に対して有効な措置をとる必要性に言及している者が少なくない。ただ、ここでも社会問題を解決するうえで国家の役割は重要視されておらず、地方コミュニティやボランタリー団体への権限付与に力点がおかれている（Williams & Scott 2010: 7-8）。

イデオロギー的再ポジショニングについていえば、キャメロンは、サッチャー以降右傾化した保守党の中道化を掲げた。特に、社会問題に焦点を当てることによって、キャメロンはサッチャー主義のイデオロギー的遺産から距離をとろうとした。「社会などというものは存在しない」というサッチャーの発言に対して、キャメロンが「社会というものは存在するのです」と述べたのは、その典型である。他方で、キャメロンを中心とする党改革派であるモダナイザーは、社会問題を解決するうえで国家を最も効果的な手段であるとする考え方も拒否し続けた。市場への過度の依存と国家への過度の依存をともに批判し、地方コミュニティやボランタリー団体を重視するこうした保守主義を、ドレイ等は「市民的保守主義」（civic conservatism）と捉え、サッチャー主義とニュー・レイバーの両者を凌駕しうる「第三の道」と位置づけている（Dorey et al. 2011: 57）。

だが、果たしてこうした位置づけは適切であろうか。そもそもキャメロンのイデオロギー性自体について、一貫性に欠けるとして疑問視する向きも少なくない。ドーメットは、キャメロン党首下の現代化戦略は、政策（ミクロ・レベル）や原則（メゾ・レベル）での改革であって、イデオロギー（マクロ・レベル）の根本的な変化を含んでいないと指摘している（Dommett 2015）。現代化戦略の放棄という論点にもかかわるので、この点については、後に改めて検討したい。

Ⅱ　二〇〇八年以降における現代化戦略の放棄

二〇〇七～二〇〇八年の金融危機を境に、社会問題、環境問題はキャメロン党首下の保守党政策アジェンダにおいて周辺に追いやられていく。それに代わって財政赤字削減を中心とする経済問題が強調され、党指導部は新自由主義的な経済政策へと改革の舵を切っていく。二〇〇八年以降、保守党の現代化戦略は、同性婚や国際開発援助を除き、その大半が放棄された（Kerr & Hayton 2015: 115 ; Dommett 2015: 259; Dorey 2016）。

では、なぜ現代化戦略は頓挫し放棄されたのか。そもそも政策見直しグループによる政策提言は影の内閣を拘束するものでないとされていたが、主な理由として、以下の三点が挙げられよう。

第一は、二〇〇七～二〇〇八年の金融危機の発生である。イギリス経済は一九九〇年代初頭以降、好調を維持してきた。しかし、アメリカのサブプライムローン問題に端を発する金融危機は、イギリスにも波及し、二〇〇七年九月のノーザン・ロック銀行の取り付け騒ぎを契機に、金融部門に依存したイギリス経済は深刻な打撃を被った。キャメロンの保守党現代化戦略は、イギリス経済の好調を前提としていた。ブレア以来の労働党政権の経済実績を批判しうる材料を見出しにくいと考えた党指導部は、「壊れた社会」という観点から社会問題に焦点を当てることで、ニュー・レイバーとの差異化を図ろうとした。しかし、深刻なイギリス経済の景気後退を受け、党指導部は、社会のみならず経済も壊れているとの認識を強めた。加えて、ブラウン政権はブレア政権以来の財政規律原則（政府の借入は投資目的にのみ行うという「ゴールデン・ルール」）を撤回して、破綻した金融機関の救済に公的資金を投入した。さらに、その後ブラウン政権は財政出動による景気刺激策を優先させ、そのことが財政赤字を急激に拡大させる一因となった。こうした展開を踏まえて、キャメロン党首、オズボーン影の蔵相を中心とする保守党指導部は、ブラウン政権への批判を強め、それへの対抗から新自由主義政策に基づく財政赤字削減を前面に掲げていく。

第二に、現代化戦略は党内で広く共有されていたわけではなかった。議会保守党のイデオロギー構成をみてみると、二〇一〇年の段階で、モダナイザーに近い社会リベラル派（リベラル保守主義者）は、議会保守党議員のうち、二九・八％を占めるにとどまっていた。また、二〇一〇年総選挙に向けて選考された保守党議員候補者一二六名に対する調査によると、新候補者の多数が、サッチャー主義の支持者であったという（Dorey 2016: 77）。党員レベルでもこの傾向は変わらない。二〇〇九年の調査によると、リベラル保守主義者は二五・三％を占めるに過ぎない（Webb & Childs 2011: 388-389）。

第三は、キャメロン自身、サッチャー主義の中核をなす新自由主義を否定していたわけではなかったことである。経済政策をめぐる理念の戦いにサッチャー主義は勝利したとの考えにキャメロンは立っていた。ニュー・レイバーが経済政策の枠組みとしてサッチャー主義を受け容れたことが、その何よりの証左であった。キャメロン党首下の保守党は、貧困や社会的公正といったニュー・レイバーにかかわる領域に踏み込み、レトリックのうえでサッチャー主義から距離をおこうとした。しかし、それはサッチャー主義のイデオロギー的遺産、特に新自由主義に根本的に異を唱えるものではなかった。そこにみられるのは、サッチャー主義は正しい、ただ環境が変わったことによって、保守党が対応すべき新たな要請が生じたという認識である（Hayton 2016: 47, 51）。

こうした点を勘案すると、ドーメットが指摘しているように、キャメロンによる保守党の現代化を、マクロレベルでのイデオロギー変革と捉えることは適切でない。保守党の現代化は、政策や政策の優先順位といったミクロ・メゾ両レベルでの改革の試みであり、それだけに事象の発生や関心の変容によって、容易に変更されやすい。保守党の現代化戦略が頓挫し放棄されたのは、こうした改革の次元の差によるところが大きいといえよう（Dommett 2015）。

Ⅲ　キャメロン政権下の政策展開

二〇一〇年五月総選挙の結果、保守党は六五〇議席中三〇七議席と過半数を制するにはいたらなかったが、自民党との連合によって、一三年ぶりに政権に復帰する。保守党躍進の要因、労働党の敗因については、以下の点が挙げられよう。

第一に、世論調査の結果によると、労働党の支持率は二〇〇五年総選挙後から低下し始め、特にキャメロン保守党党首選出を境に、保守党にリードを許していた。それ以後も、二〇〇七年六月のブレアからブラウンへの首相交代の一時期を除いて、労働党は保守党にリードを奪われた状態を覆すことができなかった。このことは、早い段階から有権者の労働党・ブレア離れが進んでいたことを意味しよう（Allen 2011: 3-6）。

第二に、経済問題の重視と経済運営能力に対する評価である。二〇一〇年総選挙で最重要争点として有権者が第一位に挙げたのが経済問題（五六・五％）であった。第二位の移民問題（一四・四％）と比べてみても、その突出度が際立っている（Whiteley et al. 2013: 132）。そして経済運営能力に対する評価についていえば、一九九七年総選挙以後も、労働党は経済運営能力に対する評価の点で保守党をリードし、そのことが労働党の選挙勝利に結びついていた。しかし、金融危機を契機に、労働党のリードは急速に低下し、保守党リードに変わった。保守党に対する評価の好転とその背景にある世論の変化については、後で取り上げたい。

第三は、キャメロン効果である。政治の人格化（personalisation）といわれるように、党首への評価は選挙結果に大きな影響を及ぼす。「最良の首相となるのは誰だと思いますか」との世論調査で、二〇〇八年以降、キャメロンは一貫して三五％前後の支持を保っていた。これに対して、ブラウンとの評価は、当初の二七％から一五％近くまで低下し、金融危機への対応で高評価を得るものの、その後は再び低下し、キャメロンの優位を崩すに至らなかった（Cutts et al. 2010: 109）。

では、政権下の政策展開はどうであったのであろうか。先にも述べたように、キャメロンが掲げた保守党現代化戦略は、金融危機を境に野党期においてすでに放棄されていた。それに代わってキャメロン政権が現実に推し進めたのが、新自由主義的な手法に基づく一連の政策と改革である。以下では、そうした特徴が顕著に表れている三つの政策に焦点を当てて、キャメロン政権下の政策展開を考察したい。

1　緊縮財政政策と保守党統治術

イギリス国立統計局の発表では、政府の財政赤字は、二〇〇九年度には対ＧＤＰ比で一〇％と、ヨーロッパ諸国のなかでも最悪のグループに入っていた。キャメロン政権が経済政策の最優先事項に掲げたのが、財政赤字の削減であった。オズボーン蔵相が二〇一〇年六月に発表した緊急予算は、二〇一五年度までの一議会期中に財政赤字をすべて解消して、財政均衡を達成するとした。歳出削減と増税のバランスについては、保守党寄りの立場がとられ、七七％を歳出削減によって、残りの二三％は増税によって実現するとされた。同年一〇月の「歳出見直し」（Spending Review）は、二〇一四年度までの四年間で累計八一〇億ポンドという戦後最大規模の歳出削減策を打ち出した。各省平均で一九％の歳出削減となった。税制面では、付加価値税が一七・五％から二〇％に引き上げられた。他方で所得税の最高税率が五〇％から四五％に、また法人税も毎年一％ずつ、二〇一〇年度の二八％から二〇一四年度には二四％に引き下げられることになった（HM Treasury 2010: 16-17）。

二〇一〇年から一二年にかけて経済成長が予想を越えて落ち込んだため、財政赤字削減は当初の計画通り進まなかった。事実、当初の計画では二〇一三年度には、財政赤字は対ＧＤＰ比で二・三％にまで削減するとしていたが、実際は四・二％にとどまり、また二〇一四年度では計画〇・九％に対し

図表４－１　20分位階層別にみた世帯可処分所得（実質）の変化と給付・税の変化（％）
（2010～2015年度）

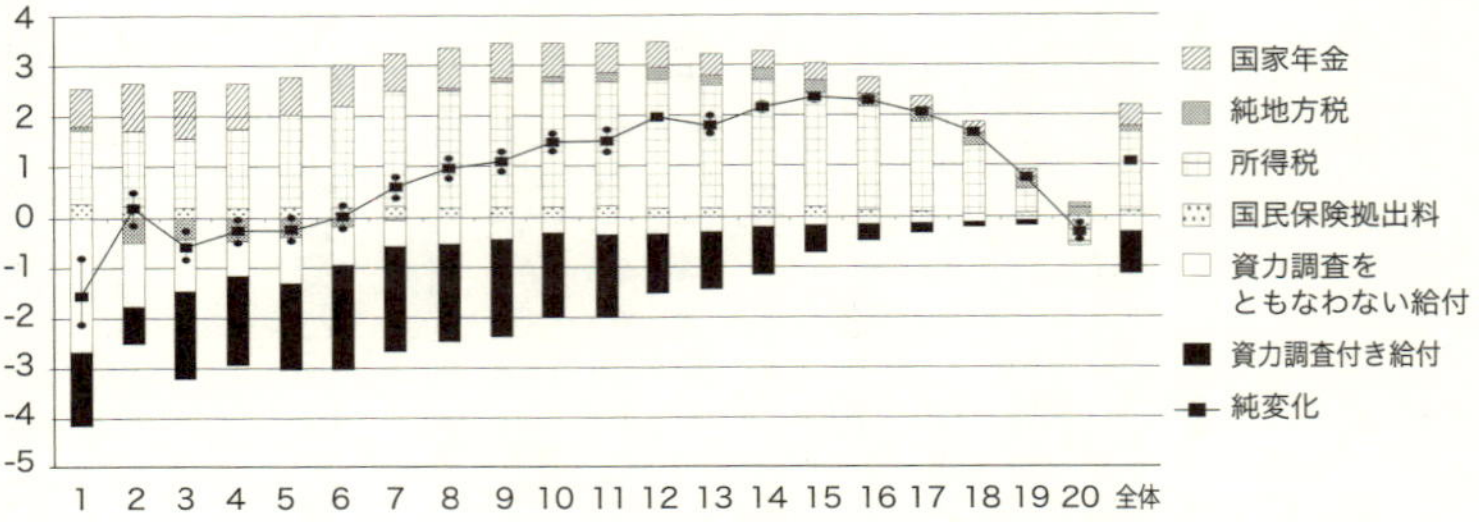

出典：Hills et al. (2016a: 26) より筆者作成。

て三・五％、さらに二〇一五年度には、二・六％になるとの見通しとなった（Clarke et al. 2016: 43）。二〇一五年までに財政均衡を実現するという目標は達成されず、二〇一五年以降も緊縮財政路線が継続されることになった。

歳出削減の主な対象となったのが、社会保障や福祉を含む公共サービスへの支出であった。そうしたなかで、国民保健サービス（ＮＨＳ）と学校教育への支出は維持するとされた。これには、ＮＨＳの削減に批判的な中間層の支持を失うというリスクを回避する狙いがあった。実際、ＮＨＳへの支出は二〇一〇年度から二〇一五年度のあいだに、七・三％増大している。社会保障関係では、国家年金が削減の対象から外された。他方で、児童扶養税額控除や住宅手当のような、低所得者層に恩恵の大きい社会保障支出が大幅削減の対象となった。また、最も削減額が大きかったのが、地方政府への支出で、上記の期間に五一％も削減された（Hills et al. 2016c: 324-325）[3]。

こうした緊縮財政政策については、貧困層ほどその削減の影響が大きくなるという逆進性を持っていることが、最近の研究から明らかにされている。**図表４―１**は、全世帯を五％ずつ二〇等分し、二〇分位階層別に実質所得の変化と税・給付の変化を示したものである。ヒルズ等の研究によると、二〇一〇年度から二〇一五年度までのあいだで、第二階層を除き、最下位層から第五階層までの階層が所得を減らしており、とりわけ最下位層の所得減少率が大きい。最上位層を除き、全体の上位半分の階層で所得は上昇しているが、下層であればあるほど所得の上昇率が低い、しかも所得が減少さえしているという逆進性がみられる（Hills et al. 2016a: 26-27; Edmiston 2017）。

ではなぜキャメロン政権は緊縮財政政策をとったのであろうか。キャメロンやオズボーン蔵相は、財政赤字削減が経済成長の不可欠な前提であるという考え方に立っていた。「経済的な必要性」というプラクティカルな論理と同時に、国家の縮小化という点で、サッチャー政権以来の新自由主義イデオロギーが基底にあることはみやすい。

さらにギャンブルが指摘しているように、保守党統治術（statecraft）の追求という観点から、緊縮財政政策を捉えることも可能であろう。統治術とは、連綿として継承されてきたイギリス保守党の核心をなす戦術で、選挙で勝利し、政権において必要とされる統治能力を維持・獲得する戦略的思考を意味している。キャメロン保守党は、イギリスの経済危機と景気後退は、グローバルな金融危機によるものではなく、労働党政権の経済運営の失敗によるものであるとして労働党への批判を強めた。それは、ブレア党首以来労働党が勝ち取ってきた経済運営能力に対する高い評価を切り崩すための政治的攻撃を目的としていた。まさに緊縮財政政策は、労働党政権が壊した経済を保守党が立て直すというかたちで、経済政策をめぐる議論の枠組みを再定義し、保守党の経済運営能力の高さをアピールする政治的戦略として追求されたと言い換えてもよいであろう（Gamble 2015: 44, 47, 52-53）。

図表4－2　福祉財政に対する意識調査（1983～2016年）

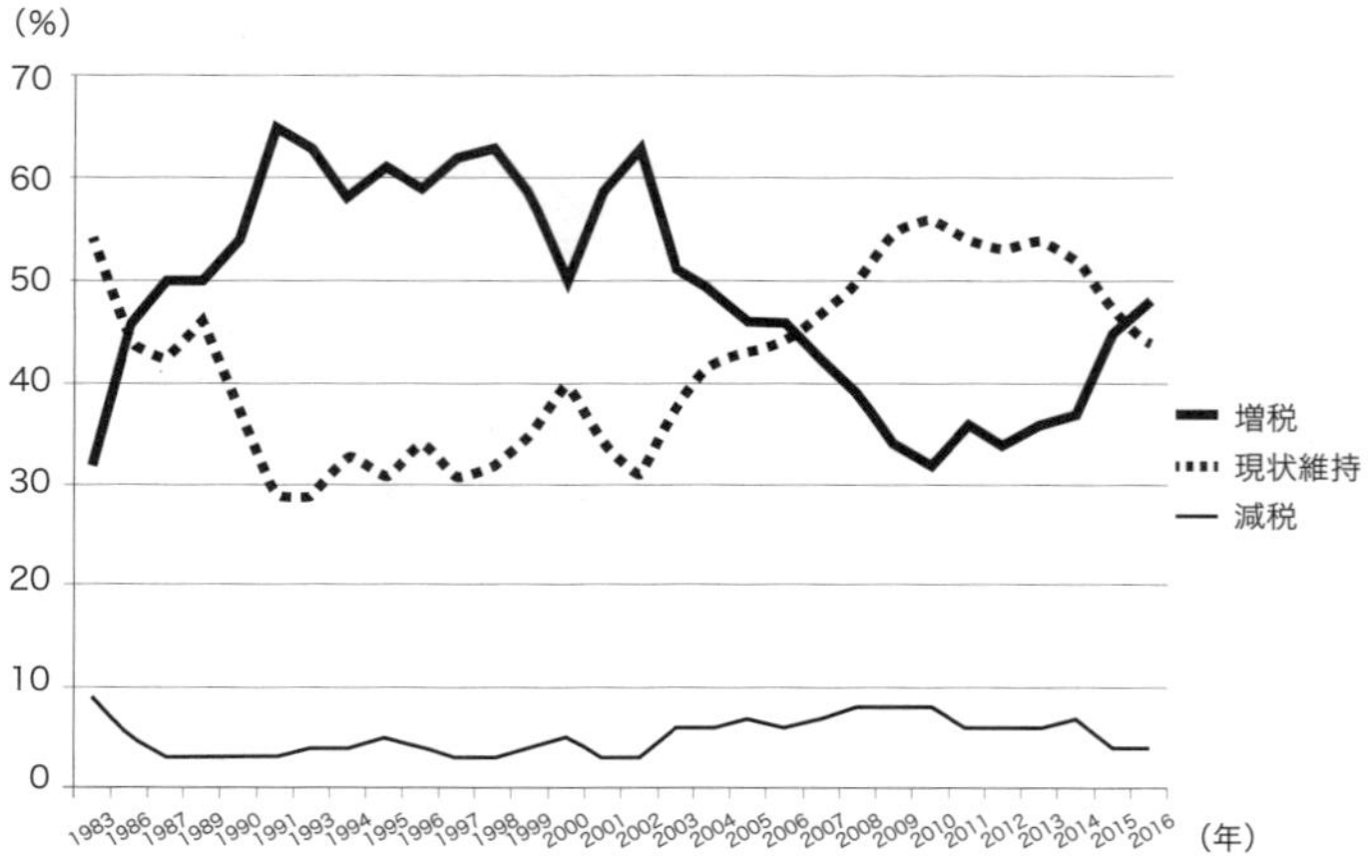

出典：Curtice（2017: 11, Table 3）より筆者作成。

図表4－3　再分配に対する態度の推移（1986～2016年）

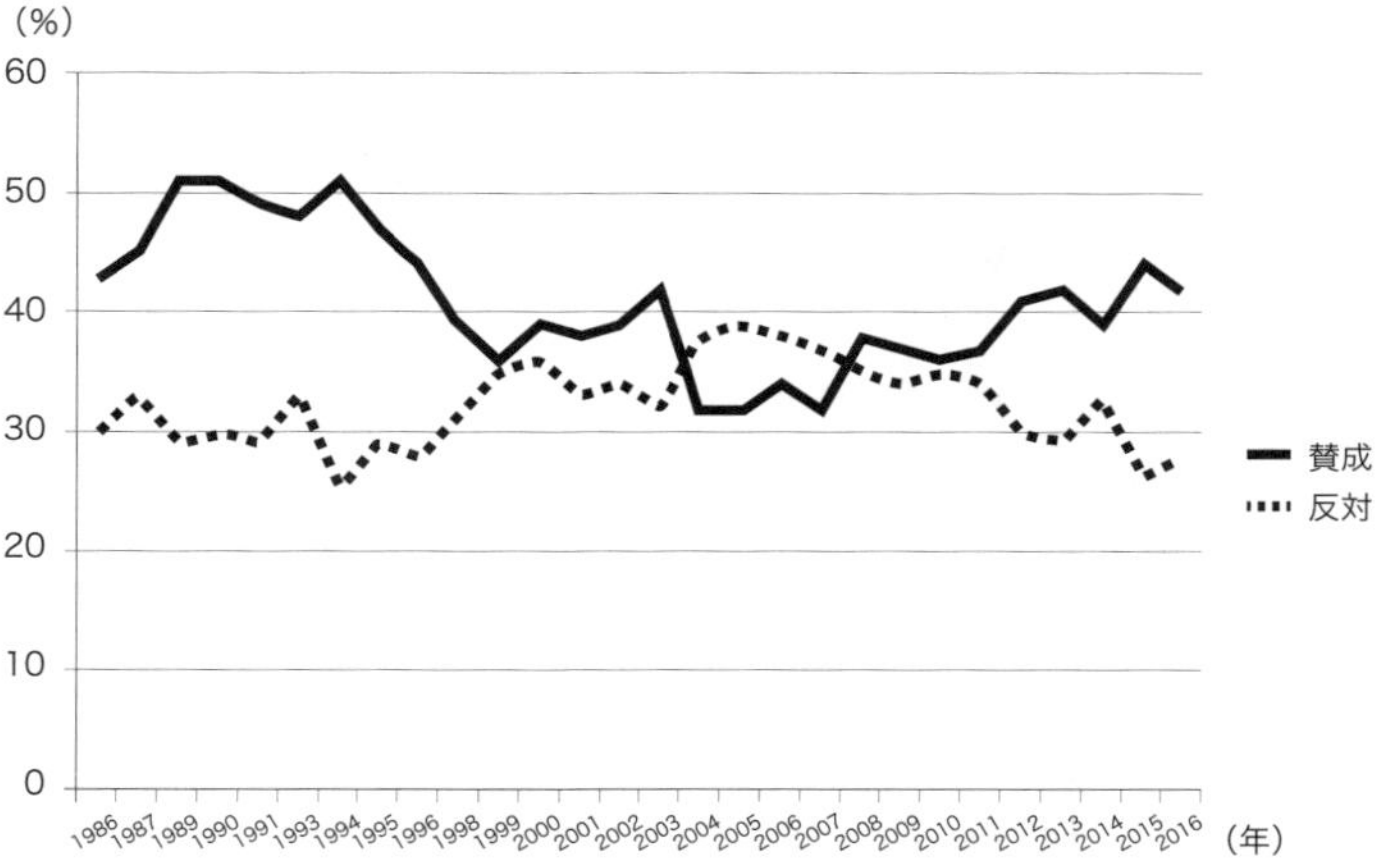

注：グラフは「より裕福な人からそうでない人に政府は所得を再分配すべきである」との質問に対する賛否の推移を示している。

出典：Curtice (2017: 18, Table A.1) より筆者作成。

従来、保守党は経済運営能力への評価の点で、労働党に対する優位を保ってきた。そのことが一九八〇年代において、保守党の選挙勝利を可能にした重要な要因となっていた。しかしながら、その優位は、一九九二年九月のポンドの為替相場メカニズム（ＥＲＭ）からの離脱によって致命的なまでに掘り崩された。その後ブレア政権下で、労働党の優位が続くが、二〇〇七～二〇〇八年の金融危機を契機に崩れていき、二〇一〇年六月では、「イギリスの経済的諸困難に対し、どの政党が最も巧みに対処できると思いますか」という世論調査の問いに、回答者の二三％が労働党と答えたのに対して、保守党との回答が四一％を占めるまでになった（阪野 一九九九：一一五―一一六、Clarke et al. 2016: 62）。

保守党への評価が好転した背景には、再分配を拒否する世論の拡大があった。**図表４―２**に示されるように、世論調査機関「イギリス社会的態度」（British Social Attitudes）の調査結果によると、「増税・歳出拡大」に賛成と答えた割合が、一九九一年の六五％から二〇一〇年の三二％へと半減した。これに対して「税・歳出の現状維持」に賛成が、同期間において、二九％とから五六％へと増大し、「減税・歳出削減」に賛成も、三％から八％へと増大している。また、**図表４―３**にあるように、「より裕福な人からそうでない人に政府は所得を再分配すべきである」と答えた割合も、一九九四年の五一％から二〇〇七年の三二％へと減少した（Curtice 2017: 11, 18）。一九八〇年代のサッチャー政権下においても、ほとんど揺るがなかった再分配への支持が、一九九〇年代以降、特に二〇〇〇年代に入り、急速に崩れていく(4)。こうした世論の変化が、緊縮財政政策を打ち出すキャメロン保守党への後押しになったことは想像に難くない。

キャメロン政権下において、経済運営能力の評価について労働党に対する保守党の優位は次第に低下し、その差は二〇一二年三月には著しく縮まったが、その後再び回復した。先にも述べた政党の経済運営能力に関する世論調査の問いに、二〇一五年三月では、労働党との回答が二五％であったのに対して、保守党との回答が三七％を占めた（Clarke et al. 2016: 62）。しかし、こうした経済運営能力の評価に対する保守党の優位が、緊縮財政政策によるものなのかどうかは、にわかに判断し難い。というのもキャメロン政権期において、世論は再分配を支持する方向へと転換しているからである。「イギリス社会的態度」の世論調査結果によると、「増税・歳出拡大」に賛成が、二〇一一年の三六％から二〇一六年の四八％に増大している。これに対して「税・歳出の現状維持」に賛成が、五四％から四四％へと、「減税・歳出削減」に賛成も、六％から四％へと減少している（**図表4―2参照**）。また「より裕福な人からそうでない人に政府は所得を再分配すべきである」と答えた割合も、二〇一〇年の三六％から二〇一六年の四二％へと増大している（**図表4―3参照**）。したがって、現時点では、「再分配を拒否するイギリス」（佐藤 二〇一三b）という理解は適切ではない。ただ、こうした世論の反転が、政権の政策に対する単なる反動なのか、それとも長期的な傾向なのかについては、今後の動向に注視する必要があろう。

2　ユニバーサル・クレジットの導入と就労インセンティブの強化

キャメロン政権による福祉改革の中心に位置づけられているのが、ユニバーサル・クレジット（universal credit）の導入である。二〇一〇年総選挙の保守党マニフェストには、福祉依存を減らすこと、家族や年金生活者を支援するための税・給付制度の改革が謳われているものの、ユニバーサル・クレジットについてはまったく言及されていなかった（Timmins 2015: 322）。この構想は、雇用年金相となったダンカン・スミスが、野党期に提示していたもので、政権発足後の二〇一〇年七月に公表された政府緑書「二一世紀の福祉」（21st Century Welfare）に盛り込まれ、同年一一月の政府白書「ユニバーサル・クレジット：機能する福祉」（Universal Credit: welfare that works）を経て、二〇一二年福祉改革法の中心的柱として立法化された。ユニバーサル・クレジットは、二〇一三年四月から七月にかけてイングランド北西部を中心とした一部地域において試験的に導入された後、同年一〇月以降、段階的に全国実施が進められ、本制度への完全な移行は二〇一七年末の予定とされている。

ユニバーサル・クレジットは、稼働年齢者に対する様々な給付を一つの現金給付制度に統合するものである。導入の目的は、複数の省庁や自治体にまたがっていた給付管理業務を一元化し、行政の簡素化を図ることにあるが、それだけではない。より重要なのは、就労促進により「福祉依存」を克服することにあった。そこにあるのは、就労による収入増にともない、受け取る給付が減額されるという就労インセンティブの低下が、人々を「失業の罠」に陥らせ、「福祉依存」を強めているという認識である（DWP 2010a: 9-16）。

就労インセンティブを強化するため、次のような措置が盛り込まれた。第一に、就労によって生じる給付の減額、すなわち逓減率（taper rate）が従来の制度では給付の種類により異なり、九〇％を超える事例もあったのに対して、全体の逓減率を一律六五％とした。第二に、就労して得た収入のうち、一定額が「勤労控除額」（earnings disregards）として、給付査定の基準額となる所得額から控除された。第三に、就労者の平均収入より受給総額を低く抑えるために、給付受給総額に上限が設けられた。カップル・一人親世帯には週当たり五〇〇ポンド、独身世帯には週三五〇ポンドという給付の上限が、二〇一三年四月から適用されることになった。第四に、ユニバーサル・クレジットを受給するためには、申請者はジョブセンター・プラスとのあいだで、「申請者誓約」(claimant commitment)を結び、求職活動に取り組むことを要件とされ、義務違反に対する制裁が明確化された(DWP 2010a; 2010b; 井上 二〇一四:九一—一〇二)。

キャメロン政権による福祉改革は、就労を給付の受給要件としている点で、「働くための福祉」(welfare to work)というスローガンのもとで進められたブレア政権によるワークフェア改革と共通性を持つ。福祉が就労を支援する「人的資本開発モデル」ではなく、就労への強制を先行させる「ワークファースト・モデル」のワークフェアである点でも、政策の大枠において前政権との連続性がみられる(阪野 二〇〇二:一六一、一六七—一六八)。

ただ、ユニバーサル・クレジットの場合、受給要件として求められる求職活動や就労準備活動の水準が四グループに類型化され、それに対応したかたちで義務違反と違反に対する制裁(支給停止期間)が定められるなど、制裁措置の体系化が図られ、懲罰も強化(最長三年の支給停止)された(DWP 2010b: 26-31; Dorey & Garnett 2016: 150-153; 井上 二〇一四:一〇〇—一〇一)。

しかし、前政権との相違はそれだけではない。重要なのは、給付の一元化そのものが、就労インセンティブの強化という側面を持っていることである。ユニバーサル・クレジットの最大の特徴は、失業関連給付と就労中の支援を単一の制度に統合した点にある。従来の給付制度では、非就労者に対しては資力調査付き給付、就労者に対しては税額控除制度という二本立てになっていた。これに対して、ユニバーサル・クレジットは、社会保障給付と税額控除とを一本化することによって、非就労者と就労しても収入の低い者を連続した者と位置づけ、単一の制度に取り込んだのである。言い換えると、すべての受給者を就労の可能性を軸に区分し、就労に向けて期待された取り組みを行うことが給付の受給要件とされたのである（井上 二〇一四：一〇九）。

このようにユニバーサル・クレジットでは、就労の条件性が一層強化された。さらに、一連の給付の統合によって、控除自体が大幅に削減されたため、貧困層に対する再分配効果が著しく弱められることになった。

3 「大きな社会」から小さな国家へ

「大きな社会」構想は、二〇〇九年一一月のキャメロンの講演において初めて公式に表明された後、二〇一〇年保守党のマニフェストに具体化され、それとほぼ同じ内容が、保守・自民両党間の合意文書にも盛り込まれた。合意文書は冒頭で、「大きな政府の時代は終わった」とし、「市民社会の刷新と熱意が、イギリスが今日直面している社会的、経済的、政治的難題に取り組むうえで不可欠である。社会的責任やボランティア活動、慈善事業を支援奨励するための行動を起こすと同時に、人々がもっと容易に一緒になって、コミュニティを改善したり助け合ったりすることができるようにしていく」と述べた（HM Government 2010: 7, 29）。

政権発足直後に内閣府から発表された「大きな社会の構築」（Building the Big Society）と題する文書は、この政策の実現に向けて次の五つの原則を掲げた。すなわち、①コミュニティに対するより多くの権限付与、②コミュニティでの積極的な役割の奨励、③中央政府から地方政府への権限移譲、④協同組合、互助団体、慈善団体、社会的企業への支援、⑤政府データの公表（Cabinet Office 2010）。

みられる通り、「大きな社会」構想は、大きな政府への批判を根底に置いている。国家の肥大と中央集権的なトップダウンが、個人や社会の責任感を掘り崩し、結果的に貧困や格差を拡大させるとして、キャメロンは労働党政権を激しく批判している。しかし、ブレア政権下でも地方コミュニティの再生を目指したローカル・ガヴァナンス改革が実施されており、この点ではニュー・レイバーと「大きな社会」構想には、政策の方向性としての連続性がみられる（安 二〇一一：三）。むしろ重要なのは、サッチャー主義との関係であろう。大きな政府批判という点では共通しつつも、サッチャー主義の場合、その志向が専ら市場に向かったのに対して、キャメロンの場合、ボランタリー団体等の第三セクターの重視につながり、その点で相違性を見出すことができるとされるからである。「大きな社会」構想をキャメロン政権のフラッグシップと位置づける論考には、こうした見方に立つものが多い（近藤 二〇一五：二五）。だが、政権下の実際の政策は、こうした評価を必ずしも裏付けるものではない。

まず指摘されるべきは、「大きな社会」構想は、結局尻すぼみに終わったことである。そのことは、「大きな社会」の政策実施担当の特別顧問として任命されたナット・ウェイ（Nat Wei）が、二〇一一年五月、政権発足から一年も経たずして辞任していることにも示されている。さらに、キャメロン自身も二〇一三年一二月以降、「大きな社会」についてまったく言及しなくなった（Woodhouse 2015: 8）。

では、実際の政策展開はどうであったのであろうか。市民社会と政府との協働を促進するシンクタンク「市民交流」（Civil Exchange）が、キャメロン政権下の「大きな社会」の実績について、二〇一二年から継続して調査と評価を行っている。二〇一五年に公表された最終報告書によると、コミュニティへの権限付与、公共サービスの開放、社会活動の促進のいずれにおいても、当初の目標を達成できていない。特に指摘されるべきは、実際の政策が、緊縮財政政策と相まって、「小さな国家」への傾斜を強めていることであろう。

公共サービスの供給において国家の役割を縮小し、国家に代わってボランタリー団体をはじめとする第三セクターがサービス供給の主な担い手になる、というのが当初の構想であった。しかし、国家の縮小にともない、ボランタリー部門が拡大しているわけではない。むしろ民間部門が主要な供給者になっているという。民間部門と政府との契約が大半で、金額ベースでみた場合、二〇一四年度でボランタリー部門が地方政府と締結した契約の割合は一〇%、中央政府では四%に過ぎない。しかも、限られた数の巨大企業にプロバイダーが限定されているという「準寡占」状態が出現している。そこにみられるのは、「大きな社会」という構想のもとで、公共サービスの契約から最も利益を得ているのが大企業であり、ボランタリー部門ではないというパラドックスである（Civil Exchange 2015: 6-8, 27-30）。

こうしたパラドックスを生んだ要因は、キャメロン政権による緊縮財政政策にある。ボランタリー部門はブレア政権以来、サービスの供給において大きな役割を果たしてきたとはいえ、公的財源に大きく依存している。ボランタリー団体全国協議会（National Council for Voluntary Organizations）の概算によれば、緊縮財政政策により二〇一〇年度から二〇一五年度にかけてボランタリー部門に対する公共支出が三三億ポンド削減され、その結果、事業活動の縮小や団体の廃止を余儀なくされているという

(Smith & Jones 2015: 235)。

「大きな社会」構想の展開とかかわって注目されるのが、公共サービスの外部委託の拡大である。公共サービスの外部委託総額は、キャメロン政権下の二〇一〇年から二〇一四年にかけて倍増し、アメリカに次いで世界第二位の市場となっている。厳しい歳出削減に直面している地方政府において、特に外部委託への動きが加速しているという。これまで政府が担ってきた公共サービスの供給機能の多くを民間企業が引き継ぐかたちで、民間企業が公共部門組織のなかにシームレスに統合され、埋め込まれつつある。地方政府と民間部門が共同事業を創設しているケースさえもある。そこにみられるのは、国家対市場という伝統的な対立図式ではなく、国家と市場が公共サービスの供給過程を共有しているという、新たな国家―市場関係である(Smith & Jones 2015: 240-244)。

Ⅳ 保守党再生戦略と党員・支持層のプロフィール

保守党の現代化は、政策だけでなく党組織も含んでいる。この点についていえば、キャメロンよりも、一九九七年に党首に選出されたヘイグによる党組織改革が、その後に与えた影響という点で大きい。かつて保守党は大量の党員を擁し、イギリス主要政党のなかでも、またヨーロッパの保守政党のなかでも、最も大衆政党化の進んだ政党と評されていた。しかし、一九五三年には二八〇万人まで達した党員数は、その後減少の一途をたどり、一九九七年には約四〇万人にまで激減し、しかも党員の高齢化が進むなど、一九九〇年代に入ってグラスルーツ・レベルでの党組織の衰退が著しかった。一九九八年にヘイグ党首を中心とする党指導部が、保守党の再生戦略として打ち出した党組織改革は、より多くの一般党員の参加に基づく「大衆ボランティア政党」の形成を目指した。改革の内容は多岐にわたるが、次の四点が注目されよう。

第一は、評議会（Board）の設置である。保守党は元来、議会外組織（選挙区協会）、党本部、議会党のそれぞれが相互独立して存在する分権的な組織構造をとってきた。しかし、これら三つの組織体が保守党史上初めて一つに統合されるとともに、党全体を総括する機関として評議会が設置された。党の組織運営にかかわるすべての業務が、評議会の指揮・監督のもとに行われることになった。

第二に、これまで下院議員のみが投票権を持っていた党首選挙に、全党員参加による一人一票制が導入された。すなわち、議員による投票は党首候補者を二人にまで絞り込むだけで、一般党員の郵便投票によって決選投票が行われることになった。

第三は、党内政策形成過程への一般党員の参加拡大である。一般党員による政策論議の場として、保守党政策フォーラム（Conservative Policy Forum）が創設された。選挙区協会で出された党政策をめぐる一般党員の意見は、保守党政策フォーラムによって集約され、所管の閣僚ないし野党期であれば影の閣僚に送付される。また保守党政策フォーラムは少なくとも年二回全国レベルでフォーラムを開催し、一般党員が意見表明する場を提供する。

第四は、選挙区協会の再編強化と整理統合である。従来、選挙区協会の組織活動は、党の中央事務局が奨励している準則に沿って行われてきた。しかし、今回の改革によって初めて、選挙区協会に関する組織活動ルールが党規約のなかに盛り込まれることになった。各選挙区協会は満たすべき最低基準の党活動を課せられ、党員数や収支決算をはじめ党活動に関する年次報告書を評議会に提出しなければならない。そして、これらの活動を担う最低限の役員組織として、一般党員によって選出される議長および二名の副議長からなるコア・チームの設置が各選挙区協会に義務づけられた（阪野 二〇〇一：四一―四二、Kelly 2001: 332-333）。

こうした党組織改革にかかわって、以下の二点を指摘しておきたい。第一は、一般党員への権限付与と集権化である。ヘイグ党首下の党指導部が打ち出した保守党再生戦略は、一人一票制による党首選出をはじめ、党内意思決定過程への一般党員の参加拡大を組織改革の基軸に据えていた。しかしながら、こうした一般党員への権限付与にもかかわらず、否むしろそれゆえにこそ、一連の組織改革が実質的には党指導部への党内権力の集権化という側面を同時に併せ持っていたことを見落としてはならない。

選挙区協会は年次党大会と春の臨時党大会（Spring Assembly）、さらに主として組織問題を扱う全国保守党大会（National Conservative Convention）に代表者を送り、また保守党政策フォーラムを通じて大会審議に向けて動議を提出しうるようになった。しかし、議題設定権を握っているのが、党大会を組織し運営にあたる大会委員会（Committee on Conference）であり、その成員は評議会によって選出される。その意味において、政策決定を統制しうるフォーマルな権限は依然として一般党員に与えられていない。一般党員が政策形成過程に発言できる機会が増大したとはいえ、政策内容と審議の手続きが議会指導部によって設定されていることに依然として変わりはない。一般党員の政策形成への参加は、党指導部によって実質確定された事項に対する正統化の機能を果たしているに過ぎないと言い換えてもよいであろう（阪野 二〇〇一：四四）。

第二は、しかしながら他方で、議員候補者の選定に関する限り、選挙区組織が高い自律性を保持していることである。保守党の場合、党中央本部がまず「党公認候補者リスト」（Approved List of Conservative Candidates）を作成する。しかし、各選挙区協会は、それに縛られず独自候補者を追加するなど、独自の候補者リスト（ショートリスト）を作成していた。そして、選挙区協会の全員会議による投票によって候補者が決定されてきた。

先にも述べたように、ヘイグ党首による党組織改革によって、選挙区協会の選定手続きは党中央本部が定めた規則に従うことが義務づけられ、ショートリストに掲載する候補者についても、党公認候補者リストのなかから選択しなければならなくなった。

キャメロン党首下の保守党は、議員候補者の選定過程に対する党指導部の関与をさらに強化しようとした。キャメロンは、保守党議員のなかでエスニック・マイノリティ、障害者、そして特に女性の占める割合の低さに問題を感じていた。二〇〇五年総選挙で保守党全当選議員のなかに女性議員の占める割合は六%、立候補者でみてもエスニック・マイノリティ出身者が占める割合は六%に過ぎなかった。こうした議員の社会構成が、普通の人々からかけ離れた政党という党イメージにつながっていると判断したキャメロン党首下の党指導部は、党イメージの刷新という点から、女性やエスニック・マイノリティの候補者を増加させるために、これらの候補者を一定割合含んだ、通称「Aリスト」（A-list）と呼ばれる優先名簿を作成し、標的議席（target seats：議席はないが、次期総選挙において勝利の可能性が高い選挙区）や現職議員の引退予定により空席となる選挙区に導入しようとした。しかし、この方式は選挙区協会からの反発を受け、二〇〇七年一月には、選挙区協会はAリストに拘束されないと改正された。一九九八年以降、議員候補者の選定過程に対する党指導部の関与が強化されることになったが、選挙区協会が実際上、最終的な選定権を保持していることに依然として変わりはない（Williams & Paun 2011: 14-20; Lee 2009a: 8 ; 宮畑 二〇一一：一八九―一九二）。

では、こうした一連の党組織改革は、党員や党支持層にどのような影響を与えているのであろうか。まず党員数の減少には、歯止めがかかっていない。一九九〇年代中葉で約四〇万人であった党員数は、二〇〇二年の二七万三〇〇〇人から、二〇一三年には一三万四〇〇〇人へとさらに減少している。そこで党指導部は、二〇一二年九月、党員ではないが、一ポンド寄付することによってサポーターとなりうる党友制度を導入した（Keen & Apostolova 2017: 8, 11）。

党員の社会的特徴も一九九〇年代とほとんど変わっていない、もしくは当初の特徴が一層強まっている。一九九二年の調査では平均年齢が六二歳、二〇一三年の調査では五九歳と、党員の高齢化問題は解消されていない。白人の占める比率も、九九％とから九六％へとわずかばかり減少しているが、依然として圧倒的に高い。男性の比率は、五一％から六九％へと、また学歴についても、大卒者が一二％から三七％へと増大している。さらに社会階層の点でも、専門・管理職、ホワイトカラーの比率が七三％から八三％へと増大している（Bale & Webb 2016: 141）。

では、党員のイデオロギー態度についてはどうであろうか。左―右次元とリバタリアン―権威主義次元の二つの次元から党員のイデオロギー的位置を分析してみると、二〇〇九年の調査では、中道右派で権威主義的というのが、保守党員の平均像であった。二〇一三年の調査では、左―右次元での位置はほとんど変わっていないが、リバタリアン―権威主義の次元では、わずかではあるが、社会的にリベラルな方向にシフトしているという。しかしその場合でも、党員の五九％が同性婚の合法化に反対し、八九％がＥＵ域外からの移民削減を支持していた。また、ＥＵ問題に関しては、七一％が国民投票で離脱に投票すると答えており、保守党のグラスルーツ・レベルでは、反ＥＵ感情が強いことがわかる（Bale & Webb 2016: 142-144）。

党支持層の社会的特徴も、党員の特徴と異ならない。二〇一三年の保守党支持層についてみてみると、社会階層的には、ホワイトカラー、ブルーカラーがそれぞれ二八％、これに対して専門・管理職が四四％となっている。イギリス有権者全体の構成比（三九％）と比較して、専門・管理職の占める割合が多い。最大の問題は、年齢構成である。三五歳以下の占める比率が二四％であるのに対して、五五歳以上は四四％と、有権者全体（三九％）と比較しても、高齢者層の占める比率が高い。これら高齢者層はサッチャー政権時に青年期を過ごした世代であり、それだけにサッチャー時代を黄金時代と捉え、それへの回帰を求める傾向が強い。しかも保守党の場合、労働党とは対照的に、高齢者ほど投票率が高いことから、党支持層において高い比率を占める五五歳以上の世代は、サッチャー主義路線へと保守党を方向づける重要な要因となっている（Keen & Apostolova 2017: 19; Burbank & Francis 2016: 96-100）。

V　保守党内の対立とEU国民投票

保守党員のあいだにEUからの離脱を求める強硬な欧州懐疑主義が浸透し、しかも選挙区協会が議員候補者選定の決定権を事実上持っているとなると、そうした立場に立つ議員候補者が選定される可能性は高い。こうしてキャメロン政権下において、経済や福祉といった国内政策に関してではなく、EU問題をめぐって保守党内の対立が先鋭化してくる。EU国民投票の実施は、増大する党内欧州懐疑派議員の圧力への対応という側面を持っていた。そこで、まず保守党内の対立状況とその変遷をみておこう。

イギリス保守党内の対立を大まかにたどると、第二次大戦後から一九七〇年代前半までは、ケインズ主義的総需要管理による完全雇用の維持と再分配政策を通じての福祉国家の形成維持を政策の基調に据えるという政策的合意が党内にあった。一九七〇年代後半に入り、そうした社会民主主義的合意は次第に崩れ、サッチャーの党首就任にともない、経済に対する国家介入の可否をめぐって、新自由主義の立場に立ち、サッチャリズムを支持する「冷淡派」(dries)とそれに批判的な「感傷派」(wets)に、党内は大きく分かれていく。

一九九〇年代以降になると、新自由主義が党内の大方の合意となり、経済への国家介入をめぐる争点は、党内対立軸としての重要性を実質的に低下させた。それに代わって台頭してくるのが、欧州問題をめぐる欧州懐疑派(Eurosceptics)と欧州統合推進派(Europhiles ないし pro-European)との対立である。前者は、欧州統合の進展がイギリスの主権を損なうと考え、単一通貨の導入や政治的統合に反対の姿勢を示す。他方、後者は、欧州統合の政治的・経済的メリットを高く評価し、必ずしも国家主権の脅威にならないばかりか、統合の動きに背を向けることは交渉過程におけるイギリスの発言力低下・孤立化を招きかねないという考えに立っていた。

議会保守党内の両派の割合をみてみると、一九九二年から一九九七年までは、欧州懐疑派が五八％に対して欧州統合推進派は三〇％であった。一九九七年から二〇〇一年までは、欧州懐疑派が八五％に対して、欧州統合推進派は八％に減少し、二〇〇一年以降は、欧州懐疑派議員が党内の九〇％を占めるまでになった。残っていた欧州統合派の議員が政界から引退し、それに代わって選出された新人議員の大半が欧州懐疑派であることによる（Lynch & Whitaker 2013a: 321）。

国際比較の点からいえば、欧州懐疑派議員を多く抱える保守政党が、主流派政党として政権党になっているのは、ほかに類例をみない。ドイツやフランスでは、主流派政党でもある保守政党は欧州統合推進派であり、欧州懐疑主義を掲げる政党は、国民戦線、ドイツのための選択肢のように、当該国の政党システムにおいて周辺政党であることが多い。欧州懐疑主義を掲げる保守政党が主流派政党でもあるという点に、イギリス保守党の特異性をみることもできよう（Mair 2000: 35-36）。

二〇〇一年以降、欧州懐疑派議員が大半を占めるなか、穏健な欧州懐疑派と強硬な欧州懐疑派に議会保守党は分かれていく。前者は、ＥＵ加盟は支持しつつ、統合のさらなる推進に反対の立場をとる。これに対して後者は、欧州統合そのものに原理的に反対であり、ＥＵからのイギリスの離脱を掲げる。ヘペルが行った保守党議員の意識調査によると、二〇一〇年の時点で、欧州統合推進派：二・三％、どちらともいえない：二〇・九％、欧州懐疑派：七六・八％であった。欧州懐疑派の内訳は、穏健派が五〇・三％、強硬派が二六・五％。「どちらともいえない」というカテゴリーを設けているので、その分党内に占める欧州懐疑派の占める割合が小さくなっているが、穏健な欧州懐疑派が多数派を制していたことには変わりはない（Heppell 2013: 345）。二〇〇五年に保守党党首に選出されたキャメロン自身の立場は、穏健な欧州懐疑主義ないしプラグマティックな欧州懐疑主義であった。

こうした党内状況のなか、保守党の政権復帰以降、強硬な欧州懐疑派議員による造反行動が増大する。二〇一〇年五月から二〇一二年五月までの会期において、欧州統合問題に関する議会審議で、最低一回以上造反投票を行った保守党議員は、計九三人で、保守党議員全体の三〇％にも及んだ。特に、二〇一一年一〇月、ナタール（David Nuttall）議員による国民投票実施を求める動議の採決に際して、保守党院内幹事が「三本線の登院命令書」（three-line whip）と呼ばれる最も強い党議拘束をかけたにもかかわらず、保守党内から八一名の造反議員が出たことは、前代未聞の出来事であった（Lynch & Whitaker 2013a: 325; Lynch 2015b: 253）。

こうした造反行動に対して、キャメロン党首下の党指導部は、次のような方法で、議員の造反を抑えて、党の一体性（party unity）を確保しようとした。すなわち、①議員候補者選定への介入、②官職任命、③規律、④争点軽視、⑤国民投票の確約である。しかし、第五の方法を除き、いずれも功を奏しなかった（阪野 二〇一六：四一―四四）。このうち、争点軽視についていえば、一九九〇年代初頭のメイジャー党首下において、マーストリヒト条約の批准をめぐって保守党は深刻な党内対立を露呈した。そのことが、一九九七年総選挙における保守党敗北の一因ともなった。また有権者にとっても、

ＥＵはじめ欧州統合問題はそれほど重視されていない争点であることから、二〇〇五年総選挙以後、保守党指導部はＥＵ問題の争点化を回避し、脱政治化（depoliticization）を図ってきた。二〇〇六年一〇月、キャメロンが党首選出後の初めての保守党大会の演説で、「欧州について大声で話し続ける」ことはしない（Not 'banging on about Europe'）と述べたのも、欧州統合問題の脱政治化路線を表明したものであった（Lynch 2015a: 188-190）。

しかしながら、こうした党指導部の対応に対して、党内の強硬な欧州懐疑派議員のあいだには強い不満が鬱積していた。保守党指導部によるＥＵ争点の脱政治化は、保守党の外側において、反ＥＵを争点に掲げるイギリス独立党（ＵＫＩＰ）の台頭を促し、さらにそのことが保守党内の強硬な欧州懐疑派の不満を一層強めることになった。こうした状況下において、党の一体性を確保するためにキャメロン首相が最終的にとったのが、ＥＵ残留・離脱をめぐる国民投票実施の確約であった。

国民投票の実施を確約することで、強硬な欧州懐疑派議員の圧力をやわらげる効果を意図していた。また、国民投票というかたちで、ＥＵ争点を議会内アリーナから議会外に移すことによって、議会保守党内の対立が深刻化するのを回避したいという狙いもあったとみてよい。さらに、国民投票では残留派が勝つとの見込みがあり、民意の支持を梃子に、党内対立の争点となってきた厄介な問題の決着を図ろうとしたという側面もあったと考えられよう。事実、世論調査では、二〇一五年でも六〇％近くが残留を支持していた。二〇一一年五月の選挙制度改革、二〇一四年九月のスコットランド独立を争点とする二回にわたるレファレンダムでの勝利、そして世論調査にみられる残留支持優位という動向を踏まえて、民意をバックに党内対立の沈静化を一挙に図ろうとして、キャメロンは国民投票の実施に踏み切ったと考えられる。

Ⅵ　ＵＫＩＰの台頭と非対等政党間競争

これまで保守党に対する右側からの挑戦は、イギリス国民党（ＢＮＰ）の盛衰に象徴されるように、短命に終わることが多かった。これに対して、二〇〇〇年代に入り、反ＥＵを掲げるＵＫＩＰが台頭してくる。二〇一六年六月のＥＵ残留・離脱を問う国民投票の実施は、保守党内政党政治の産物であると同時に、ＵＫＩＰ台頭への保守党の対応でもあり、政党間政治の産物という側面を併せ持つ。保守党とＵＫＩＰとの政党間競争という視点から、この点を検討したい。

ＵＫＩＰは、マーストリヒト条約に反対する超党派の組織で一九九一年設立の反連邦主義者連盟（Anti-Federalist League）に起源を持ち、一九九三年に設立された。ＵＫＩＰは結党以来、一貫してイギリスのＥＵからの離脱を掲げてきた。二〇〇九年欧州議会選挙時の訴えによると、ＥＵは、非民主主義的であり、一日四〇〇〇万ポンドの費用がかかり、イギリス議会主権を侵害し、イギリスが独自の優先政策をとることを妨げている、というのがその主な理由である。ＵＫＩＰは、当初、同じ欧州懐疑派政党であり、豊富な資金力を有するレファレンダム党（一九九四年設立）の後塵を拝していたが、一九九七年、同党創設者の病死、レファレンダム党の解散を受けて、その多くのメンバーがＵＫＩＰに合流することになって以後、欧州議会選挙を中心に勢力を拡大してきた。一九九四年欧州議会選挙では、得票数は一五万、得票率一％の泡沫政党であったＵＫＩＰは、二〇〇四年欧州議会選挙では、得票率は一六％と、イギリスの全政党のなかで三位に進出し、二〇〇九年欧州議会選挙では、労働党を抑えて二位に、そして二〇一四年欧州議会選挙では、得票率を二七・五％にまで伸ばして、第一党になった（Clark 2012: 110-111; 若松 二〇一三）。

保守党とＵＫＩＰの関係は、穏健な欧州懐疑派主流派政党と強硬な欧州懐疑派ニッチ政党との政党間競争と捉えることができよう。メギドが指摘しているように、主流派政党対ニッチ政党という非対等政党間競争（party competition between unequals）は、ダウンズの空間競争モデルでは必ずしも充分に説明しきれない。ダウンズの空間競争モデルでは、得票最大化を目的とする政党は、自党と有権者の距離を最小化するよう、党の政策的立場をシフトさせる。その場合、争点の重要性そのものは、政党間競争において変わらない固定したものであると想定されている。特定の争点に関する政党間の政策・イデオロギー上の距離や方向性の近接性を基準に、有権者の投票行動と政党の戦略行動がモデル化されていると言い換えてもよい。しかし現実には、自党に有利な争点を強調し、逆に不利な争点を無視するなど、争点の重要性（salience）や対立軸・政策次元そのものを政党が操作するということもありえよう。あるいは争点に対する党の最適性や信頼を梃子に、争点を政党が専有してしまう（issue ownership）こともありうる。主流派政党同士という対等な政党間競争と異なり、主流派政党対ニッチ政党という非対等政党間競争で問題となるのは、こうした状況である（Meguid 2005: 348-349; Meguid 2007: 23-27）。

非対等政党間競争モデルによると、ニッチ政党が掲げた争点に対して主流派政党がとりうる戦略には、次の三つがあるとされる。すなわち、①適応戦略（accommodative strategy）：争点の正統性を認め、争点次元においてニッチ政党の政策的立場を採り入れることによって、ニッチ政党による争点専有を掘り崩そうとする。②敵対戦略（adversarial strategy）：主流派政党本来の政策的立場を保持し、ニッチ政党との政策的立場の相違を強調する。③否認戦略（dismissive strategy）：ニッチ政党の掲げる争点ないし争点次元の重要性を否認することで、ニッチ政党への支持低下を図ろうとする（Meguid 2005: 349; Meguid 2007: 27-29）。

このモデルを保守党とＵＫＩＰの関係に当てはめてみると、保守党がとった戦略は、必ずしもモデル通りの結果をもたらさなかった。まずキャメロン党首下の保守党は、ＥＵの改革を求めるという穏健な欧州懐疑主義の立場を堅持し、ＥＵからの独立を掲げるＵＫＩＰとの差異を強調する敵対戦略をとった。しかし、敵対戦略は本来的にニッチ政党による争点の専有を促し、ニッチ政党への支持増大をもたらしやすい。この点は、ＵＫＩＰについても当てはまる。

そこで保守党が次にとったのが、否認戦略であった。より正確にいえば、まず保守党はＵＫＩＰを無視する戦略をとった。ハワードがＵＫＩＰを「奇人、政治的にうるさい輩」（cranks and political gadflies）と、またキャメロンも「変人、馬鹿者、隠れ人種差別主義者」（fruitcakes, loons and closet racists）と呼ぶなど、ＵＫＩＰが真剣に向き合うべきライバルではないという印象を有権者に与えようとした。これは、メギドが否認戦略としてモデル化した争点の重要性ではなく、ニッチ政党自体の正統性を掘り崩そうとする試みであった。さらに、キャメロン保守党は、ヘイグ以降の党首がとってきた、争点としてＥＵを重要視しないという戦略をとった。党内対立の沈静化という点に加え、有権者がこの争点を重要視していないことがそうした判断の理由になっていたとみてよいであろう。しかし、保守党の否認戦略は、ＵＫＩＰ自身の敵対戦略とも相まって、結果的にＵＫＩＰによる争点専有をさらに促すことになった。事実、二〇一〇年の世論調査によると、ＥＵ争点を最もうまく対処できる政党について、回答者の六〇・八％がＵＫＩＰと答えたのに対して、保守党との回答は一四・二％にとどまった（Lynch & Whitaker 2013b: 298-304）。

こうした保守党のＵＫＩＰに対する戦略は、結果的に保守党の右側においてＵＫＩＰが台頭する政治的空間を作り出すことにつながった。そのことは、保守党についていえば、ＵＫＩＰへの支持者と議員の離反というかたちをとって表れた。しかも、保守党を離党しＵＫＩＰに鞍替えした二名の議員、カーズウェル（Douglas Carswell）とレックレス（Mark Reckless）が、補欠選挙で当選を果たした。保守党からＵＫＩＰへの議員の鞍替えと補欠選挙での当選は、保守党内の右派議員に対して、「退出」という選択肢がありうることを示すことになった。

こうしたＵＫＩＰの台頭による保守党への脅威の増大、さらにＵＫＩＰによるＥＵ争点の専有という状況を受けて、キャメロン党首下の保守党が打ち出した最終的対応が、ＥＵ残留・離脱をめぐる国民投票の実施であった。

おわりに

二〇一六年六月二三日に実施されたＥＵ残留・離脱を問う国民投票では、離脱支持：五一・九％、残留支持：四八・一％と、僅差ではあるが、離脱派が勝利した。支持層の内訳をみてみると、年齢では、離脱支持は中高年層で高く、残留支持は若い世代ほど高い。学歴では、中卒者の七割近くが離脱を支持し、逆に大卒以上者の七割以上が残留を支持した。社会階層では、専門・管理職を中心とする中流階級ホワイトカラー層が残留支持、これに対してブルーカラー労働者層が離脱支持と分かれた。年齢、学歴、社会階層に沿ったイギリス社会の分断状況が、ＥＵ残留・離脱をめぐる国民投票という回路を通じて政治的に表出されたといえよう。

サッチャー政権以降歴代の政権は、脱工業化と総称される社会経済構造の変容とも相まって、経済的、社会文化的、政治的という三つの側面で、「取り残された人々」（left behind groups）を生み出してきた。脱工業化にともない、低技能ブルー・カラー労働者の経済的・社会的地位は着実に衰退し、将来の見通しも持てない。これらの社会集団は、価値志向の点でも、若い世代に代表されるリベラル、コスモポリタンといった主流派の社会文化から切り離され、主要政党が中道寄りの経済政策を展開するにともない、政治的にも疎外感を強めている。

特に所得格差についていえば、二〇一三年のＯＥＣＤの比較データによると、イギリスはヨーロッパ諸国中で、最も貧富の格差が大きい（McGuinness 2017: 21）。事実、ジニ係数はサッチャー政権下の一九八〇年代中葉から急増しはじめ、メイジャー政権を転機として急速な上昇は止まっているものの、〇・三五前後という高止まりの状態であることに変わりはない[5]。キャメロン政権による大規模な緊縮財政政策と福祉改革が、とりわけ貧困層に深刻な打撃を与えていることは、先に述べた通りである。EU離脱への支持は、深刻化する経済格差をはじめ、「取り残された人々」が政権に突きつけた抗議に近い意思表明と捉えることもできよう。

国民投票の結果を受けて、キャメロンは首相を辞任した。二〇一六年七月、後任のメイは首相就任演説のなかで、「イギリスを少数の特権階級のためではなく、私たちすべての者のための国にしたい」と述べ、「一つの国民」保守主義（One Nation Conservatism）を政権の目指すべき方向性として掲げた。しかし、その具体的な内容は明確ではない。

実際、財務相がオズボーンからハモンドに交代し、二〇一六年一一月の「秋の演説」でハモンド財務相が緊縮路線を修正する意向を示唆した以外、「一つの国民」保守主義に向けた具体的な政策が示されたわけではない。またメイ首相は同年九月、教育改革として、ブレア政権によって一九九八年以来新設が禁止されていたグラマー・スクールについて、復活・拡充政策を打ち出した。初等教育修了時である一一歳児の学力試験によって、優秀な生徒が進学できる無償の公立中等学校であるグラマー・スクールは、学力次第で社会的移動を可能にする有力な手段として評価される一方で、一一歳という人生の早い段階での選別に加え、社会的移動の成功例は現実に少なく、選抜制ゆえにむしろ階級間の分断を固定・再生産するとの批判も少なくない[6]。さらに、メイ首相は二〇一七年一月に開かれた政府のチャリティー委員会年次大会での演説のなかで、「共有された社会」（Shared Society）構想を提示し、社会の不正や分断克服に向けて、富や機会を共有するチャンスをすべての人が確実に持てるよう、国を一つにまとめていくと述べた。家族やコミュニティからなる社会の絆の強化、市民としての責任の強調といった点で、[7]「共有された社会」構想は、頓挫したキャメロンの「大きな社会」構想の焼き直しといえるほど、似通っている部分が多いが、ウィリアムズによると、「社会的移動」を強調している点に相違がみられるという（Williams 2017: 12）。ただ、「共有された社会」構想が具体的にどのように政策化されているのかは、明確ではない。

二〇一七年四月、メイ首相は六月八日に総選挙を前倒し実施する方針を表明した。当初の世論調査では、党および党首への支持率という点で保守党およびメイ首相は、労働党およびコービン党首に対して、二〇～三〇ポイント前後の差をつけて圧倒的にリードしていた。しかし、五月一八日の保守党マニフェストの公表を境に、世論の支持は大きく反転していく。その主な要因が、保守党の高齢者介護政策にあった。保守党は、世代間の公平性の確保、高齢者介護システムの長期的な持続可能性を理由に、生涯自己負担額に一律七万二〇〇〇ポンドの上限を設けていたキャメロン政権時の与党案を破棄したのである。批判は政策内容だけにとどまらず、メイ首相の政治スタイルにも向けられた。世論の猛烈な批判を受けて、メイ首相は自己負担額上限撤廃を急遽撤回したからである。これは、イデオロギーに固執しないメイ首相のプラグマティックな政治スタイルを示すものであるが、メイの「Uターン」として、支持率を低下させる要因となった。保守党のマニフェストは、緊縮財政政策についても、二〇二五年までに財政赤字を解消するとして、継続する姿勢を明らかにした。先の高齢者介護政策も含め、首相就任演説で掲げた「一つの国民」保守主義とのあいだに齟齬があることは否定し難い。

キャメロン保守党は、緊縮財政政策による財政赤字削減を最優先課題に掲げ、経済運営能力の高さをアピールすることによって、政権に復帰した。しかし、緊縮財政政策は貧困層ほど削減の影響力が大きいという逆進性を持つ。加えて、ユニバーサル・クレジットの導入によって、就労条件性は一層強化され、社会保障給付と税額控除の統合化にともない、福祉制度がもつ貧困層への再分配機能は著しく弱められた。その結果、イギリスの社会は分断の様相を強めつつある。EU離脱問題と同時に、こうした社会の分断にどう対応するのか。「一つの国民」という単なる修辞を越えて、その内実が鋭く問われている。

《注　釈》

(1) キャメロンは自らの政治志向を「リベラル保守主義」(liberal Conservative) と表現している。彼自身の説明によれば、個人の自由を信じ、政府介入は最小であるべきだとし、国家について懐疑的であるといった点でリベラルであり、過去から現在、将来の世代と連なる歴史的理解の共有、コミュニティでの社会的責任や帰属感、伝統への信奉といった点で保守主義的であるとされる (Beech 2009: 26)。リベラルと保守主義のどちらに力点をおくかで、論者のあいだでも見解が分かれる。ビーチは、経済的リベラル、社会的リベラル、さらに外交政策におけるリベラルな介入主義といった点でリベラルな側面を強調する (Beech 2015: 3)。これに対して、ヘイトンは、限定された政治という保守主義のイデオロギー的伝統のなかに位置づけるべきであるとしている (Hayton 2016: 52)。

(2) サッチャー政権が「保守主義の死」をもたらしたかどうかは、すぐれて論争的な論点である。サッチャー主義については、そのイデオロギー性を強調する捉え方に対して、バルピットに代表されるように、「統治術」という観点から、そのプラグマティズムに着目し、保守主義の伝統のなかに位置づける論者もいる (Hickson 2005: 180-182)。サッチャーについては、自身の言葉をもとに「信念の政治家」(conviction politician) といわれることが多いが、サッチャー政権下の現実の諸政策は、はじめから首尾一貫した青写真に沿って立案・実施されてきたわけではない。当面する課題への対応の集積が一定の傾向を持った政策群を生み出した、というのがむしろ実態に近い。

（3）Institute for Fiscal Studies, Recent cuts to public spending (1 October 2015), <https://www.ifs.org.uk/tools_and_resources/fiscal_facts/public_spending_survey/cuts_to_public_spending>（二〇一七年九月一日最終アクセス）。

（4）二〇〇〇年代に入り、再分配を拒否する世論が拡大した理由について、佐藤は、労働党政権下で給付付き税額控除が大幅に活用された結果、社会保障の選別主義化が進み、そのことが課税の負担層と給付の受益層とのあいだの乖離を拡大させ、課税の主たる負担者であるミドルクラス層以上の反発を招いたと指摘している（佐藤 二〇一三b：三一―三四）。

（5）ブレア・ブラウン政権以降も、ジニ係数が高止まり状態にある要因については、佐藤が指摘しているように、ニュー・レイバーおよびキャメロン政権下のワークフェア政策の展開・強化により、社会保障政策の目的が就労促進におかれるにともない、社会保障政策の所得再分配効果が掘り崩されたことに求めることができよう（佐藤 二〇一三a：二七五）。

（6）Heather Stewart & Peter Walker, "Theresa May to end ban on new grammar schools," *The Guardian* 2016/9/9. なお、二〇一七年総選挙後のメイ政権の施政方針を示す二〇一七年七月二一日の女王演説には、グラマー・スクール新設・拡充案は盛り込まれなかった。Alan Travis, "What was in the Queen's speech-and what was left out," *The Guardian* 2017/6/21.

（7）The shared society: Prime Minister's speech at the charity Commission annual meeting (9 Jan. 2017), <https://www.gov.uk/government/speeches/the-shared-society-prime-ministers-speech-at-the-charity-commission-annual-meeting>（二〇一七年九月一日最終アクセス）.

《参考文献》

井上恒男（二〇一四）『英国所得保障政策の潮流』ミネルヴァ書房.
今井貴子（二〇一六）「イギリスの保守の変容」水島治郎編『保守の比較政治学』岩波書店、一六三～一九三頁.

近藤康史（二〇一五）「キャメロン政権下のイギリス福祉国家」生活協同組合研究四六九号、二二〜二九頁.
阪野智一（一九九九）「一九九九年イギリス総選挙と業績投票」選挙研究一四巻、一一一〜一二二頁.
――――（二〇〇一）「イギリスにおける政党組織の変容」国際文化学研究一六号、一五〜五六頁.
――――（二〇〇二）「自由主義的福祉国家からの脱却？」宮本太郎編『福祉国家再編の政治』ミネルヴァ書房、一四九〜一八二頁.
――――（二〇一六）「EU国民投票の分析」国際文化学研究四七号、三一〜七八頁.
佐藤　滋（二〇一三a）「ニューレイバーの『新しい』福祉国家路線とウィンドホール・タックス」井出英策編『危機と再建の比較財政史』ミネルヴァ書房、二六九〜二八八頁.
――――（二〇一三b）「再分配を拒否するイギリス」生活経済政策二〇〇号、二九〜三四頁.
成廣　孝（二〇〇二）「ポスト・サッチャリズムの政治」岡山大学法学会雑誌五一巻三号、六九〜一三一頁.
宮畑建志（二〇一一）「英国保守党の組織と党内ガバナンス」レファレンス六一巻一二号、一六七〜一九七頁.
安　章浩（二〇一一）「イギリス・キャメロン連立政権の社会改革に関する一考察」尚美学園大学総合政策論集一三号、一〜一六頁.
若松邦弘（二〇一三）「自由主義右派の政党組織化」国際関係論叢二巻二号、一一五〜一五八頁.
渡辺容一郎（二〇〇六）「イギリス保守党の近代化」政経研究四二巻三号、一〇五七〜一〇七八頁.
――――（二〇一五）「デーヴィッド・キャメロンの『大きな社会』構想とイギリス保守主義」政経研究五二巻二号、七九三〜八二四頁.

Allen, Nicholas. 2011. "Labour's Third Term." in Nicholas Allen & John Bartle (eds.). *Britain at the Polls 2010*. Sage: 1-37.
Bale, Tim & Paul Webb. 2016. "The evolving Conservative Party membership." in Peele & Francis (2016): 139-158.
Beech, Matt. 2009. "Cameron and Conservative Ideology." in Lee & Beech (2009): 18-30.
———— & Simon Lee (eds.). 2015. *The Conservative-Liberal Coalition*. Palgrave Macmillan.
————2015. "The Ideology of the Coalition." in Beech & Lee (2015): 1-15.

Burbank, Matthew & John Francis. 2016. "The Conservative Party and a Changing electorate." in Peele & Francis (2016): 82-104.

Cabinet Office. 2010. *Building the Big Society.*

Civil Exchange. 2015. *Whose Society? The Final Big Society Audit.*

Clark, Alistair. 2012. *Political Parties in the UK.* Palgrave.

Clarke, Harold D. et al. 2016. *Austerity and Political Choice in Britain.* Palgrave Macmillan.

Curtice, John. 2017. "Role of Government." in *British Social Attitudes 34.*

Cutts, David et al. 2010. "The Campaign That Changed Everything and Still Did Not Matter?" in Andrew Geddes & Jonathan Tonge (eds.). *Britain Votes 2010.* Oxford University Press: 107-142.

Department for Work and Pension (DWP). 2010a. *21st Century Welfare* (Cm 7913).

——— 2010b. *Universal Credit: welfare that works* (Cm 7957).

Dommett, Katharine. 2015. "The theory and practice of party modernization." *British Politics* 10(2): 249-266.

Dorey, Peter. 2016. "Policies under Cameron." in Peele & Francis (2016): 58-81.

——— & Mark Garnett. 2016. *The British Coalition Government, 2010-2015.* Palgrave Macmillan.

——— et al. 2011. *From Crisis to Coalition.* Palgrave Macmillan.

Edmiston, Daniel. 2017. "Review Article Welfare, Austerity and Social and Social Citizenship in the UK." *Social Policy & Society* 16(2): 261-270.

Gamble, Andrew. 2015. "Austerity as Statecraft." *Parliamentary Affairs* 68 (1): 42-57.

Hayton, Richard. 2016. "Constructing a new conservatism?" in Peele & Francis (2016): 41-57.

Heppell, Timothy. 2013. "Cameron and Liberal Conservatism." *The British Journal of Politics and International Relations*15: 340-361.

Hickson, Kevin. 2005. "Inequality." in Kevin Hickson (ed.). *The Political Thought of the Conservative Party since 1945.* Palgrave Macmillan: 178-194.

Hills, John et al. 2016a. "Benefits, pensions, tax credits and direct taxes." in Lupton et al. (2016): 11-34.

——— et al. 2016b. "The changing structure of UK inequality since the crisis." in Lupton et al. (2016): 267-289.

——— et al. 2016c. "Summary and conclusion." in Lupton et al. (2016): 319-342.

HM Government. 2010. *The Coalition: our programme for government.*

HM Treasury. 2010. *Spending Review 2010.*

Keen, Richard & Vyara Apostolova. 2017. *Membership of UK political parties.* House of Commons Library.

Kelly, Richard. 2001. "Farewell Conference, Hello Forum." *The Political Quarterly* 72 (3): 329-334.

Kerr, Peter & Richard Hayton. 2015. "Whatever happened to Conservative Party modernization?" *British Politics* 10(2): 114-130.

Lee, Simon. 2009a. "Introduction: David Cameron's Political Challenges." in Lee & Beech (2009): 1-18.

——— 2009b. "David Cameron and the Renewal of Policy." in Lee & Beech (2009): 44-59.

——— & Matt Beech (eds.). 2009. *The Conservatives Under David Cameron.* Palgrave Macmillan.

Lupton, Ruth et al. (eds.). 2016. *Social Policy in a Cold Climate.* Policy Press.

Lynch, Philip & Richard Whitaker. 2013a. "Where There is Discord, Can They Bring Harmony?" *The British Journal of Politics and International Relations* 15 (3): 317-339.

——— & Richard Whitaker. 2013b. "Rivalry on the right." *British Politics* 8(3): 285-312.

——— 2015a. "Conservative modernization and European integration." *British Politics* 10(2): 185-203.

——— 2015b. "The Coalition and the European Union." in Beech & Lee (2015): 243-258.

Mair, Peter. 2000. "The Limited Impact of Europe on National Party System." *West European Politics* 23(4): 27-51.

McGuinness, Feargal. 2017. *Income inequality in the UK.* House of Commons Library.

Meguid, Bonnie M. 2005. "Competition Between Unequals." *American Political Science Review* 99(3): 347-359.

——— 2007. *Party Competition between Unequals*. Cambridge University Press.

Peele, Gillian & John Francis (eds.). 2016. *David Cameron and Conservative renewal*. Manchester University Press.

Smith, Martin & Rhonda Jones. 2015. "From big society to small state." *British Politics* 10(2): 226-248.

Timmins, Nicholas. 2015. "The Coalition and Society (IV): Welfare." in Anthony Seldon & Mike Finn (eds.). *The Coalition Effect,*

2010-2015. Cambridge University Press: 317-344.

Webb, Paul & Sarah Childs. 2011. "Wets and Dries Resurgent? Intra-Party Alignments Among Contemporary Conservative Party Members." *Parliamentary Affairs* 64(3): 383-402.

Whiteley, Paul et al. 2013. *Affluence, Austerity and Electoral Change in Britain*. Cambridge University Press.

Williams, Ben. 2017. "Theresa May's Premiership." *Political Insight*, April: 10-13.

Williams, Rhys & Akash Paun. 2011. *Party People: How do – and how should – British political parties select their parliamentary candidates?* Institute for Government.

Williams, Steve & Peter Scott. 2010. "Shooting the past? The modernization of Conservative Party employment relations policy under David Cameron." *Industrial Relations Journal* 41(1): 4-18.

Woodhouse, John. 2015. *The voluntary sector and the Big Society* (Briefing Paper No. 5883). House of Commons Library.

第5章

［フランス］巨大保守政党の結成、右傾化戦略とその後の混迷――二一世紀の動向

尾玉剛士

ドゴール派政党の再編・巨大化に成功したシラク（右）と、
その党を乗っ取ったサルコジ（左）
ロイター／アフロ

はじめに

フランスにおける政治的な対立軸は保守対リベラル、あるいは保守対社会主義（社会民主主義）というかたちではなく、「右翼」と「左翼」の対立としてとらえられてきた。よく知られるように、この言い回しは一八世紀末のフランス革命期の議会において、議長席からみて急進派が議場の左側に、穏健派が右側に陣取ったことに由来する。革命の終結以降、フランスでは、時代に応じて左右両翼に様々な政治潮流が認められてきた。[1] 単純化するならば、一九世紀には反教権主義（反カトリック）を掲げつつ共和制の確立を追求する共和派（革命派）とカトリックや王党派といった反革命派が争い、二〇世紀初頭には前者が後者を抑え込んで共和制が定着するにいたる。以降、一九四〇年にドイツ軍の侵攻によって共和制が崩壊するまで、共和主義・反教権主義を掲げる急進党を中心としつつ、左右両翼の諸勢力が同党と連立政権を形成した。一方、共和制を否定する伝統的右翼（極右）勢力も存続し、第二次世界大戦中には対独協力の一翼を担ったが、終戦後に共和制が復活するとともに弱体化した。

以上のような経緯から、今日フランスで政党が政治的正統性を広く認められるためには、フランス革命に端を発する共和制を支持することが条件となっている。右翼政党であってもこの点に関して例外ではない。このため、実際には経済・文化面で保守的な政党であっても「保守」を自称せず、現在の第五共和制（一九五八年〜）の主要な右翼政党は党名に「共和国」や「共和主義」といった言葉を用いることが多い。たとえば、初代大統領のシャルル・ドゴールの支持政党は新共和国連合（UN

R：Union pour la nouvelle République）であったし、非ドゴール派右翼のリーダーであったヴァレリー・ジスカール＝デスタン元大統領が率いた政党の名称は独立共和派（ＩＲ：Républicains indépendants）、次いで共和党（ＰＲ：Parti républicain）であった[2]。

隣国イギリスでは、エドマンド・バークがフランス革命に対する批判的な考察から近代政治思想における保守主義の基礎を築いたとされるが（宇野 二〇一六）、共和制定着後のフランスでは保守主義を政治的言説のなかで積極的に位置づけることが困難になっているように思われる。二〇一〇年代のフランスでは、左翼・右翼あるいは中道派などの諸政党が自分たちこそ共和国の擁護者であるという立場を主張し、しのぎを削っている。二〇一七年一一月現在の与党は共和国前進（ＲＥＭ：République en marche!）であり、最大野党も共和派（ＬＲ：Les Républicains）[3]を名乗っている。一九七二年の結成以来、極右政党とみなされてきた国民戦線（ＦＮ：Front national）でさえ、体制内化を進め、近年では政教分離のような共和主義の理念を強調するようになっている[4]。

とはいえ、第二次大戦後の右翼の主要政党には、他国の保守政党と共通する要素がみられるのも事実である。たとえば、ナチス・ドイツからのフランス解放の英雄であるシャルル・ドゴールが率いたドゴール派政党（ゴーリスト政党とも表記される）はもともと反共産主義とナショナリズム、国家主権重視（欧州統合反対）といった特徴を有し（渡辺 二〇一三、Safran 2009: 91）、非ドゴール派右翼勢力のリーダーであったジスカール＝デスタン元大統領を中心とする一派は企業寄りで経済的自由主義の色合いが強かった（Safran 2009: 95-96, 100-101）。そこで、本章では極右勢力を除いた現・第五共和制の右翼の主要政党を保守政党ととらえ、二一世紀に入ってからどのような変容を遂げてきたのかを検討する。

歴史的にフランスは多党制の国であり、右翼の政党も複数に分裂してきたが、二〇〇二年にはドゴール派出身のジャック・シラクをリーダーとするＵＭＰ(5)が結成され、右翼の政治家の大半がこれに合流した。この年の大統領選挙では、シラクが決選投票で国民戦線のジャン＝マリ・ルペンを破って再選され、続く下院選挙においてはＵＭＰが圧勝した。五年ぶりに下院が右翼のものとなり、しかもそれまでの右翼政権とは異なり、与党政治家の大半はＵＭＰという単一の政党に所属するようになった。二〇〇七年の大統領選挙・下院選挙においても、リーダーはニコラ・サルコジに代わったものの、ＵＭＰが勝利を収めている。二〇〇二年の結成から二〇一二年までの一〇年間にわたりＵＭＰは政権を支配し続けた。

以下ではまず、第五共和制誕生以降、ドゴール派政党を中心としつつも複数の政党に分かれていた右翼政治家の大半が、二〇〇二年にＵＭＰへと結集していった経緯を検討する（Ⅰ）。続いて、二一世紀初頭に結成された巨大右翼（保守）政党ＵＭＰの特徴と課題を以下のように整理していく。第一に、多数の政党の出身者からなるＵＭＰにおいて、党内のリーダーシップがいかにして確保されてきたのかを党の構造を検討することで明らかにしていく（Ⅱ）。第二に、新自由主義からより社会政策を重視する立場までが混在しているなかで、ＵＭＰ政権の政策がいかなるものであったのか、特に、過去との「決別（rupture）」を強調したサルコジの社会保障政策・移民政策について、過去の右派政権・左派政権との異同を分析する（Ⅲ）。第三に、ＵＭＰの支持基盤拡大戦略の推移を検討する（Ⅳ）。ＵＭＰはもともとシラク率いるドゴール派政党が中道派や新自由主義者らを吸収することで形成されたものだが、サルコジは極右支持層の取り込みを図り、中道派の離反を招いてしまった。二〇一二年の大統領選挙では、サルコジは再選を果たすことができず、左翼への政権交代が生じた。また、サルコジは国民戦線を周縁化に追い込むことができず、サルコジ政権以降、国民戦線は勢いを増していった。

その後、UMPは共和派へと改称し、再出発を図るが、フランスの右翼（保守）政党は左翼・極右に加えて新たなライバルに直面することになる。二〇一七年の大統領選挙では、共和派のフランソワ・フィヨンは決選投票進出がかなわず、同年の総選挙では、共和派は第二党の座に甘んじた。大統領選では、元社会党のエマニュエル・マクロンが国民戦線のマリーヌ・ルペンを破り、続く総選挙の結果、マクロン新党と中道派の連立政権が誕生した。一九八〇年代以降繰り返された左右両翼による政権交代に終止符が打たれたのである。結論に先立ち、Vでは、二〇一七年の大統領選挙・総選挙についても簡潔に触れる。

I　巨大保守政党UMP誕生（二〇〇二年）にいたる経緯

1　一九九〇年代までの状況

二〇世紀以来、フランスの政党システムは多党制であり、右翼・左翼双方に複数の潮流が認められてきた。現行の第五共和制の誕生（一九五八年）以降、小選挙区二回投票制による下院・国民議会選挙が定着してからも多党制が存続している。[6] 一九七〇年代後半には、左から共産党、社会党、ジスカール＝デスタンを支持する非ドゴール派の中道から右翼までの政治家が集ったフランス民主連合（UDF：Union pour la démocratie Française）、シラク率いるドゴール派・共和国連合（RPR：Rassemblement pour la République）の四大政党が下院の議席を分有していた。これらの政党は左右両翼においてそれぞれ選挙協力を行っていたため、左右の二大ブロックであるとか、二極四党体制（quadrille bipolaire）などと呼ばれる（モリス 一九九八：第七章、第八章、大山 二〇一三：第六章）。[7] その後、一九八〇年代には緑の党や国民戦線が得票を増加させ、多くの政党に票が分散するようになった。二〇一七年現在も、与党・共和国前進、右翼の共和派、左翼の社会党に加えて、極左・緑・中道・極右の諸政党が存続している。[8] 以下では、二〇世紀の第四四半期における右翼の二大勢力であったドゴール派RPRと非ドゴール派UDFが合流し、政権を獲得するまでの経緯を検討する。

一九八一年に社会党のフランソワ・ミッテランが大統領となると、第五共和制初の左翼政権が誕生した。途中二度にわたり右翼に下院の多数派を奪われ、保革共存（コアビタシオン）政権[9]が誕生したものの、ミッテランは二期一四年にわたり大統領を務めた。一九九五年にはドゴール派RPRのシラクが三度目の挑戦にしてようやく大統領の座についたものの、一九九七年に前倒しで実施された下院選挙の結果、社会党を中心とする左翼が勝利を収めた。以降二〇〇二年までシラク大統領は五年ものあいだ、ジョスパン首相（社会党）との保革共存を経験することになる。

ただし、一九八〇年代から一九九〇年代におけるフランスの保守政党（RPR・UDF）にとっての競争相手は社会党・共産党の左翼連合だけではなかった。一九七二年にジャン＝マリ・ルペンが創設した国民戦線が移民や治安を争点化して勢いを増すことで、極右からも圧迫を受けるようになったからである。国民戦線は一九八四年の欧州議会選挙、一九八六年の下院選挙で約一〇％の得票を記録し、以降も様々な選挙で一定の得票を維持し続けた。こうして保守陣営は国民戦線の伸長への対応に追われた。シラクをはじめ、右翼政党の政治家のあいだでは、右翼支持層が国民戦線支持に流れることを避けるために、国民戦線のレトリックを部分的に取り込もうとする動きがみられたが、他方で人種主義（反ユダヤ主義）を隠そうともしないルペンとの差異化も図らなければならなかった。また、ドゴール派ＲＰＲと非ドゴール派ＵＤＦの保守連合が選挙協力を行うとしても、右翼支持票が保守連合と国民戦線とに割れてしまうと、左翼に勝利することができないという大きな問題もあった。一九九八年三月の地域圏（région）議会選挙の際に、議長ポスト（議員の互選によって選出）を得るためにＵＤＦの一部の政治家が国民戦線との協力に踏み切るにいたる（中山 一九九九：二七二）。この問題をめぐって同年五月にＵＤＦから自由民主（ＤＬ：Démocratie libérale）が分離・独立する。これが二一世紀の保守再編の先触れとなる。

2　ＵＭＰの誕生（二〇〇二年）

二〇〇二年四月二一日に行われた大統領選挙の第一回投票では、シラクが一九・七％の票を集めトップに立ち、次いで国民戦線のルペンが一七％の票を集め、社会党のジョスパンは一六・一％の票しか集めることができず三位に終わった（Becker 2015: 248）。過半数の票を獲得した候補者がいない場合、上位二名の決選投票となるため、シラクの当選が事実上確定した。五月五日の第二回投票に先立ち、シラク大統領（候補）を支持する多数派を形成するべく、大統領多数派連合（ＵＭＰ：Union pour la majorité présidentielle）の結成が呼びかけられ、ＲＰＲ出身議員を中心としつつ、元ＵＤＦ系の議員もこれに合流する流れができた。大統領選挙の後には、下院議会選挙が予定されており、多くの政治家が勝ち馬に乗ろうとしたのである（Bréchon 2011: 62）。決選投票では、シラクが有効投票の八二・二％を集め、ルペンに圧勝した（Becker 2015: 249）。六月九日・一六日に行われた下院選挙[10]では、ＵＭＰが五七七議席中三六九議席を獲得し、過半数を制した（Becker 2015: 250-251）。ドゴール派はかねて課題であった中道派の取り込みに成功し、勝利を収めたのだった（レイ・吉田 二〇一五：二二七）。下院の過半数を一政党が単独で制したのは一九八一年の社会党以来のことであった。

こうして二〇〇二年には、シラクが大統領に再選されるとともに、五年ぶりに右翼が下院の多数派を奪い返し、保革共存は解消された。しかも、過去の右翼政権とは異なり、与党政治家の大半はＵＭＰという単一の政党に結集していた。シラクが再選後に誰を首相に任命するのかについては様々な憶測が飛びかったが、実際に任命されたのはＵＤＦ離脱組の有力者のひとりであるジャン＝ピエール・ラファランだった[11]。ラファラン内閣はＲＰＲ出身者を中心としながらも、他政党出身者にもポストが割り振られている[12]。同年一一月一七日にはＵＭＰの創設集会が開催され、略号はそのままに国民運動連合（Union pour un mouvement populaire）へと改称された（民衆運動連合などとも訳される）。初代党総裁（président）にはシラクの腹心であり、一九九五年から一九九七年まで首相を務めたアラン・ジュペが選出されている（Haegel 2007: 249）。このほかに、副総裁（vice-président）には自由民主出身のジャン

図表５－１　下院・国民議会選挙第１回投票における主要政党の得票率の推移（2002～2017年）

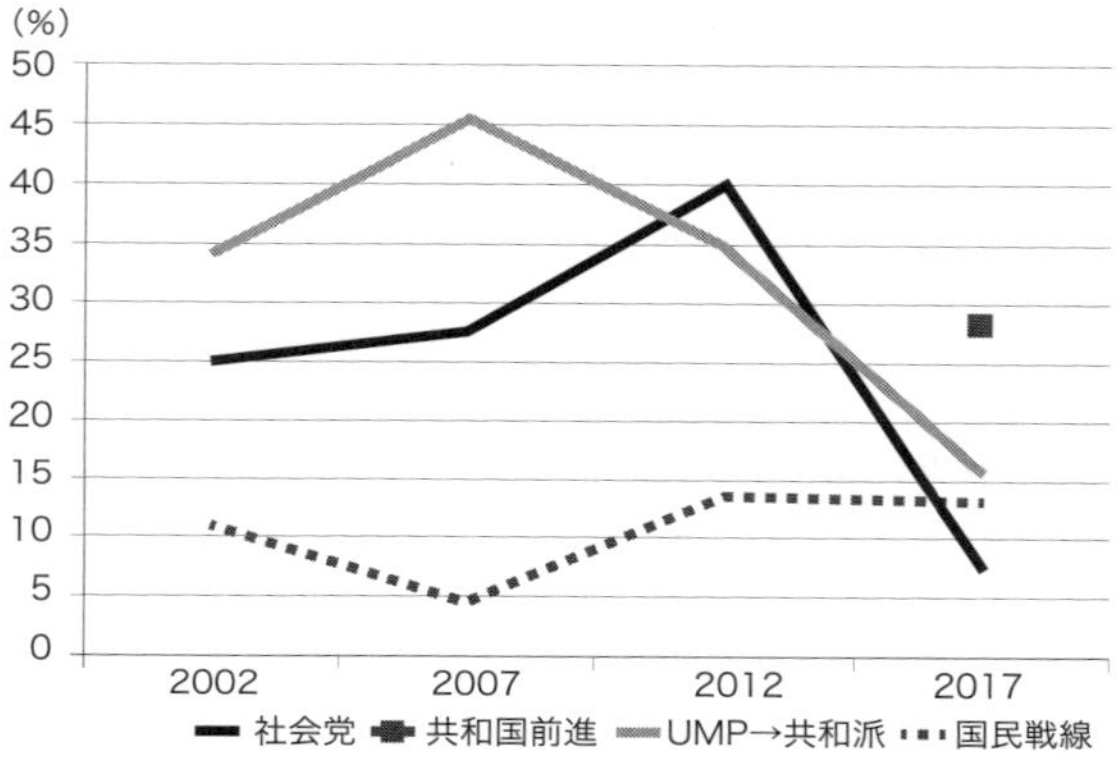

注：有効投票に占める得票数の割合。

出典：2002～2012年まで、Becker（2015）。2017年については、内務省ホームページ「2017年国民議会選挙の結果」。

＝クロード・ゴダン（Jean-Claude Gaudin）、幹事長（secrétaire général）にはＵＤＦ出身のフィリップ・ドスト＝ブラジ（Philippe Douste-Blazy）というように、党執行部ではＵＭＰに参加した政党間のバランスが図られた。

他方、ＵＭＰへの合流を拒否した政治家たちによってＵＤＦは存続したものの、六月の下院選挙の獲得議席は二二議席にとどまり小政党に転落した（Becker 2015: 251）。また、国民戦線は小選挙区二回投票制という大政党（およびその協力政党）に有利な選挙制度の壁に阻まれ、獲得議席はゼロだった。従来保守陣営内にみられた政党間・政党内の対立、さらには国民戦線による挑戦を乗り越え、二〇〇二年の時点でＵＭＰはフランスの政党システムの右翼におけるヘゲモニーを確立したかにみえる。二〇〇七年の大統領選挙・下院選挙でもＵＭＰは勝利を収め、ＵＭＰ政権は二〇一二年まで一〇年間にわたって存続した。

それでは、二一世紀初頭に結成された巨大保守政党ＵＭＰはどのような特徴を有し、またどのような限界を抱えていたのであろうか。以下ではまず、多様な政策志向を有する政治家からなる巨大政党Ｕ

ＭＰにおいて、党内の集権性（執行部のリーダーシップ）がいかにして維持されてきたのかを明らかにするために、党の構造を検討していく。

Ⅱ　ＵＭＰの党内構造――集権的性格の持続

1　党内派閥は認められず

巨大政党として誕生したＵＭＰは内部に多様な政策志向を持ったメンバーを抱え込んでいた。大きく分けて、新自由主義者、より穏健な党内左派、国家主権を重視するナショナリストの三極が指摘されている（Haegel 2007: 237-247）。

ただし、ＵＭＰは党内派閥を制度化せず、党内のグループはインフォーマルな結びつきにとどめられた[13]。ＵＭＰ創設時に「運動（mouvement）」という名称で党内派閥の公認が党則（statuts）に掲げられたのだが、サルコジを含むサブ・リーダーたちのあいだに慎重論が根強く実施にはいたらなかった（Haegel 2007: 231-235）。ＵＭＰはドゴール派ＲＰＲが元ＵＤＦ系の議員を吸収することで形成されたものだが、もともとドゴール派政党はリーダー＝大統領（候補者）を頂点としたカリスマ政党であった（レイ・吉田 二〇一五：一二六、Haegel 2014: 160）。ＲＰＲがシラクの選挙マシーンであったことはつとに指摘されており（Crisol et Lhomeau 1977; 野中 一九九五）、ＵＭＰもまた「大統領多数派連合」という当初の名称通り、シラクを支持する下院多数派の形成を目的にしていた。UMPはやがてサルコジによって乗っ取られることになるが、彼の総裁任期（二〇〇四〜二〇〇七年）、そして大統領任期（二〇〇七〜二〇一二年）中も、唯一人のリーダーを支持する党という旧来の構造が維持され、党内派閥の制度化は行われなかった。

この点、社会党が党内に多元主義的な競争を制度化してきたこととは対照的である。社会党では党内のグループが党大会で「動議（motion）」と呼ばれる政策・方針を党員に提示し、党員による投票の結果、各グループに党機関のポストが比例代表制に基づき配分されるという仕方で、党内に複数のグループが存在することを公式に認めてきた。[14] UMPにおいて党員による動議に対する投票、したがって党内グループに関する投票が行われたのは、結成から一〇年が経ち、野党に転落した後のことである（Ⅳ）。

2　形式的な党内民主主義——党員によるリーダーの選出

UMPが党則に党内グループに関する規定を盛り込みながらも実施しなかったことからは、党内競争の拡大に対するリーダー層のためらいがみられる。このことは一般党員投票による党リーダーの選出過程にも見出すことができる。

RPR時代には党総裁の候補者は事前に一名に絞られていたが、[15] 二〇〇二年から複数の候補者のなかから一般党員が投票で選ぶ形となった（レイ・吉田 二〇一五：一三二）。もっとも、二〇〇二年の総裁選では、ジュペ元首相が有効投票の約八〇％、二〇〇四年にはサルコジが同じく約八五％を得て当選しており（Haegel 2007: 249-250）、事実上候補者は事前に一本化されているといってよい。非主流派の候補者にも意見表明の機会が与えられることになったが、総裁選を通じて党内競争が本格的に活性化されたというわけではない。ともあれ、形式上の競争と党員による投票を経ることで、党総裁の正統性が強化されることになった。また、サルコジ総裁時代の二〇〇六年一月には党則が改正され、UMPが支持する大統領選挙の候補者が党員の投票によって決められることになったが（レイ・吉田 二〇一五：一三六、Bréchon 2011: 68-69）、翌年一月の投票にはサルコジしか出馬していない。他方、地方組織については、党員による投票ではなく党中央によって県連の幹事（secrétaires départementaux）が選任されるという中央集権的・上意下達的な構造が維持された（Haegel 2014: 162）。このように、UMPにおいては党内民主主義の進展は限定的だった。

なお、サルコジ総裁が二〇〇七年に大統領になったことで、党総裁ポストは空席とされた[16]。党の行政府に対する自律性の弱さ、リーダーによってアドホックに変更されてしまう党規則の不安定性が指摘されている（Haegel 2014: 160-162）。サルコジ大統領期においても、UMPはリーダー＝大統領を支持する政党というドゴール派政党の古くからの特徴を維持していたといえよう。なお、二〇一二年の大統領選挙に際しては、UMP内での候補者選出投票は行われず、現職のサルコジが出馬した。

サルコジが自身の大統領任期中に党総裁を不在としたことには、自分に対抗しうるリーダーが党内に権力基盤を確立することを防ぐという狙いがあった（Bréchon 2011: 69）。二〇一二年春の大統領選挙でサルコジが敗北し、政界から一時引退すると、突如としてリーダーが不在となったUMPは混乱に陥った（Haegel 2014: 162-163; Thevenon et Jal 2014: 51-52）。同年一一月の総裁選では、サルコジ政権時代に首相を務めた穏健派のフィヨンと、党幹事長を務めていた右派のジャン＝フランソワ・コペ（Jean-François Copé）とに党員の票が真っ二つに分かれ、党選挙管理委員会は僅差によるコペの勝利としたが、双方が選挙不正を指摘する泥仕合となった。フィヨン派は下院に会派を形成して一時独立してしまう。最終的に、コペの勝利が確定するのだが、ＵＭＰが強力なリーダーありきで運営されてきた政党であること、同党にとって党内民主主義の制度化、党内競争の管理が未だ課題であることが明るみに出た（Haegel 2014）。

ここでの結論を述べると、ＵＭＰは様々な政党出身者を糾合し、下院に圧倒的な議席を確保して与党の座についたが、量的な拡大に比して、党内構造の質的な刷新に関しては変化は小さかった。メンバーの多様性は増したものの、リーダーを頂点とした集権的な構造がドゴール派政党から引き継がれたためである。リーダーがシラクからサルコジに交代した後も、こうした構造が維持された。

Ⅲ　ＵＭＰの社会政策・移民政策

では、保守合同以降の政府の政策にはどのような変化が生じたのであろうか。以下では、ＵＭＰ政権、とりわけ、過去との決別を強調したサルコジ政権（二〇〇七～二〇一二年）の社会保障政策・移民政策を検討していく。

1　ＵＭＰの社会保障政策

シラク大統領二期目の五年間（二〇〇二〜二〇〇七年）には、年金改革（二〇〇三年）と医療保険改革（二〇〇四年）が行われている。年金改革では、公務員が年金を満額受給するために必要な保険料拠出期間を三七・五年から四〇年へと引き上げることが決まった。一九九三年の改革で民間部門労働者に対して行われた制度変更が、公務員にも適用されることになった。医療保険改革では、患者自己負担の引き上げと社会保障目的所得税（ＣＳＧ：contribution sociale généralisée）の税率引き上げなどが決められている。

いずれの場合においても、保守合同以前のＲＰＲ―ＵＤＦ政権による社会保障改革に比べて顕著な変化が生じたというわけではない。一九八一年に誕生したミッテラン社会党政権が翌年以降緊縮政策に転じてからは、左右の大政党間には社会保障の財政再建と、そうしたなかでの低所得者対策（社会的排除対策）の重視といった大きな方向性が共有されてきた。(17) シラクＵＭＰ政権が公務員の年金改革や患者自己負担の引き上げに踏み込んだのは先行するジョスパン左翼政権とは異なる点だが、上記のような大きな方向性のなかでの若干の違いにとどまるともいえる。それでは、前任者（シラク）との差異化を意識しながら、過去との決別を訴えたサルコジ大統領のもとでの社会保障改革についてはどうであろうか。(18)

サルコジの二〇〇七年の大統領選挙の公約「一緒ならすべてが可能になる（Ensemble, tout devient possible）」では、減税と購買力の向上が強調されている。福祉に関しては、「もっと働いてもっと稼ごう（travailler plus pour gagner plus）」をスローガンとすることで、「働かざる者食うべからず」型の福祉依存批判を回避している。公的年金や医療保険に対する攻撃もみられない。社会保障に関して、有権者の不評を買うような公約は（公営企業の年金制度の給付削減を示唆していることを除いて）慎重に避けられている。

実際には、貧困対策に関しては強化が図られた。社会的排除対策においては、一九八八年に社会党政権が導入を決めた参入最低所得（ＲＭＩ：revenu minimum d'insertion）が積極的連帯所得（ＲＳＡ：revenu de solidarité active）に改革され、従来の最低所得保障のための手当に加えて、勤労所得が得られた場合にそれを補助する手当が導入された（二〇〇九年実施）。こうした改正により就労促進と貧困削減が期待された[19]。新自由主義的なイメージに反してサルコジは障害者手当や最低年金の増額も公約・実行している。社会保障給付の増額は、購買力の向上というサルコジの公約と合致しているのである。もっとも、社会的排除対策の重視、貧困対策の重視はサルコジ政権の専売特許ではなく、一九八〇年代以来、左右の政権交代を越えて追求されてきたものである。過去との決別というより、従来の社会政策からの延長線上にとらえるほうが適切であろう[20]。

また、年金・医療保険の抜本的民営化は行わなかった。二〇一〇年には、世界経済危機の影響から年金改革が前倒しで行われ、支給開始年齢の六〇歳から六二歳への引き上げ、保険料納付期間のさらなる延長（四一・五年）が決められた。医療保険に関しては、医薬品や入院費用に関する自己負担引き上げが行われた。年金・医療保険とも、既存制度を維持するための手直しが重ねられたというべきであろう。

それでは、サルコジ政権と過去の諸政権とを区別するものは何であろうか。サルコジ政権の特徴は、一九七〇～一九八〇年代の政権が社会保険料の引き上げを、一九九〇年代以降の政権が社会保障目的所得税の引き上げをたびたび行ってきたのに対して、増税と社会保障負担の引き上げを避けようとしたことである（尾玉 二〇一四）。サルコジは二〇〇七年の大統領選挙の公約のなかで、フランスの世界最高水準の税率が購買力を損なっているとして、残業代に対する税・社会保険料の免除を訴えていた。たとえば、シラク―ラファラン政権による二〇〇四年の医療保険改革のなかで財政上の影響が最も大きかったのは、社会保障目的所得税（CSG）の増税だったのだが（パリエ 二〇一〇：一一四―一一五）、サルコジ政権ではCSGや社会保険料の引き上げが避けられている。[21]

しかしながら、減税による経済活性化というサルコジの狙いとは裏腹に、欧州経済危機のなかでフランスの国家財政は悪化してしまった。社会保障負担の増加を避けようとするサルコジ政権下では、年金・医療保険の給付水準が漸減することになった。結局、サルコジ政権の社会保障改革には大規模な改善も縮小もなく、若干の給付改善（RSA・最低年金・障害者手当）と、漸進的な給付引き下げ（年金・医療保険改革）に終わった。

以上の議論をまとめると、シラクUMP政権の社会保障改革においては過去の保守政権との連続性が濃厚である。これに対して、社会保障負担引き上げの回避を重視するサルコジUMP政権の場合、社会保障制度の維持のために保険料率引き上げや増税を行ってきた過去の保守政権に比べ、新自由主義的な性格がより強く表れているといってよいだろう。これには集権的な性格の強いUMPにおいて、リーダーが交代したことが影響していると考えられる。また、サルコジが減税と就労時間の延長を訴えたのは、ジョスパン左翼政権（一九九七〜二〇〇二年）の目玉政策のひとつであった週三五時間労働制を批判し、経済政策の差異を強調したものであった[22]。「もっと働いてもっと稼ごう」と呼びかけることで、サルコジは福祉依存に対する批判を避けつつ、なおかつ左翼の政策を批判するという巧妙な手法をとっていた。

もっとも、サルコジ政権下の社会保障に関する個々の施策は先行する左右両政権の政策から大きく逸脱するものではなかった。そこで次に、左右の対決がより明瞭に表れてきた分野である移民政策を検討対象として、ＵＭＰの政策の特徴を他政党と比較していく。それによって、ＵＭＰがどのような支持基盤拡大戦略をとってきたのかも明らかになろう。

2　ＵＭＰの移民政策

一八世紀末の革命以来、フランスは政治難民や労働者などの外国人を積極的に受け入れてきた歴史を持っており、第二次世界大戦後にも労働力を確保する必要から南欧や北アフリカなどから多くの移民を受け入れてきた[23]。

ところが、一九七〇年代にはそうした移民受け入れ政策が停止し、移民はフランス社会に統合されていない、移民によって雇用や治安の問題が生じているといった、移民の存在を問題視する見方が広まっていく。一九八〇年代に国民戦線が台頭するうえでは、移民を失業や治安悪化と結びつける「移民問題」という定式化が成功したことが重要であった（畑山 二〇〇七）。国民戦線以外の主要政党のなかでは、社会党が移民に対して寛容な立場、ＲＰＲ・ＵＤＦが厳格な立場をとっていた[24]。社会党政権は移民流入を制限しようとする立場を保守政権と共有していたものの、すでに国内に存在する移民を社会政策の強化によってフランス社会に統合していくことや、非正規滞在者の正規化に対して積極的であった。他方、保守政治家たちは国民戦線に票を奪われないように、部分的に国民戦線と類似した主張を行うようになった。たとえば、シラクは一九八〇年代に外国人に対する家族手当の支給を制限しようとしたが、行政裁判所（コンセイユ・デタ）によって無効化されている（Sainsbury 2012: 185-186, 189）。ＵＭＰにおいて、そうした右傾化（droitisation）路線を推し進めたのがサルコジであった。[25]

二〇〇二年にＵＭＰ政権が誕生した際に、サルコジはラファラン内閣の内務大臣に任命された。内閣改造により二〇〇四年には経済・財務大臣となるが、二〇〇五年にドミニク・ドヴィルパン内閣が成立すると再び内務大臣に就いている。また、二〇〇四年一一月にサルコジはＵＭＰ総裁となり、二〇〇七年に大統領になるまで総裁ポストにとどまり続ける。サルコジは移民関連法制を通じて、永住条件の厳格化や移民・難民の社会保障受給権の制限に取り組んでいく。[26] まず、二〇〇三年一一月の移民法（サルコジ法）では永住の条件が引き上げられ、同年一二月の難民法改正では庇護申請者（asylum seeker）に対する最低所得保障給付の支給期間が制限された（Sainsbury 2012: 190）。[27] 二〇〇六年七月の移民法（サルコジ法Ⅱ）でも永住の条件が引き上げられ、また非正規滞在者は一〇年間フランスに居住した場合には正規化されるというルールが廃止された（Sainsbury 2012: 190-191; Menz 2009: 131）。

このように、サルコジはＵＭＰ政権の内務大臣として移民制限政策をとり、治安対策についても強硬姿勢をとるとともに（後述）、党総裁としてＵＭＰの右傾化を主導した。二〇〇七年の大統領選挙について、国民戦線支持層の取り込みに成功したことがサルコジの勝因のひとつとしてしばしば指摘されている（たとえば、レイ・吉田 二〇一五：一二九—一三〇）。大統領選挙キャンペーンでは、サルコジはナショナル・アイデンティティの危機を強調し、移民をナショナル・アイデンティティへの脅威とする国民戦線式の戦略を採用した（Carvalho et Geddes 2012: 283）。

大統領になってからも、サルコジは移民流入の制限、移民の社会権の制限を追求した。二〇〇七年一一月の移民法（オルトフ法）では、移民の家族呼び寄せに必要な所得条件が引き上げられ、家族にはフランス語と共和国の価値に関するテストが義務づけられた（Carvalho et Geddes 2012: 289）。また、国民戦線は移民への家族手当廃止を強く主張してきたが、サルコジはフランスに入国した子どものフランス社会への統合義務を果たさない親に関しては家族給付の支給を停止することを認めた（Sainsbury 2012: 191; Direction de l'information légale et administrative 2015）。同様に、ジャン＝マリ・ルペンは参入最低所得（ＲＭＩ）の外国人への支給停止を訴えていたが、サルコジ政権によってＲＭＩが積極的連帯所得（ＲＳＡ）に改革された際に、非ヨーロッパ圏の外国人についてはＲＳＡを受給するための就労期間要件が三年から五年に延長された（Sainsbury 2012: 191-192）。このほかにも、二〇一〇年にはロマの人々の追放、翌年にはチュニジア移民を拒否するためのイタリアとの国境閉鎖を行っている（Carvalho et Geddes 2012: 293-295）。

サルコジ政権に関する研究書のなかでは、内務大臣や大統領としてのサルコジの移民政策の特徴として二つの点が指摘されている（Carvalho et Geddes 2012）。第一に、国民戦線の主張を部分的に取り込んだことである。移民をナショナル・アイデンティティに対する脅威と位置づけ、移民のフランス社会への統合をより強く求めたこと、統合が果たされない場合には社会保障給付の停止を認めるとしたことなどに、国民戦線との類似性がみられる。ただし、国民戦線が雇用と社会保障におけるフランス人の優遇と、移民に対する家族手当や最低所得保障給付の廃止を主張してきたのに対して、ＵＭＰ政権の実際の社会政策は、移民が家族手当とＲＳＡを受給する際の条件の引き上げにとどまった（Sainsbury 2012）。国連難民条約のような国際法や域内の人の移動の自由を求めるＥＵのルールがある以上、外国人（とりわけ合法的滞在者）の社会権を大幅に制限するのは法律上困難なのである。

第二に、全体として移民制限を志向しつつも、高学歴・高スキルの移民は受け入れようとする選別主義的移民政策を打ち出したことである。二〇〇五年にサルコジは「耐え忍ぶ移民（immigration subie）」から「選びとる移民（immigration choisie）」への政策転換を主張しており、二〇〇八年には出身地域による割当（quota）制検討のために委員会（Commission sur le cadre constitutionnel de la nouvelle politique d'immigration）を設置している。ただし、同委員会からは割当制は不可能との答申を得ており、結局はサルコジ大統領時代にも家族呼び寄せを中心とした移民流入が続いた。したがって、国民戦線が求めていたようには移民流入の停止・外国人のフランス社会からの追放は実現していないということになる。

以上のように、サルコジによってＵＭＰの移民政策は右傾化を強め、二〇〇七年の大統領選挙では、そうした右傾化戦略が奏功したとみられている。二度続けて大統領選挙・下院選挙で勝利を収めたことで、ＵＭＰの右翼における支配は確立されたかにみえた。しかし、右傾化戦略には中道派の離反というリスクもともなっていた。さらに、国民戦線の主張するような厳しい移民政策を現実には実施できなかったことで、極右支持層からも見放されるリスクがあった（Carvalho et Geddes 2012: 297）。二〇一二年の大統領選挙の敗北後には、右傾化路線の是非が問われることになる。次に、UMPの支持基盤拡大戦略と支持層の推移を検討する。

Ⅳ　UMPの支持基盤拡大戦略――右傾化路線の限界

一九七〇年代以降、RPRとUDFからなる保守陣営は欧州統合の賛否をめぐる対立、リーダー間のライバル関係などに悩まされていたが、UMPの結成と下院選挙での圧勝により、シラク大統領をリーダーとする中道から右翼までの広い支持基盤に支えられる一大保守勢力が誕生することになった。(28) 保守陣営にとっては起死回生の瞬間であったが、課題がなかったわけではない。

すでに述べたように、保守陣営にとって、国民戦線の伸長への対応が一九八〇年代以来の課題となっていた。二〇〇二年の大統領選挙では、ルペンが決戦投票に進出するまでにいたった。UMPにとっても、国民戦線対策は課題として残った。また、UMPは二〇〇二年の大統領選挙・下院選挙こそ制したものの、続く二〇〇四年の地域圏議会選挙・県議会選挙（三月）と欧州議会選挙（六月）では、左翼に敗北し続けた。その後、七月には、パリ市の架空雇用問題で有罪判決を受けていたジュペが党総裁を辞任する（Bréchon 2011: 70）。一一月に新総裁に選出されたサルコジは大統領選出馬を念頭に、新規党員の獲得と、国民戦線支持層の票を奪い取ることを目指していく。以下では、サルコジによる新規党員獲得の狙いと手法をみていく。

1 サルコジ総裁による新規党員獲得

フランスの政党の歴史的な特徴のひとつとして大衆的な基盤の弱さ、党員数の少なさが挙げられる（モリス 一九九八：一〇九―一一〇）。ドゴール派政党においては、一九六〇年代後半にドゴールからジョルジュ・ポンピドゥーへとリーダーが代わって以降、党員の獲得と党組織の整備が進められてきた（野中 一九九五、レイ・吉田 二〇一五）。UMP結成後も新規党員の獲得が進められ、サルコジ総裁時代に党員数は過去最大に達した。サルコジが新規党員の獲得に熱心だったのは、大統領選出馬に向けて、自分を支持する党員を増やし、党の「脱シラク化」[29]を進めることで、下から党を掌握するためであった（Petitfils 2007）。二〇〇六年一月には、サルコジは党則を改正し、UMPが支持する大統領選挙の候補者を党員の投票によって決めるという手続きを導入した[30]。また、新規党員は様々な党の機関において優遇されることになった（Bréchon 2011: 69）。サルコジは党総裁という立場を存分に利用し、新規党員の増加を通じて自身の大統領選挙出馬を確実化しようとしていたのである。

新規党員獲得のためには民間企業の経営手法が利用された（Petitfils 2007）。地方組織ごとに目標数が設定され、達成状況のランキングが党の雑誌に掲載された。また、成績上位の地方組織には報酬が与えられ、目標を達成できなかった地方組織の幹部には中央の機関で叱責が与えられた。サルコスパム（Sarkospam）ともいわれるEメール・キャンペーンも盛んに行われた。

UMPの党員数はサルコジが総裁に選ばれた二〇〇四年一一月の党大会時には約一三万三〇〇〇人だったのに対して、彼が九八％の得票率で大統領選候補者に選ばれた二〇〇七年一月には約三三万九〇〇〇人へと大幅に増加した（Bréchon 2011: 69）。サルコジ総裁時代の世論調査によると、大半の新規入党者が「サルコジのパーソナリティや発言」を入党の理由として挙げ、大統領候補者としてサルコジに投票すると答えていた（Petitfils 2007: 59; レイ・吉田 二〇一五：一三六）。(31) こうしてサルコジは新規党員の増加による党の掌握と大統領選挙出馬を実現するにいたった。次に、彼の選挙戦略とＵＭＰメンバーの動向・有権者の動向を検討する。

2　サルコジの選挙戦略

二〇〇七年の大統領選挙では、サルコジは四月二二日の第一回投票から首位となり、五月六日の決選投票では社会党のセゴレーヌ・ロワイヤルを降し当選を決めた。第一回投票のルペンの得票率は前回二〇〇二年の一七％から一〇・四％へと大幅に低下し、第四位に沈んだ（Becker 2015: 248, 260）。二〇〇二年大統領選の第一回投票でルペンに投票した有権者の概ね二人に一人が今回は第一回投票からサルコジに投票したという（Haegel 2014: 154）。これはサルコジの右傾化戦略の成功ととらえられている。サルコジは内務大臣時代から発言や政策を通じて治安対策強硬派(32)・移民制限派としてのイメージ作りに努めており、大統領選挙キャンペーンにおいても治安やナショナル・アイデンティティを争点化した。同年六月の下院選挙においてもＵＭＰが勝利し、過半数を制した。

しかし、政権発足後一年も経たぬ二〇〇八年三月の市長村議会・県議会選挙でＵＭＰは早速左翼に敗北してしまう。翌二〇〇九年六月の欧州議会選挙では首位となったものの、二〇一〇年三月の地域圏議会選挙、二〇一一年三月の県議会選挙、同年九月の上院選挙と左翼に敗れ続けた。二〇一二年春の大統領選挙では、サルコジは再選を目指して出馬したが、四月二二日の第一回投票から社会党のフランソワ・オランドに敗れ二位となり、五月六日の決選投票でも五一・六％対四八・四％で敗北してしまった（Becker 2015: 272-273）。[33]

二〇一二年のサルコジの大統領選挙キャンペーンは、穏健派路線と右翼路線とのあいだで揺れていた（Thevenon et Jal 2014: 51; Haegel 2014: 164）。ジャン＝マリ・ルペンの娘であり国民戦線の新党首となったマリーヌ・ルペンは第一回投票で一七・九％の有効投票を獲得したが、これは国民戦線にとって過去最高の成績だった。前回大統領選のサルコジ支持票の一三％が第一回投票でマリーヌ・ルペンに流れたという（Haegel 2014: 154）。第二回投票に向けての選挙キャンペーンは右傾化したが（Thevenon et Jal 2014: 51）、サルコジの勝利にはつながらなかった。

二〇一二年の大統領選挙以前から、UMP内部では右傾化を進めるサルコジやその他の政治家と、そうした動きを批判する政治家とが意見を対立させていた。[34]二〇一〇年三月の地域圏議会選挙敗北後、UMP内の右派政治家たちが人民右翼（Droite populaire）なるグループを結成し、七月一四日の革命記念日に憲章を発表して愛国主義と経済的自由主義を訴えた。議会内での活動などから、メンバーが移民の社会権の制限、死刑復活、同性愛者の権利制限、国旗の尊重、宗教的冒涜行為への罰則などを志向していることが読み取れるという。他方、サルコジの右傾化路線を批判する動きもあった。同月三〇日に、サルコジがグルノーブルで行った演説のなかで、移民と治安問題を結びつけ、警察官などの生命に危害を加えた外国出身者のフランス国籍を剥奪するなどと表明すると、左翼のみならずドヴィルパンやラファランといったUMPの首相経験者らもサルコジを激しく批判した。[35]結局、この提案は放棄されることになる。また、サルコジが大統領就任後すぐに新設した省庁である移民・統合・ナショナル・アイデンティティ・共同発展省は不人気で、二〇一〇年一一月に廃止となった（Carvalho et Geddes 2012: 284-287）。

右傾化の代償は中道派の離反として表れた。二〇一一年の五月には急進党（Parti radical）がＵＭＰを離脱してしまう。二〇一二年春の大統領選挙でサルコジが敗退した後、急進党・新中道（Nouveau centre）などの三〇名程度の中道派の下院議員たちは独立した政党を形成することを望み、一〇月二一日に民主主義者・独立派連合（ＵＤＩ：Union des démocrates et indépendants）が政党として正式に発足する（ただし、ＵＭＰとは協力関係にあった）（Thevenon et Jal 2014: 74）。中道から右翼までの幅広い政治家をメンバーとする保守のヘゲモニー政党として出発したはずのＵＭＰは、右傾化によって中道派のメンバーの離反に直面してしまった。

二〇一二年の大統領選に敗北し、サルコジが一時引退した後には、右傾化路線の是非と国民戦線対策がＵＭＰ内の主たる議論の対象になった（Haegel 2014: 163-166; Thevenon et Jal 2014: 51-52）。選挙キャンペーン中にサルコジのスポークスパーソンを務めていたナタリー・コシウスコ＝モリゼ（Nathalie Koscíusko-Morizet）や、サルコジ政権の首相を務め続けたフィヨンのような穏健派は右傾化路線を批判した。他方、二〇一二年一一月に初めて行われたＵＭＰ内での動議に対する党員投票では、右傾化路線を支持するギヨーム・ペルティエ（Guillaume Peltier）とジョフロワ・ディディエ（Geoffroy Didier）をリーダーとする、強力な右翼（Droite forte）が得票トップに立った。どちらも一九七〇年代生まれの若手のサルコジ派であり、ペルティエはＵＭＰ参加以前、国民戦線で活動していた経歴の持ち主である。また、同年の世論調査では、地方レベルでの国民戦線との協力を容認するＵＭＰ支持者が五二％へと増加しており（Haegel 2014: 165）、ＵＭＰ支持層の右傾化が確認される。大接戦だったとはいえ、新総裁の座に着いたのは穏健派のフィヨンではなく右派のコペであり（Ⅱ）、サルコジ引退後のＵＭＰでは右傾化路線が継続されようとしていた。

3　サルコジ復帰と共和派（Les Républicains）への改称

ところが、その後ＵＭＰは大きな変化を遂げることになる。二〇一四年六月に汚職事件によってコペが総裁を辞任した後、一一月二九日の総裁選によって総裁復帰を果たしたサルコジは右傾化戦略を放棄したのである。翌二〇一五年三月の県議会選挙では、サルコジは中道派と連携する一方、社会党とも国民戦線とも協力しない「ni-ni」戦術をとった（上原 二〇一六：二六―二七）。小選挙区二回投票制の選挙制度のもと、第二回投票ではＵＭＰが得票率を伸ばし、三分の二の県議会で議長ポスト（県議会議員が選出）を確保する圧勝となった。

さらに、五月には党名が共和派へと改称され、党則も改正された。新たな党名からは、共和制の支持者を結集し、反共和主義者（国民戦線）[36]と決別する意志を読み取ることができる。また、党内派閥を動議への投票によって認める仕組みは廃止され、復帰したサルコジが再び党を大統領選挙のための選挙マシーンにしようとしているとも報道された（*20 minutes* 2015/4/14）。

同年一二月の地域圏議会選挙[37]の第一回投票（六日）では、国民戦線が得票率トップに立ったが、第二回投票（一三日）では、社会党を中心とする左翼連合が共和派を中心とする右翼連合の支持にまわり、コルシカ島を除く本土一二地域圏のうち、七つを右翼連合、五つを左翼連合が制する結果となった（毎日新聞二〇一五年一二月七日、一四日）。

勢いに乗るサルコジと共和派だが、二〇一七年の大統領選挙に向けた態勢は盤石ではなかった。共和派では、二〇一七年の大統領選挙候補者を二〇一六年一一月にオープン・プライマリ（党員以外も参加できる予備選挙）によって選ぶことになっていたが、各種世論調査ではサルコジは独走することはできず、ジュペ元首相の優位が予想された。サルコジが党総裁に復帰した総裁選でも、得票率は予想以上に苦戦し（約六五％）、二位のブルーノ・ルメール（Bruno le Maire）が三〇％弱の票を得ていた（日本経済新聞二〇一四年一一月三〇日）。大統領選の選挙資金などに関する様々な疑惑もかけられ、引退前に比べサルコジの党内支配は確固たるものではなくなっていた。

また、政党間の競争に目を向けると、二〇一四年以降の各種選挙の得票は社会党・共和派・国民戦線の三党が相争う状況となっていた[38]。二〇一五年の県議会選挙（三月）、地域圏議会選挙（一二月）では二回投票制のルールに助けられ、共和派が第一党となったが、二〇一四年五月の欧州議会選挙（比例代表制）では、国民戦線に得票・議席数第一位の座を奪われている（Becker 2015: 276）。経済・雇用問題の原因を欧州統合に求め、社会政策による国民の保護を主張する国民戦線（畑山 二〇〇七、渡邊 二〇一五）に対して、共和派・社会党には欧州統合推進派の立場から解決策を示していくことが求められていた。ところが、二〇一七年の大統領選挙・総選挙を制したのはこの三者のいずれでもなかった。

V 二〇一七年大統領選挙・総選挙

二〇一六年一一月二〇日に行われた右翼・中道の予備選挙の第一回投票は、一位フィヨン、二位ジュペ、三位サルコジという結果となり、二七日の決選投票ではフィヨンがジュペの倍近い票を得て圧勝した（二〇一六年右翼・中道予備選挙ホームページ）。翌年春の大統領選挙はルペンとフィヨンの決選となることが予想された。ところが、二〇一七年に入ると、一月にフィヨンの妻に関して議員スタッフとしての架空雇用疑惑が報道され、世論調査でのフィヨンの支持率は低下してしまう。司法による捜査が始まり、共和派内でもフィヨン支持を覆そうとする動きが生じた。

一方、社会党では、オランド政権による緊縮政策や雇用・労働に関する規制緩和が深刻な内部対立を生み出していた（上原 二〇一六：三〇）。二〇一七年一月二二日・二九日に実施された社会党の候補者を決めるための予備選挙（こちらも社会党員でなくとも参加可能なオープン・プライマリ）では、オランド政権に反旗を翻したブノワ・アモン（Benoît Hamon）が、直前まで首相を務めていたマニュエル・ヴァルスを破る事態となった（二〇一七年社会党予備選挙ホームページ）。左翼支持層のオランド政権に対する不満の強さが露わになったが、世論調査ではアモンが大統領選の決選投票まで進出する見通しは乏しかった。

左右の大政党の候補者への支持が低迷するなかで、二〇一七年に支持を伸ばしたのが、右でも左でもなく「前進」と主張して独自の活動を行っていたマクロンだった。もともと社会党系の財務官僚だったマクロンはヴァルス内閣（二〇一四〜二〇一六年）においては経済・産業・デジタル大臣を務め、政権の規制緩和路線を推進する立場にあったが、二〇一六年には前進（en marche!）を創設し、大臣の職を辞していた。マクロンと前進はフランスの刷新、進歩主義・反保守主義を掲げ、欧州統合推進・グローバル化推進の立場をとった。

二〇一七年四月二三日の大統領選挙第一回投票では、マクロンが有効投票の二四％を獲得して首位に立ち、マリーヌ・ルペンが二一・三％を得てこれに次いだ（内務省ホームページ「二〇一七年大統領選挙の結果」）。保守陣営の候補者としての地位を維持したフィヨンは、公務員削減、社会保障費抑制、労働時間の規制緩和、移民流入に関する規制強化、治安対策の強化、EU改革などを訴えたが、支持を回復することができず、得票二〇％で三位に終わった。新自由主義と移民流入・治安問題への強い姿勢の組み合わせは従来の右翼政権と連続的であり新鮮味に乏しく、さらにスキャンダルによるイメージ悪化が痛手となった。また、社会党のアモンは得票六・四％と惨敗している。決選投票は既成の左右両翼を批判する候補者同士の対決となった。五月七日の第二回投票では、マクロンが有効投票の六六・一％、ルペンが三三・九％を得る結果となった。敗れたとはいえ、マリーヌ・ルペンは一〇六〇万票という国民戦線の候補者として過去最多の得票を記録した（マクロンの得票は二〇七〇万票）。

その後、六月に行われた下院選挙では、マクロンの共和国前進が五七七議席中三〇八議席を得て過半数を制した（内務省ホームページ「二〇一七年国民議会選挙の結果」）。新政権は四二議席を獲得した中道派の民主運動（Mouvement démocrate）との連立政権となった。二〇〇七年に民主運動を結成したフランソワ・バイルー（François Bayrou）は元UDFの中道派の政治家であり、UMPへの合流を拒否して独立した中道派勢力の維持を追求してきた。民主運動は下院での勢力の維持に苦労していたが、ここにきて息を吹き返した。その他、社会党は獲得議席三〇と一九七一年のミッテラン第一書記就任以来最低の結果となり、国民戦線は八議席とはいえ過去最多の議席を得た。

二〇一二年の大統領選挙敗北後、地方選挙では勝利を重ねてきたＵＭＰ／共和派だったが、政権復帰にはいたらなかった。共和派は下院第二党の地位を維持したが、前回二〇一二年の獲得議席一九四から一一二議席へと後退した。共和派内では、マクロン政権への協力の是非をめぐって対立が生じ、また、首相に任命されたエドゥアール・フィリップ（Édouard Philippe）をはじめとして、新政権から複数の人材を引き抜かれている。六月の総選挙以降、共和派はサルコジ政権時代に下院議長を務めていたベルナール・アコイエ（Bernard Accoyer）幹事長のもとで党の再建を目指している。(39)

おわりに――保守合同以降の課題

多党制の政党システムのなかで、中道から右翼の政治勢力を結集する政党として二〇〇二年に誕生したのがＵＭＰであった。従来、第五共和制では、大統領選挙をめぐって右翼の政党間（および政党内）に激しい対立があったが、ＵＭＰに中道から右翼の大半の政治家が結集したことでＵＭＰのリーダーこそが保守の大統領候補者となった。二〇〇二年、二〇〇七年の大統領選挙・下院選挙においてＵＭＰは左翼・極右に対する勝利を収め、一〇年にわたり政権を支配することができた。

しかしながら、UMPにはいくつかの課題が残されていた。第一に、ドゴール派RPRは非ドゴール派の中道から右翼の政治家を吸収することで党勢を拡大することに成功したが、党内構造の改革はあまり進まなかった。UMP結成時に規定された党員による動議の投票が実施されたのは二〇一二年になってからのことで、しかも共和派への改組の際に廃止されてしまった。RPR以来のリーダー中心の集権的な構造が維持され、党内での政策論争を経て党のプログラムを決定していく仕組みが制度化されなかった。党内の意見の多様性は総裁（あるいは大統領）を中心とした党執行部への権力集中によって覆い隠されている。また、シラク大統領時代に導入された党総裁・大統領選挙候補者を一般党員の投票で選ぶ仕組みは、UMP政権期間を通じて、事実上事前に一本化された候補者の権威を強化する信任投票にとどまった。

第二に、政策の刷新にも限界がみられた。UMP政権の社会政策には過去の政権からの連続性が強くみられ、移民政策における変化はレトリカルな側面が強かった。移民の権利制限は国際法上容易に進められるものではなく、サルコジの狙いに反して家族呼び寄せによる外国人の流入は続いた。

第三に、これと関連してUMPは支持基盤の拡大にも必ずしも成功できなかった。サルコジは自分を支持する新規党員を増やすことで大統領選出馬を勝ち取り、右傾化戦略によって支持を集めて二〇〇七年には大統領に当選することができたが、政権期間を通じて一方では中道派の離反を招き、他方では極右支持層も満足させることができず、国民戦線を周縁化することができなかった（レイ・吉田二〇一五：一二九―一三二）。二〇一二年の大統領選では、マリーヌ・ルペンは父を上回る票を獲得し、二〇一四年の欧州議会選挙では第一党となるなど、サルコジ政権の終わりから、国民戦線はますます勢いを増した。

政界復帰後のサルコジは共和派を自称し、中道派との連携を強めることで国民戦線との差異化を図った。しかしながら、国民戦線が合法化・体制内化を強めるなかで、有権者が同党に投票するうえでのハードルは徐々に低下してきている。社会党・共和派・国民戦線の三党を中心とした政党システムのなかで、共和派にとっては合従連衡のゲームを超えて、新規の政策を打ち出していく必要があった。とりわけ、グローバル化・欧州統合を否定して、自国民の保護を訴える国民戦線に対して、統合推進派の政党として、いかにして多文化共生の実現や雇用・貧困問題の解決のための政策を練り上げ、支持を獲得していくのかが課題であった。

ドゴールが率いていた頃のドゴール派は経済計画や社会保障の整備に前向きであり、右翼・保守に分類されるとはいえ、左翼エリート層の一部や労働者層からも支持を得ていた。その後、シラクをリーダーとするＲＰＲ時代（一九七六～二〇〇二年）には、民営化・規制緩和や欧州統合推進へと舵を切り、かつてのゴーリスムの理念から離脱していった（Safran 2009: 91-92, 96, 101）。二〇〇二年のＵＭＰ結成によって非ドゴール派の政治家を受け入れたことで、ゴーリスムからの離脱がより一層進んだが、新自由主義と親ＥＵという基本的立場は継続されたとみてよかろう。サルコジはここに右傾化の要素を強く付け加えたわけだが、その限界がみえた二〇一二年以降はＵＭＰにとって新たなアイデンティティの確立が課題となった。二〇一五年の共和派への改称はそうした再出発の契機となるかもしれなかった。

しかしながら、二〇一七年の大統領選挙におけるフィヨンの公約は歳出削減と移民・治安に関する規制強化というRPR以来のドゴール派右翼の基本路線にとどまった。スキャンダルによる支持低下もあって、フィヨンの決選投票進出はかなわなかった。一方、フランス政治の左右二極化構造を否定するマクロンとマリーヌ・ルペンの第一回投票での得票率が合わせて四五％にものぼったことは重要である。他の反既成政党候補の獲得票を含めれば、この数字はさらに大きくなる。新参の左右どちらでもないと称する勢力が突如政権を獲得し、中央政界の風景は激変した。しかし、総選挙の投票率は第一回投票四八・七％、第二回投票四二・六％という第五共和制史上最低水準にとどまり、左右二極化構造を否定した新政権は国民の強固な支持に支えられているとは言い難い。フランス政治のゆくえを見通すのは容易ではなくなっている。二一世紀に入り、右翼のUMPと左翼の社会党が他を圧する二大政党となり、両者が国民戦線を封じ込めることで、左右二極化体制は完成したかにみえた。しかしながら、左右の二大政党が交代しながら政権を担当していくというシナリオは中断を余儀なくされた。既成政党に対する逆風が吹き荒れるなか、共和派は自己刷新を実現し、新たなアイデンティティを確立することができるのか否かが問われている。

《注　釈》

（1）フランスの右翼の歴史に関する代表的研究として、Rémond (1982) がある。

（2）また、右翼に分類される政党が右翼を自認するとも限らない。たとえば、一九四七年に創設されたドゴール派政党は右翼に分類されるが、ドゴールは自身の政治運動を左右どちらにも限定されないフランス国民全体の運動ととらえており、フランス人民連合（RPF：Rassemblement du peuple français）と称していた（モリス 一九九八：一一〇―一一一、川嶋 二〇一四：一三八）。その後も、ドゴール派政党の名称では、「党」という言葉が避けられている。なお、王党派や極右ファシストの歴史から、右翼は左翼に比べて政治的正統性が低く、ジスカール＝デスタンが一九六二年に独立共和派を創設したのも、旧来の右翼政党からの離脱を図る必要性からのことだった（Safran 2009: 95）。

（3）日本語メディアでは、共和党と訳されるが、「党」という言葉は用いられておらず、「共和派」や「共和主義者」と訳すほうが適切である。本文で触れたかつての共和党と区別するためにも、本章では共和派と訳す。

（4）政教分離の原則を持ち出すことで反イスラム主義を正当化しようとしている。こうした国民戦線の主張を、見せかけの共和主義（「世俗性の偽装」）として批判的に検討した論文として、長部（二〇一五）参照。一方、一九九七年に首相になった社会党のリオネル・ジョスパンは、「外国人嫌いと人種差別ほどフランスにふさわしくないものはない」と述べていた（Hollifield 2000: 129）。

（5）当初、大統領多数派連合（ＵＭＰ：Union pour la majorité présidentielle）と称したが、同年中に国民運動連合（ＵＭＰ：Union pour un mouvement populaire）に改称。

（6）上院議員は地方議員を中心とした間接選挙によって選ばれる。なお、憲法上、下院の上院に対する優位が規定されている。

（7）二〇世紀前半の主要政党だった急進党は第五共和制以降、左右に分裂し、二極化構造のなかに組み込まれ衰退していった。

（8）様々な政治勢力を左翼・右翼の二極に整理する場合、中道派は右翼の一部として位置づけられてきた（レイ・吉田二〇一五：一三九注一）。実際、第五共和制において政治勢力の左右二極化が進むなかで、中道派は多くの場合、右翼連立政権に参加してきた。ただし、二〇一七年には、こうした状況が劇的に変化することになる。

（9）大統領任期が七年、下院議員の任期が五年という状況下で、大統領の任期中に下院の多数派が交代することで発生した。二〇〇〇年の憲法改正によって大統領任期が五年に短縮されて以降、保革共存政権は誕生していない。

（10）小選挙区・単記二回投票制。第一回投票で有効投票の過半数かつ登録有権者の四分の一以上の票を得た候補者がいない場合、登録有権者の一二・五％以上の票を得た候補者によって第二回投票が争われる。

（11）正確には、ラファランは一九九八年にＵＤＦから分離した新自由主義系政党である自由民主（ＤＬ）に参加していた。

（12）また、ＲＰＲ出身者に限ってもシラク派の政治家ばかりではなく、たとえばサルコジが内務大臣に任命されている。Ⅳで述べるように、サルコジは新規党員の獲得を通じてＵＭＰの「脱シラク化」を図っていく。

（13）したがって、党が上記の三極に沿って明確に三つの組織に分離したわけでもなく、多数のグループが存在していた（Haegel 2007）。

（14）ただし、リーダーシップが欠落しないように、最大派閥のリーダー＝第一書記の権限強化も図られていた。一九七〇～一九八〇年代の社会党（およびＲＰＲ）の党内構造を整理した研究として、野中（一九九五）参照。

（15）例外は、シラク大統領が支援したジャン＝ポール・ドルヴォワ（Jean-Paul Delevoye）がミシェル・アリヨ＝マリ（Michèle Alliot-Marie）に敗れた一九九九年冬の総裁選である（Haegel 2007: 248-249; Bréchon 2011: 59）。

（16）幹事長と二名の幹事長補佐による集団指導体制となった。これらの役職は党員の投票ではなく党中央の機関によって選ばれるが、実質的にはサルコジ大統領によって決められていたとされる（Haegel 2014: 161-162）。

（17）フランスにおける福祉国家をめぐる左右のコンセンサスについては、Palier (2005); Guillaume (2002) 参照。

（18）以下、尾玉（二〇一四）をもとにしている。同稿でも参照した仏語文献として、Hassenteufel (2012); Cahuc et Zylberberg (2010) をみよ。

（19）ただし、経済危機の影響もあって受給者の就労促進効果は限定されたようだ（Hassenteufel 2012: 354-355）。

（20）政権を越えた社会政策の連続性を説明する要因のひとつとして、政策案を作成するスタッフ（高級官僚）の連続性が挙げられる（Hassenteufel 2012; 尾玉 二〇一三）。

（21）ただし、積極的連帯所得（ＲＳＡ）の財源を賄うために資産所得に対する増税が行われた。

（22）三五時間労働制に対しては、ワークシェアリングによる雇用創出効果の曖昧さや、残業代の減少、適用外とされた管理職層にかえって仕事が集中したことなどの問題点が指摘されている（中山 二〇〇二など）。右翼陣営はこの政策を導入時以来批判してきた。

（23）フランスの移民政策の年代記として、Direction de l'information légale et administrative（2015）参照。

（24）社会党も治安問題の争点化に直面して、弱腰・甘やかしとの批判を避けるために対策を打ち出す必要に迫られたし、RPRやUDFのなかには国民戦線に近い立場の政治家もいれば、より穏健な立場に立つ政治家もいる。

(25) サルコジは二〇〇六年の著書『証言（Témoignage）』のなかで、「私はフランスの右翼の自信を取り戻すために全力を挙げてきた（**Je me suis beaucoup mobilisé pour décomplexer la droite française**）」と語っている（Sarkozy [2006] 2008: 16）。

(26) フランスにおける移民・難民の社会権の推移およびこの点に関する主要政党の立場については、Sainsbury (2012) 参照。

(27) 合法的にフランスに居住する外国人にはフランス人とほぼ同様の社会権が保障されるが、難民認定申請中の庇護申請者や非正規滞在者はその限りではない。

(28) UMPでは、党の方針としては欧州統合が支持されており、Ⅱで検討したように党内派閥が制度化されなかったため、主権主義・反EUの勢力の影響力は制限された。主権主義者のうち、ニコラ・デュポン＝エニャン（Nicolas Dupont-Aignan）は二〇〇二年・二〇〇四年の総裁選でそれぞれ約一五％・九％の票を得ているが（Haegel 2007: 249-250）、二〇〇七年の大統領選挙を前にUMPを離れて、立ち上がれ共和国（Debout la République）の党首となった。

(29) 一九九五年の大統領選挙にRPRからシラクとエドゥアール・バラデュールの二人が出馬する状況になった際、サルコジはバラデュール支持にまわり、シラクの後継者となる見通しを失ってしまっていた（Bréchon 2011: 68 note 60; 国末 二〇〇九：一五五―一六〇）。

(30) シラクとの妥協のため、党の「公認（investiture）」ではなく「支持（soutien）」という表現に落ち着いた（Bréchon 2011: 68）。

(31) 若年層と党活動未経験者が増加したことで、党員の若返りが生じたという（レイ・吉田 二〇一五：一三二）。

(32) 二〇〇五年秋の郊外における暴動に対してとった強硬姿勢は大きく報道され、サルコジの支持率は急上昇した（Bréchon 2011: 70）。

(33) 上位三名の有効投票得票率は、オランド二八・六％、サルコジ二七・二％、マリーヌ・ルペン一七・九％だった（Becker 2015: 272）。

(34) 以下、Haegel (2014: 163-164) による。
(35) 同右。Carvalho et Geddes (2012: 290-291) もみよ。
(36) ただし、国民戦線では、マリーヌ・ルペン新党首（二〇一一年〜）のもとで前党首の人種差別主義と手を切るなどして「脱悪魔化（dédiabolisation）」が進められており、共和制内部に位置づけられる政党への変身が図られている。長部（二〇一五）、渡邊（二〇一五）参照。
(37) 比例代表制。第一回投票でいずれの政党も過半数の票を得られなかった場合、得票率一〇％以上の党によって第二回投票が争われる。
(38) 一九七〇年代後半の二極四党体制は共産党の衰退と二〇〇二年の保守合同により社会党とＵＭＰの二極を中心とした多党制に変容し、二〇一四年以降は国民戦線を含めた「三党政治」になったともいわれた（上原 二〇一六）。なお、オランド大統領への支持率は政権発足後急速に低下し、二〇一四年一一月には第五共和制史上最低の一二％を記録している（Becker 2015: 275）。社会党は二〇一四年三月の市町村議会選挙から二〇一五年一二月の地域圏議会選挙までの各種選挙で五連敗を喫した。
(39) 二〇一七年九月二四日に行われた上院選挙では、共和派が勝利を収め第一党の座を維持した一方、共和国前進は議席を減らし小勢力にとどまった。上院選は地方議員と国会議員による間接選挙であり、地方議会での勢力の大小が結果に反映される。

《参考文献》

上原良子（二〇一六）「二〇一五年フランス県議会選挙とフランス社会党」日仏政治研究一〇号、一二三〜三七頁．

宇野重規（二〇一六）『保守主義とは何か』中央公論新社．

大山礼子（二〇一三）『フランスの政治制度〔改訂版〕』東信堂．

奥島孝康・中村紘一編（一九九三）『フランスの政治』早稲田大学出版部．

長部重康（二〇一五）「ブルー・マリーヌの勝利」日仏政治研究九号、一〜二〇頁．

尾玉剛士（二〇一三）「フランスにおける厚生官僚の人事と政策形成における自律性」日仏政治研究七号、五三〜六五頁．

――――（二〇一四）「サルコジ政権の社会政策」レゾナンス八号、八二～八三頁.
川嶋周一（二〇一四）「フランス」網谷龍介・伊藤武・成廣孝編『ヨーロッパのデモクラシー〔改訂第二版〕』ナカニシヤ出版、一二一～一七〇頁.
国末憲人（二〇〇九）『サルコジ：マーケティングで政治を変えた大統領』新潮社.
シャルロ、ジャン（一九七六）『保守支配の構造』（野地孝一訳）みすず書房.
中山洋平（一九九九）「フランス」小川有美編『ＥＵ諸国』自由国民社、二一九～二八〇頁.
――――（二〇〇二）「二〇〇二年フランス大統領選挙・下院総選挙」生活経済政策六八号、一四～二〇頁.
野中尚人（一九九五）『自民党政権下の政治エリート』東京大学出版会.
畑山敏夫（二〇〇七）『現代フランスの新しい右翼』法律文化社.
パリエ、ブルーノ（二〇一〇）『医療制度改革』（林昌宏訳）白水社.
宮島　喬編（二〇〇九）『移民の社会的統合と排除』東京大学出版会.
モリス、ピーター（一九九八）『現代のフランス政治』（土倉莞爾・増島建・今林直樹訳）晃洋書房.
レイ、アンリ・吉田徹（二〇一五）「フランス二大政党の大統領制化」吉田徹編『野党とは何か』ミネルヴァ書房、一〇九～一四一頁.
渡辺和行（二〇一三）『ド・ゴール：偉大さへの意志』山川出版社.
渡邊啓貴（二〇一五）「『脱悪魔化』した仏極右『国民戦線』の台頭とジレンマ」Foresight（二〇一五年四月六日）<http://www.fsight.jp/34072>（二〇一七年一一月六日最終アクセス）.
日本経済新聞「サルコジ氏が党首に復帰　仏保守系野党ＵＭＰ」（二〇一四年一一月三〇日）<http://www.nikkei.com/article/DGXLASGM30H1Q_Q4A131C1FF8000/>（二〇一七年一一月六日最終アクセス）.
毎日新聞「〈仏州議会選〉極右政党が大躍進　テロ不安影響」（二〇一五年一二月七日）<http://mainichi.jp/articles/20151207/k00/00e/030/151000c>（二〇一七年一一月六日最終アクセス）.
――――「〈仏州議会選〉極右、第一党逃す　与党の戦略奏功」（二〇一五年一二月一四日）<http://mainichi.jp/articles/20151215/k00/00m/030/089000c>（二〇一七年一一月六日最終アクセス）.

Becker, Jean-Jacques. 2015. *Histoire politique de la France depuis 1945* [11e éd.]. Armand Colin.

Bréchon, Pierre. 2011. "La droite, entre tradition gaulliste et recomposition unitaire." in Pierre Bréchon (dir.). *Les partis politiques français*. La documentation Française: 45-75.

Cahuc, Pierre et André Zylberberg. 2010. *Les réformes ratées du président Sarkozy*. Flammarion « Champs actuel ».

Carvalho, João et Andrew Geddes. 2012. "La politique d'immigration sous Sarkozy." in Jacques de Maillard et Yves Surel (dir.). *Les politiques publiques sous Sarkozy*. Presses de Sciences Po: 279-298 (traduit par Jacques de Maillard).

Crisol, Pierre et Jean-Yves Lhomeau. 1977. *La machine RPR*. Fayolle.

Direction de l'information légale et administrative. 2015. "Chronologie: histoire de l'immigration en dates."（二〇一五年一一月一六日更新）<http://www.vie-publique.fr/politiques-publiques/politique-immigration/chronologie-immigration/>（二〇一七年一一月六日最終アクセス）.

Guillaume, Sylvie. 2002. *Le consensus à la française*. Belin.

Haegel, Florence. 2007. "Le pluralisme à l'UMP." in Florence Haegel (dir.). *Partis Politiques et Système Partisan en France*. Presses de Sciences Po: 219-254.

——— 2014. "L'UMP: un dixième anniversaire sous tensions (2002-2012)." in Pascal Delwit (éd.). *Les partis politiques en France*. Editions de l'Université de Bruxelles: 149-166.

Hassenteufel, Patrick. 2012. "La sécurité sociale, entre « ruptures » affichées et transformations silencieuses." in Jacques de Maillard et Yves Surel (dir.). *Les politiques publiques sous Sarkozy*. Presses de Sciences Po: 341-360.

Hollifield, James F. 2000. "Immigration and the politics of rights." in Michael Bommes & Andrew Geddes (eds.). *Immigration and Welfare*. Routledge: 109-133.

Menz, Georg. 2009. *The Political Economy of Managed Migration*. Oxford University Press.

Palier, Bruno. 2005. *Gouverner la sécurite sociale: les réformes du système français de protection sociale depuis 1945*. Presses Universitaires de France « Quadrige ».

Petitfils, Anne-Sophie. 2007. "La « seconde » fondation de l'UMP." in *Mouvements* 52: 57-63.

Rémond, René. 1982. *Les Droites en France*. Aubier Montaigne.
Safran, William. 2009. *The French Polity* [7th ed.]. Pearson Longman.
Sainsbury, Diane. 2012. *Welfare States and Immigrant Rights*. Oxford University Press.
Sarkozy, Nicolas. [2006] 2008. *Témoignage*. Pocket.
Thevenon, Gilles et Jean-Philippe Jal. 2014. *Les partis politiques*. Chronique sociale.
20 minutes. “L’UMP se dote des statuts du nouveau parti baptisé « Les Républicains ».”（二〇一五年四月一四日）<http://www.20minutes.fr/politique/1586487-20150414-ump-dote-statuts-future-formation-republicains>（二〇一七年一一月六日最終アクセス）.

［ウェブサイト］
二〇一六年右翼・中道予備選挙ホームページ <http://www.primaire2016.org/>（二〇一七年一一月六日最終アクセス）.
二〇一七年社会党予備選挙ホームページ <http://www.lesprimairescitoyennes.fr/>（二〇一七年一一月六日最終アクセス）.
内務省ホームページ「二〇一七年大統領選挙の結果」<https://www.interieur.gouv.fr/Elections/Les-resultats/Presidentielles/elecresult__presidentielle-2017/(path)/presidentielle-2017/FE.html>（二〇一七年一一月六日最終アクセス）.
内務省ホームページ「二〇一七年国民議会選挙の結果」<https://www.interieur.gouv.fr/Elections/Les-resultats/Legislatives/elecresult__legislatives-2017/(path)/legislatives-2017/FE.html>（二〇一七年一一月六日最終アクセス）.

第6章

［ドイツ］現代化の光と影
――メルケル政権期のCDU／CSU

近藤正基

難民受け入れをめぐって対立した、メルケル首相とゼーホーファーCSU党首
ロイター/アフロ

はじめに

近年、多くの民主主義国でポピュリズムが拡大している。二〇一七年のフランス大統領選挙では国民戦線党首のマリーヌ・ルペンが決選投票に進み、同年のオランダ下院選挙ではウィルダース率いる自由党が議席を増やした。イタリアでは「五つ星運動」、ドイツでは「ドイツのための選択肢（AfD）」、スペインではポデモスといった新興政党が台頭している。東欧に目を向けると、たとえばハンガリーではポピュリストのオルバンが政権を掌握している。これはヨーロッパだけの現象ではない。アメリカではトランプ大統領が誕生し、日本では橋下氏が率いた維新の会にポピュリズム的性格があるといわれてきた（中井 二〇一三）。

世界各国の民主政治が揺れ動くなか、メディアのみならず学界においても躍進を遂げている政党に注目が集まるのは、当然といえよう。しかし、本書はそうした動向とは一線を画し、あえて既成政党に焦点を当てている。既成政党のなかでも、多くの国で民主政治の中心的な担い手である保守政党を取り上げ、分析を加える。右翼政党やポピュリズム政党の挑戦を受ける側に視点をおいて、変貌する現代民主主義の一側面を浮き彫りにする試みである。

では、保守政党はこの変動の時代をどのように乗り切ろうとしているのか。政策や党運営はどのような変化を遂げてきたのか。保守政党はいま何を「保守」しようとしているのだろうか。本章では、ドイツのキリスト教民主同盟（CDU）とキリスト教社会同盟（CSU）に焦点を絞って分析を進める。

先進民主主義国の保守政党を語るとき、CDUとCSUを無視するわけにはいかないだろう。世界各国に存在する保守政党のなかでもCDU／CSUは大きな成功を収めてきたといえる。CDUとCSUはともに戦後に結党されたにもかかわらず、戦後の三分の二を超える期間、政権を担ってきた。二〇〇五年から現在（二〇一七年九月時点）までのおよそ二二年間、政権与党の座にある。なお、両政党は姉妹政党という関係にあり、議会内外で原則的に共同歩調をとっている。CSUはバイエルン州のみで活動し、それ以外の一五州はCDUが担当している。

ここまで有力な政党であるにもかかわらず、長年、CDU／CSUは研究者の関心を惹きつけてこなかった。少なくとも一九九〇年代まではCDU／CSU研究は下火だった。たしかに、CDU／CSU政治家のバイオグラフィやジャーナリスティックな著作は見受けられた。しかし、CDU／CSUそれ自体を扱ったものは多くはなく、学術的な研究成果が蓄積されてきたとは言い難かった。ドイツ社会民主党（SPD）、緑の党、右翼政党の研究と比べると、CDU／CSU研究は盛んではなかった。

しかし、一九九〇年代以降に状況は変わりつつある。ドイツではCDU／CSU研究者が増えており、活発な研究活動を行っている。CDUについては、ベッシュやツォライスに加えて、重鎮のシュヴァルツによる研究も刊行されている（cf. Bösch 2002; Zolleis 2008; Schwarz 2009）。CSUについては、CDUほどではないものの、ホップらやヴァイグルらによって研究が積み重ねられている（cf. Hopp et al. 2010; Weigl 2013）。日本においても、一九九〇年代以降、徐々にではあるが研究が蓄積されつつある（河島 一九九五、野田 一九九八、近藤 二〇一三、板橋 二〇一四a、河崎 二〇一七参照）。

本章では、こうした研究成果を利用しつつ、第一次〜第三次メルケル政権期のCDU／CSUを分析していく。研究者の注目が集まりつつあるとはいえ、現在進行形の現象でもあるため、メルケル政権期のCDU／CSUについてはまだそれほど分析されているわけではない[1]。二〇〇五年からのおよそ一二年間、CDU／CSUはどのように変化したのだろうか。以下本章では、政策、党―社会関係、党運営から検討していく。

Ⅰ　メルケル政権の発足

一九九八年連邦議会選挙において敗北を喫してから、CDU／CSUは深い危機に入り込んでいた。コールの闇献金スキャンダル[2]により、ショイブレ（Wolfgang Schäuble）党首を含めて党幹部が大幅に要職から退いただけでなく、路線が頻繁に変わったこともあって、支持をなかなか集められないでいた。ショイブレ党首のもとではコール政権からの連続性が際立っていたが、CSUのシュトイバーを首相候補に戦った二〇〇二年連邦議会選挙では一転して保守主義に傾斜した。その後、二〇〇三年のライプツィヒ決議で新自由主義を部分的に受容した。与党への復帰を目指して試行錯誤を続けていたが、思ったように支持を伸ばすことができないでいた（近藤 二〇一三）。

シュレーダー政権の末期にようやく党勢を回復させ、二〇〇五年九月の連邦議会選挙ではCDU／CSUが辛勝する。そして、一一月には第二党となった社会民主党（SPD）との大連立を組む。そ

図表6－1　連邦議会選挙の得票率の推移（2005～2017年）

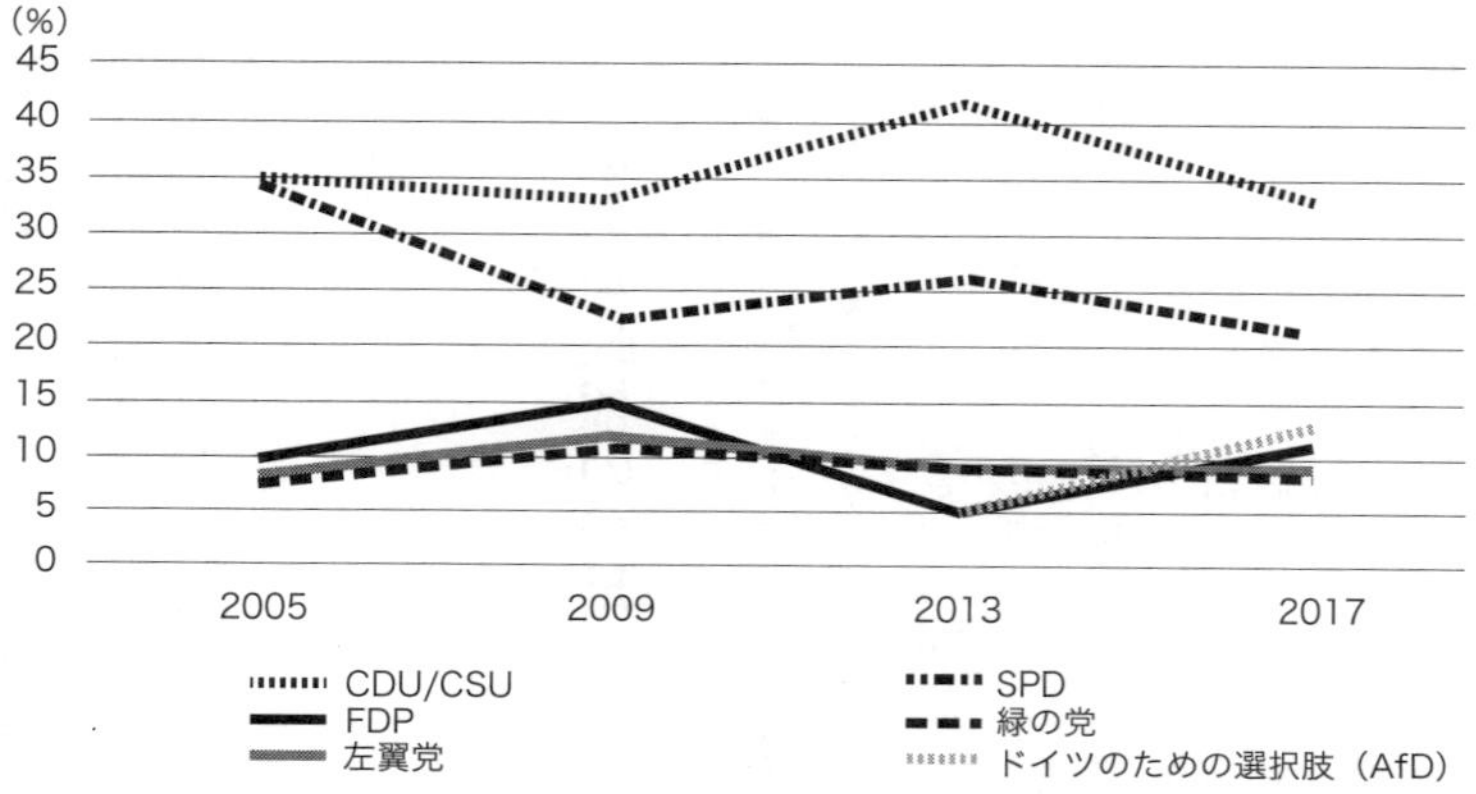

出典：筆者作成。

図表6－2　第一次～第三次メルケル政権の期間と構成

政権	期間	連立与党
第一次メルケル政権	2005年11月～2009年10月	CDU/CSU、SPD
第二次メルケル政権	2009年10月～2013年12月	CDU/CSU、FDP
第三次メルケル政権	2013年12月～現在（2017年9月）	CDU/CSU、SPD

出典：筆者作成。

の後、第二次メルケル政権（二〇〇九～二〇一三年）ではCDU／CSUと自由民主党（FDP）が、第三次メルケル政権（二〇一三年～現在）ではCDU／CSUとSPDがそれぞれ連立与党となり、現在（二〇一七年九月）にいたっている（**図表6―1、6―2**参照）。連立の組み合わせを変えながら、メルケル政権はコール政権に次ぐ長期政権となっている。

　では、この間、CDU／CSUはどのように変化したのだろうか。まずは政策をみていきたい。

Ⅱ　政策の連続性と変化

1　福祉政策

ＣＤＵ／ＣＳＵの二〇〇五年、二〇〇九年、二〇一三年、二〇一七年の選挙プログラムを素材としてＣＤＵ／ＣＳＵの選好を概観しよう（CDU/CSU 2005; 2009; 2013; 2017）。まず、年金については一貫した主張が見受けられる。それは、公的年金の持続可能性を高めるために、そのほかのタイプの年金を活用するということである。二〇〇五年時点では、公的年金を縮減する姿勢が明確であり、同時に私的年金を一層活用すると述べられていた。二〇〇七年年金改革で支給開始年齢を引き上げた後は、この改革の成果が強調されつつ、私的年金に加えて、企業年金（Betriebsrente）を活用することが主張されている。医療保険についても、一定の基本方針が見て取れる。つまり、費用を抑制するために疾病金庫間の競争を促すという点である。その前提として、現行の職域別社会保険制度を維持するとも述べられており、この点では従来の主張から変わっていない。第一次メルケル政権で健康基金（Gesundheitsfonds）、第二次政権で部分的な人頭定額保険料制度（Kopfpauschale）が導入されてからは、改革を目指す姿勢は乏しくなり、選挙プログラムで言及されることが少なくなっている。

では、実際に行われた政策をみてみよう。第一次メルケル政権下では、年金の支給開始年齢が引き上げられた。この改革の主眼は、支給開始年齢を段階的に六五歳から六七歳へと引き上げることで、年金支給を抑制する点にあった。この改革は、一九七〇年代のシュミット政権から続けられてきた年金支給抑制の延長線上にあったと評価できる。しかし、第三次メルケル政権では、一転して年金支給開始年齢の引き下げが実施される。一九五二年以前生まれで四五年間の社会保険料を支払った者に限ってはいるが、六三歳への支給開始年齢の引き下げを決めたのである。この改革は、ここ四〇年間の歴代政権の方針と異なるばかりか、年金縮減が基調となっている国際的な動向にも反するものでもあった。

医療保険は大きく改革された。ドイツの医療保険においては、民間保険者がカバーするのは人口の一割程度に過ぎず、公的保険者の占める割合が非常に大きい。公的保険者は職域別に構成された疾病金庫であり、これは公法上の資格を持っている。労使が自治管理し、職域ごとまたは地域ごとに構成されている。被保険者には金庫の選択権がある。職域・地域別とはいえ疾病金庫ごとに運営されていることから、社会保険料は疾病金庫によって異なっていた。第一次メルケル政権の医療保険改革では健康基金が導入され、疾病金庫間で社会保険料が平準化され、この政策によって、支出の多い疾病金庫も高額の保険料を徴収できなくなった。こうして医療費を抑制することが本改革の狙いだった。加えて、二〇〇九年からは変則的ではあるが「国民皆保険」が発足することになった。すべての国民は民間または公的な医療保険に加入しなければならなくなった。第二次メルケル政権は、疾病金庫の財政状況に応じて求められる追加的に徴収する保険料についてのみ、被保険者の所得に関係なく定額とするという制度を導入した。また、黒字の疾病金庫は、被保険者に保険料を還付できるようになった。こうして、被保険者を失わないために、疾病金庫が健全財政を目指すことを促す制度を作ったのである。また、人頭定額保険料制度は、応能負担というドイツ福祉国家の原則に反するものであったため、大規模な改革だったと評価できるだろう（近藤 二〇一四）。

最低賃金は順次拡充されていく。労働者現場派遣法の改正を通じて部分的に最低賃金を導入した後、第三次メルケル政権は全ドイツで八ユーロ五〇セントの最低賃金制度を実現した。労使団体の自治が強いドイツで、これを脅かすような政策が実施されるのは画期的なことである。

メルケル政権下でのこのような政策決定にＣＤＵ／ＣＳＵはどのようにかかわったのか。年金については原則的にＳＰＤが主導した。支給開始年齢の引き上げはミュンテフェリング（Franz Müntefering）、引き下げはナーレス（Andrea Nahles）が主導したのだが、ともにＣＤＵ／ＣＳＵではなくＳＰＤの大臣だった。最低賃金も同様である。ここでもＳＰＤのナーレス労働社会相が強いリーダーシップを発揮し、ＣＤＵ／ＣＳＵの反対を押しのけて可決に導いた。医療保険改革ではＣＤＵ／ＣＳＵはＳＰＤまたはＦＤＰと激しく対立し、その折衷案が最終的に可決されることになった。ＳＰＤはすべての国民をより統一された医療保険に包摂するという「国民保険（Bürgerversicherung）」を掲げており、一方、ＦＤＰは人頭定額保険料制度を導入しようとした[3]。両政党の改革プランは大きく異なっていたが、ＣＤＵ／ＣＳＵの議員はどちらの案にも反対した。結果として、公的保険による皆保険とはならなかったし、人頭定額保険料は追加保険料のみに適用されるにとどまった。

メルケル政権期のＣＤＵ／ＣＳＵがどのような福祉政策選好を持っていたのかは判然としない。ただ、ＳＰＤの「国民保険」プランが持つ普遍主義化を退け、ＦＤＰの人頭定額保険料が応能負担原則を変更することにブレーキをかけた点に注目するなら、ＣＤＵ／ＣＳＵは現状のドイツ福祉国家からの大きな変革を押しとどめる役割を果たしたといえるだろう。ＣＤＵ／ＣＳＵは、依然として社会保険国家を支持する政党と位置づけられるのである。

2　家族政策

二〇〇五〜二〇一七年の選挙プログラムをみると、ＣＤＵ／ＣＳＵが掲げる家族政策が大きく変化してきたことがわかる（CDU/CSU 2005; 2009; 2013; 2017）。二〇〇五年の選挙プログラムでは家族政策は重要政策のひとつとして位置づけられているが、そこで述べられているのは、育児期間を社会保険料拠出期間としてより高く算定するということであり、家計を補助するためのパートタイム労働を促進するといった政策群であった。しかし、その後、次第に保育サービスの拡充を重視する姿勢を明確にしている。二〇〇九年選挙プログラムから社会サービスの拡充に注力すると述べられるようになり、二〇一三年の選挙プログラムからは、一〜三歳未満児の育児施設を大幅に増やしたことや一〜三歳未満児の保育施設入所の請求権を認めたという成果が強調されている。二〇一七年選挙プログラムでは、さらに手を広げて学童保育を拡充するという方針が明示されている。

実際に行われた政策はどうだったのか。第一次メルケル政権で可決された両親手当は、育児休業給付の受給者層を中間層にまで拡大し、所得代替率も六七％にまで引き上げた。もともとドイツの育児休業給付は貧困対策としての性格が強かったため、この政策は画期的であった。また、両親の一人が一二か月の育児休業給付を受けた後、両親のもう一人が休業を取る場合に二か月の延長が認められることになった。つまり、パパ・クォータを設けることで、男性の育児参加を促すような仕掛けが組み込まれたのだった。それまで主として女性が育児休業給付を受けてきたため、ドイツでは新しいタイプの政策だった。

児童助成法（Kinderfördеrungsgesetz）は、育児施設の大幅な増設を目指すものだった。二〇一三年八月までに一歳以上三歳未満の児童七五万人を受け入れる施設を新たに作ることが決められた。また、これまで三歳以上の未就学児童にのみ認められてきた保育施設入所請求権が、一～三歳未満児にも認められることになった。すでにシュレーダー政権で実施されていた連邦育児施設建設法により社会サービスの拡充が進められてきたが、メルケル政権はこれをさらに加速させたのだった（白川 二〇一四）。

これらの政策は、これまでドイツ政府が採用してきた男性稼ぎ手家族の優遇という方針と異なっていた。男性稼ぎ手家族は性別分業を基本原理とし、男性が賃労働、女性が家事をするというものである。しかし、たとえば、両親手当は男性の育児参加を促すものであり、男女の性別分業に反するものである。児童助成法は、これまで育児をして働くことができなかった女性が労働市場に参加する道を開くものである。これもまた、従来の性別分業に合致する政策とはいえない。こうした政策は「脱家族化」、つまり男性稼ぎ手家族からの離脱を進めるものだったと評価できるが、その一方で、育児手当（Betreuungsgeld）や家族介護時間法など、「再家族化」を後押しする政策もあった。育児手当は現金給付を拡大する政策で、家庭での育児を支援するという意味で保守主義型福祉国家の典型的な政策だ(4)ったといえる。家族介護時間法もまた、家庭での介護を推し進めるものであった（近藤 二〇一六b）。

家族の多様化という観点に立てば、同性婚が決定されたことも重要だろう。この改革によって、同性も含めたすべてのカップルに婚姻が認められるようになった。これもまた画期的な改革であったし、男性稼ぎ手家族を志向するCDU/CSUが与党であるにもかかわらずこうした政策が実施されたことは驚きをもって迎えられた。

CDU/CSUはこの政策領域の決定プロセスに強くかかわったといえる。と同時に、CDUとCSUの選好の違いも明白となった。まず、児童助成法はCDUのフォン・デア・ライエン（Ursula von der Leyen）家族相[5]のイニシアチブによって推し進められた。両親手当も同様であり、ここでも彼女が主導権を発揮した。もちろん、彼女一人でこのような政策転換が進められたわけではない。フォン・デア・ライエンはメルケルの側近の一人であり、メルケルが彼女の方針を支持していたことは大きな意味を持った。メルケルの後ろ盾があったからこそ、CDU内の反発が抑えられたといえるからである。性別役割分業を重視し、社会サービスではなく現金給付の拡大に力を注いできたCDU/CSUがこうした政策を実施したことは注目に値しよう。しかし、CDU/CSUが育児の社会化に突き進んでいったとはいえない。というのは、CSUがブレーキ役を果たしたからである。従来通り現金給付を志向し社会サービスの拡充には強い関心を払わないCSUはCDUの方針に明確に反対した。育児手当を推進したのはCDUのシュレーダー家族相だったが、これを強く求めたのはCSUだった。ただ、こうした動向がありつつも、総体としてはCDU/CSUが従来の家族政策の方針から逸脱し、社会サービスの拡充へと動いているのは間違いない。

3　移民・難民政策

移民・難民政策への言及は、二〇〇五年から二〇一七年の選挙プログラムのいずれにおいても多く見受けられる。当初は国外からの人の流入を制限することが強く主張されており、社会統合を推し進める姿勢は希薄だった。しかし、こうした主張は次第に変化していく。移民・難民の流入制限が後景に退く一方で、社会統合はますます強調されていった。そして、ドイツは「成功した社会統合の国」であるという表現がみられるようになる。社会統合において、ドイツの文化や価値を尊重することと、その基礎となるのはドイツ語能力であり、まず言語習得が求められていることについてはこれまでの方針と連続しているものの、社会統合へのより積極的な姿勢が打ち出されるようになったといえる（CDU/CSU 2005; 2009; 2013; 2017）。

では、メルケル政権はどのような政策を実施したのだろうか。移民政策をみると、シュレーダー政権で進められた移民の社会統合をさらに推進したことがわかる。つまり、「統合コース（Integrationskurs）」を拡充していくのだが、その際、見逃してならないのは、「統合サミット（Integrationsgipfel）」という政策決定様式が採用されたことであろう。つまり、移民の団体と話し合い、合意を得ながら、移民政策を決定することになったのである。総勢八六名が招集されたにもかかわらず、「統合サミット」に参加した移民団体代表者は必ずしも多くはなく（六名）、人選にも批判が集まったものの、その手法が画期的だったことは間違いない。そして、ドイツ語の習得や、ドイツの法秩序・憲法的価値を学ぶための「統合コース」をさらに拡大していった。二〇〇八年には予算が一四〇〇万ユーロ増額され、年間一億五四〇〇万ユーロが投じられることになった（佐藤 二〇一四）。「統合コース」は依然としてドロップアウトの問題を抱えており、同じ移民であっても出身国によって受講義務が課される者とそうでない者がいることが疑問視されることもある。こうした問題を抱えているとしても、メルケルが、シュレーダー政権の路線を継承しつつ、これを一層充実させたことは明白である。

難民政策は寛大なものになった。二〇一五年八月にメルケルがダブリン協定によりハンガリーなどで留置されているシリア難民の受け入れを表明してから、ドイツにやってくる難民は急増した。結果として、二〇一五年にドイツは約一一〇万人の難民を受け入れた。これにともなって、庇護権改正が前倒しで行われ、連邦が難民支援にさらに一〇〇億ユーロを拠出することが決定され、難民申請を迅速化するためにさらなる人員を配置し、自治体が住居を提供する際に連邦が財政支援をすることが決められた。しかし、その後、二〇一六年の第二次改正では、人道的理由によりドイツに滞在している難民の家族呼び寄せの権利が制限されることになった。二年間のモラトリアム期間が設けられ、単身者への難民申請者手当も削減された。その一方で、同法案では庇護権申請の簡略化・迅速化も決定された。二〇一七年には、さらなる難民への支援策が講じられた。統合法が策定され、難民の住宅、教育、職業訓練、労働市場へのアクセスにより多くの予算が投じられることになった。

一九九三年の基本法改正から難民の流入を制限することが基調となっていたCDU／CSUにおいて、当然ではあるが、この間の政策転換に賛成する議員ばかりではなかった。とりわけ、CSUは「上限なき」難民受け入れに反対しており、ゼーホーファー（Horst Seehofer）党首はたびたびメルケルに上限を設けるよう迫っている。二〇一七年連邦議会選挙戦でも、ゼーホーファーはメルケルに二〇万人という上限を設けるよう求めた。一方、CDUではメルケルに苦言を呈することができない状況ともいえるため、反対する議員がどれほどいるのかがみえづらい。ともあれ、CDUとCSUの方針の違いがこれほど明確に現れた政策もないだろう。

一九八〇年代から難民受け入れ数の制限を目指し、一九九三年には基本法改正を通じて庇護権の制限まで行ったCDU／CSUの姿を想起するなら、この政策領域でもCDU／CSUは大きく変化したと評価できる。移民政策においてはシュレーダー政権の方針を受け継ぎ、難民政策においてはメルケルが受け入れ拡大を打ち出すことで、受け入れと社会統合の両面でより積極的な姿勢を打ち出しているといえる。

4 脱原発政策

移民政策はシュレーダー政権からの連続性が色濃いが、一方、脱原発政策は紆余曲折を経てシュレーダー政権が策定した脱原発計画へと立ち戻っていくことになる。選挙プログラムをみると、二〇〇五年連邦議会選挙では原子力発電が温暖化防止のために有効であることや、高額の電気料金を抑えるためにも必要だと述べられている。しかし、段階的な脱原発を決めた後に策定された二〇一三年連邦議会選挙プログラムからは、一転して、脱原発という決定が次世代への責任を果たすためにも必要だったことが述べられている。二〇一七年選挙プログラムでは、議論の焦点が最終処理場の選定や再生可能エネルギーの拡大に移っていることがわかる（CDU/CSU 2005; 2009; 2013; 2017）。

メルケル政権が実際に行った政策をみてみよう。すでにシュレーダー政権期に原発の段階的廃炉は決まっていた。しかし、メルケル政権は再び原発を活用する方向へと動いた。メルケルは原発の稼働期間を平均で一二年間も延長することを決めたのである。原子力は二酸化炭素を出さないクリーンエネルギーであり、安定した電力を供給できるというのが政策転換の理由に挙げられたが、いまでは原子力ロビーが相当の影響を及ぼしたことが明らかになっている。その後、メルケルは大きく路線を変更する。そのきっかけになったのは福島原発事故だった。この原発事故はドイツでも大々的に報道されたが、これがドイツ国内の原発反対を強め、急速に脱原発の社会運動が広がると、この動きにメルケルが反応する。自由民主党をはじめとして与野党がこぞって脱原発へと方針転換するなか、メルケルも早期の脱原発を打ち出し、関連法を改正する姿勢を示したのだった。その背景には、バーデン＝ヴュルテンベルク州での緑の党の躍進があり、選挙戦略からの対応ともいえるが、ともあれ、当時の与党である自由民主党とキリスト教民主・社会同盟が脱原発の基本方針で合意する。ここで原発の段階的廃止が決まる。電力会社はこれに強く反対するが、その後、メルケルは州首相との会議を経て、六月に脱原発方針を閣議決定した。そして、七月までに原子力改正法案が連邦議会と連邦参議院で可決される。同時に、再生エネルギー法の改正も可決された。これらは八月に発効することになった。こうして、一時停止中の八基の原発はそのまま廃止されることになり、当面は運転を続ける九基も二〇二二年までに段階的に廃止することになった。風力、太陽光、バイオマス、地熱などの自然エネルギーが消費電力に占める割合を高めることや、あわせて送電網を整備することも決定された（西田二〇一四）。

こうした政策はメルケルの強いリーダーシップで実現されたものであり、CDU／CSUはその方針を追認したに過ぎなかった。そのため、CDU／CSUには不満が残ってはいるが、そうだとしても段階的な脱原発は既定路線となっており覆すことは困難である。すでに述べたようにメルケルが脱原発に舵を切った背景には、福島原発事故後に緑の党が急速に支持を伸ばしているという事情があった。この政策転換が行われた理由に、選挙戦略があったことは先述の通りである。とはいえ、それまでＣＤＵ／ＣＳＵが原発の活用を党の基本方針としてきたことを踏まえるなら、それがいかなる理由であれ、脱原発政策の面でもＣＤＵ／ＣＳＵは大きく変化したといえるだろう。

5 外交政策

二〇〇五年選挙プログラムでは、外交政策についても多くの言及がある。基本線は、ドイツ外交の基本に立ち戻るということである。具体的には、アメリカとの関係改善やＥＵ統合の推進力となることが主張されている。さらなるＥＵ統合の方策としては、ヨーロッパ共同防衛構想が挙げられている。第一次メルケル政権でこうした外交方針に立ち戻った後は、この方針を堅持していく姿勢がみられる。大きな変更はないようにみえるが、ただ、変化があったといえるのは、経済面と並んで、人の移動の管理や安全保障に対する言及が増えたことだろう。たとえば、二〇一七年選挙プログラムでは、人の流入の管理を厳格化することやテロを予防する体制を構築することが目標として掲げられている(CDU/CSU 2005; 2009; 2013; 2017)。

実際に行われた政策をみてみよう。メルケルは、まずはシュレーダー政権で冷え切った対米関係の修復に取り組んだ。政権奪取直後の二〇〇六年一月にアメリカを訪問し、ブッシュ（子）大統領と個人的にも良好な関係を築くことに成功した。また、メルケルは、ヨーロッパ政策においては、独仏を基軸に欧州統合を推進する姿勢を示した。憲法条約の批准失敗によって停滞していたＥＵ改革を進め、フランス大統領のサルコジと提携して、憲法条約を継承したリスボン条約の調印にこぎつけた。協調的な対米関係と独仏基軸というドイツ外交の基本に回帰したといえるだろう。シュレーダー政権はときとしてドイツの「国益」を主張し、ドイツ外交の常道から逸脱することもあったが、メルケル政権がこれを常道に回帰させたといえよう。ユーロ危機においてみせた財政支援への消極的な態度もまた従来ドイツにあったような態度といえるだろう。これは「消極的覇権国」としてのドイツを証明するような事例となった。しかし、二〇一一年のリビアへの軍事介入については、アメリカ、フランス、イギリスなど主だった同盟国とは異なり、国連安保理で中国とロシアと並んで棄権することになった。これは戦後ドイツの基本外交方針である、多国間主義とは異なるものであった（葛谷 二〇一四、板橋 二〇一四b）。

第三次メルケル政権期に入るとドイツはさらなる難題に直面した。その最たるものは難民の流入だった。多数のシリア難民がヨーロッパにやってくるなかで、難民をどの国がどれだけ受け入れるかについてEU各国との調整が求められるようになった。成功したとは言い難い面もあるが、この難局においてドイツはこれまでより積極的にヨーロッパ各国を主導しようとしたし、各国が難民の受け入れを公正に分担するよう働きかけた。「消極的な覇権国」と呼ばれるドイツがこのような姿勢をみせたことは、新しい現象と捉えられよう。ただ、そこには明らかな限界があり、事前の調整不足もあってほとんどの国がドイツの方針に難色を示した。一方、大国との関係でも変化が観察される。トランプ政権が成立し、アメリカがパリ協定から離脱する姿勢を示してから、対米関係はますます悪化しているが、ドイツはときにアメリカを突き放した態度もみせるようになった。また、クリミア半島を併合しようとするロシアにも厳しい批判を浴びせている。大国に対して苦言を呈するこうした姿勢は、従来とは異なる外交方針だといえる。その一方で、シリア内戦に介入するフランスと連携したことは独仏協調の重要性をうかがわせるものであり、この点では従来型の外交政策の延長であったと評価できるだろう。

こうした外交政策の決定において、CDU／CSUはどのようにかかわったのだろうか。この政策領域では、メルケルのリーダーシップが目立った。CDU／CSUは、メルケルをサポートするかたちで影響力を発揮したともいえるが、主導権は首相にあった。メルケルのリーダーシップは時が進むにつれて強まっていった。当初は、クルナツ事件(6)にかかりきりになっていたシュタインマイヤー（Frank-Walter Steinmeier）外相の身動きがとれないことがメルケルのリーダーシップを可能にしていたが（近藤 二〇一三）、ギリシャ支援や難民危機においては、メルケルはショイブレ財務相などごく近いメンバーのみとの合議で重要な方針を決定していった。

6　その他の重要政策

ここまで五つの政策領域に分けて、メルケル政権の改革とCDU／CSUの政治姿勢について論じてきた。ただ、重要であるものの、これらの領域に収まらない改革も見受けられる。以下では、付加価値税改革、連邦制改革、徴兵制改革を簡単にみておきたい。

二〇〇六年の付加価値税改革の目的は、税率を一六％から一九％に引き上げることであった。当時、ドイツはマーストリヒト条約の財政基準を守ることができていなかったため、歳入増を目指していた。この必要性は二大政党間で一致しており、国民から反発を受けはしたが、CDU／CSUとSPDの合意に基づいて決定されたのだった。

連邦制は二度にわたって改革された。第一次改革は、基本法八四条一項の改正を目指した。この条項は、州に新しい行政費用を発生させる連邦法、あるいは既存の州法に代わる連邦法の制定については、連邦参議院の同意が必要と定めている。この条項を改正することで、連邦参議院の政治的影響力を弱めるというのが改革の主眼であった。この基本法改正が行われてから、全法案に占める同意法の割合は大きく下がった（近藤 二〇一六a）。第二次改革は、州の起債制限を設けることで州政府に健全な財政運営を求めることを内容としていた。これらの改革は主として財政難の州から反対を受けたが、代償や抜け道を用意することで成就した。ここでも二大政党が決定過程を主導し、連邦議会のほとんどの政党からの合意を得て改正案は可決された。

二〇一一年の徴兵制改革もメルケル政権の主要な政策といえる。徴兵制を停止し、志願制に移行することが、この改革の目的だった。連邦軍はもともと国防のために存在していたが、冷戦が終結したことによって国防の必要性は薄れ、海外派兵により重心がおかれるようになっていた。こうした背景から、連邦軍の規模縮小が議題となっていたのである。徴兵制と同時に良心的兵役拒否も停止されることになるが、新たに連邦ボランティア役務を設けて、若者が社会福祉施設で働くという流れを止めないような方策も講じられた。徴兵制の停止はＳＰＤが長らく主張していた政策であり、メルケル政権下でＣＤＵ／ＣＳＵがこれに同意することで政策決定過程が動き出すことになった。原則的に二大政党の合意を基礎として決定されたといえよう。

7　小括——CDU／CSUの「社会民主主義化」？

メルケル政権期にCDU／CSUが掲げる政策は大きく変化した。たしかに福祉政策では、社会保険国家を擁護する姿勢が貫かれていることから、これまでの党の方針との連続性が際立ってはいる。外交政策では、まずはドイツ外交の常道に回帰していったが、第三次政権に入ってからはEUでより積極的なリーダーシップをとる姿がみられるようになったし、アメリカやロシアといった大国に対して主張する姿勢も見受けられる。家族政策、移民・難民政策、脱原発政策では明確に新機軸を打ち出したといってよい。

ドイツではメルケル政権期に実施された政策をとらえて、CDU／CSUあるいはCDUの「社会民主主義化（Sozialdemokratisierung）」が議論されてきた[7]。この「社会民主主義化」の意味内容は一定ではないが、おおむねSPDの政策への接近という意味で捉えられている。果たして、「社会民主主義化」は妥当な評価といえるだろうか。

メルケル政権が実施してきた政策をみると、いくつかの領域でSPDへの接近が見受けられる。たとえば、家族政策における社会サービスの拡充がそうだろう。同性婚もSPD、左翼党、緑の党が長年唱えてきた政策であった。「統合コース」を拡充し、移民・難民の社会統合に傾注する姿勢はシュレーダー政権の方針の継続である。脱原発についても、メルケルはシュレーダー政権が策定したプランに回帰したために、SPDへの接近と呼んでよいだろう。徴兵制の停止についても、SPDがこれまで唱えてきた案に乗ったとも評価できる。これらの政策はたしかにCDU／CSUがSPDに接近していることを示唆している。ＣＤＵ／ＣＳＵあるいはＣＤＵの「社会民主主義化」が語られてもおかしくない状況ではあるだろう。

しかし、ＣＤＵ／ＣＳＵの「社会民主主義化」テーゼには限界がある。その理由は四つにまとめられる。第一に、ＣＤＵ／ＣＳＵはＳＰＤの政策の実現を阻むことがあった。第二に、特にＦＤＰと連立を組んでいる第二次メルケル政権期に、ＳＰＤが強く反対する政策も行ってきた。第三に、メルケル政権の政策のなかにもＳＰＤが主導したものがある。この帰結がＳＰＤの選好に近くなったのは当然であり、ＣＤＵ／ＣＳＵの社会民主主義化の理由にはならない。第四に、ＳＰＤに接近しているかどうかが判然としない政策がある。たとえば、シュレーダー政権の政策とは異なってはいるが、現在のＳＰＤの選好と近い場合はどのように判断すべきなのだろうか。

上記の四つに即して具体的な政策をあげてみよう。第一の政策としては、たとえば、ＳＰＤの医療保険の国民保険化プランをＣＤＵ／ＣＳＵが阻止したことが挙げられる。ギリシャ支援に積極的な姿勢をみせるＳＰＤに待ったをかけ、ギリシャ政府に強く緊縮財政を求めたこともあった。第二の政策には、追加保険料のみであっても、医療保険に人頭定額保険料を導入したことが当てはまる。また、育児手当の導入についてもＳＰＤはきわめて強く反対していたが、ＣＤＵ／ＣＳＵは可決に踏み切った。第三の政策としては、年金の支給開始年齢の引き上げと引き下げ、さらに最低賃金の導入が挙げられる。第四の政策には、外交政策の多くが当てはまる。シュレーダー政権とは違ってメルケル政権は当初は対米関係を重視し、ロシアとは距離をとった。これはシュレーダー政権の方針とは異なるが、現在のＳＰＤの方針とは合致しているととらえられる。

以上のように、ＣＤＵ／ＣＳＵないしＣＤＵの「社会民主主義化」はたしかに一部の政策にみられるが、このテーゼには限界があることにも注意を払う必要がある。メルケル政権で大きな政策転換があったのは明らかだが、その政策転換を表現するにはより慎重な定式化が必要だろう。

Ⅲ　党と社会の関係

本節では、党員と有権者から党と社会の関係について検討する。党員については、ＣＤＵとＣＳＵのいずれにおいても減少傾向がみられるが、これは特にＣＤＵで著しい。党員の社会構成の変化でとりわけ目を引くのは、高学歴化と高度専門職化である。ＣＤＵについてはジェンダー平等などの価値観を持ち緑の党にシンパシーを抱く党員が相当数いることも明らかになっている。一方、ＣＤＵ／ＣＳＵに投票した有権者については、女性、若年層、高学歴の人々、無宗教の人々からの支持が伸びていることがわかる。党員と有権者の変化は必ずしも同じ方向を向いているわけではないが、あえてまとめるなら、男性、高齢者、カトリック、中程度以下の学歴を持つ人々といった「伝統的支持層（Stammwähler）」が縮小し、これまでＣＤＵ／ＣＳＵが支持を伸ばせなかった人々から支持を得るようになっているといえる。

1　党員

党員数は大きく減少している。これはCDU／CSUに限った現象ではなく、おおむねドイツのどの政党もこの問題に直面している。

CDUの党員数は、二〇一六年一一月時点で四三万四〇一九人である。前年からおよそ一万三〇〇〇人の減少である。そのほとんどが、メルケル政権が上限を設けずに難民を受け入れたことに反対して党を去ったとされる（Die Welt 2016/12/28）。

党員のピークは再統一直後であり、およそ七九万人であった（図表6―3参照）。ここから断続的に党員を減らしている。再統一から二六年のあいだに四五％の党員を失った。また、党員の平均年齢は五九歳であり、高齢化も大きな問題となっている。

CSUの党員数も減少している（図表6―4参照）。二〇一六年の党員数はおよそ一四万二〇〇〇人である。再統一からおよそ二四％の党員が失われたが、その割合はCDUほど高くはない。その他の政党と比べても、CSUの党員数は比較的安定している。

次いで、以下でCDU／CSUの党員の属性を概観しよう(8)。

CDU党員の平均年齢は高い。六一歳以上の党員が全体のちょうど半分を占める。四〇歳以下は全体の一五％に過ぎない。男性が七四％であり、女性よりはるかに多い。宗教・宗派でみると、カトリックが五三％で最多である。福音派は三八％、無宗教が九％、キリスト教以外の宗教を信仰している人は皆無である。職業別でみると、自営業が三四％、官吏・公務員が三一％、ホワイトカラーが二八

図表６－３　ＣＤＵ党員数の推移

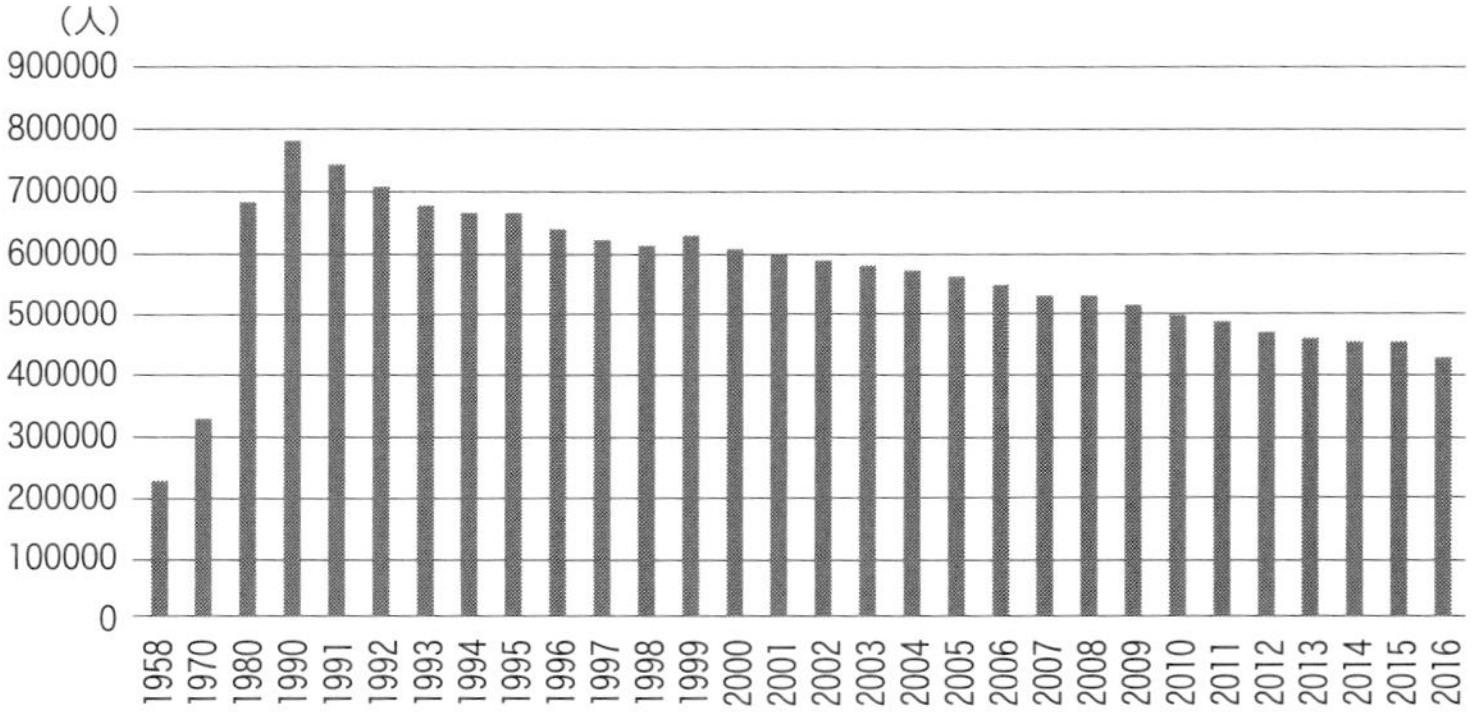

出典：Niedermayer（2017）から筆者作成。

図表６－４　ＣＳＵ党員数の推移

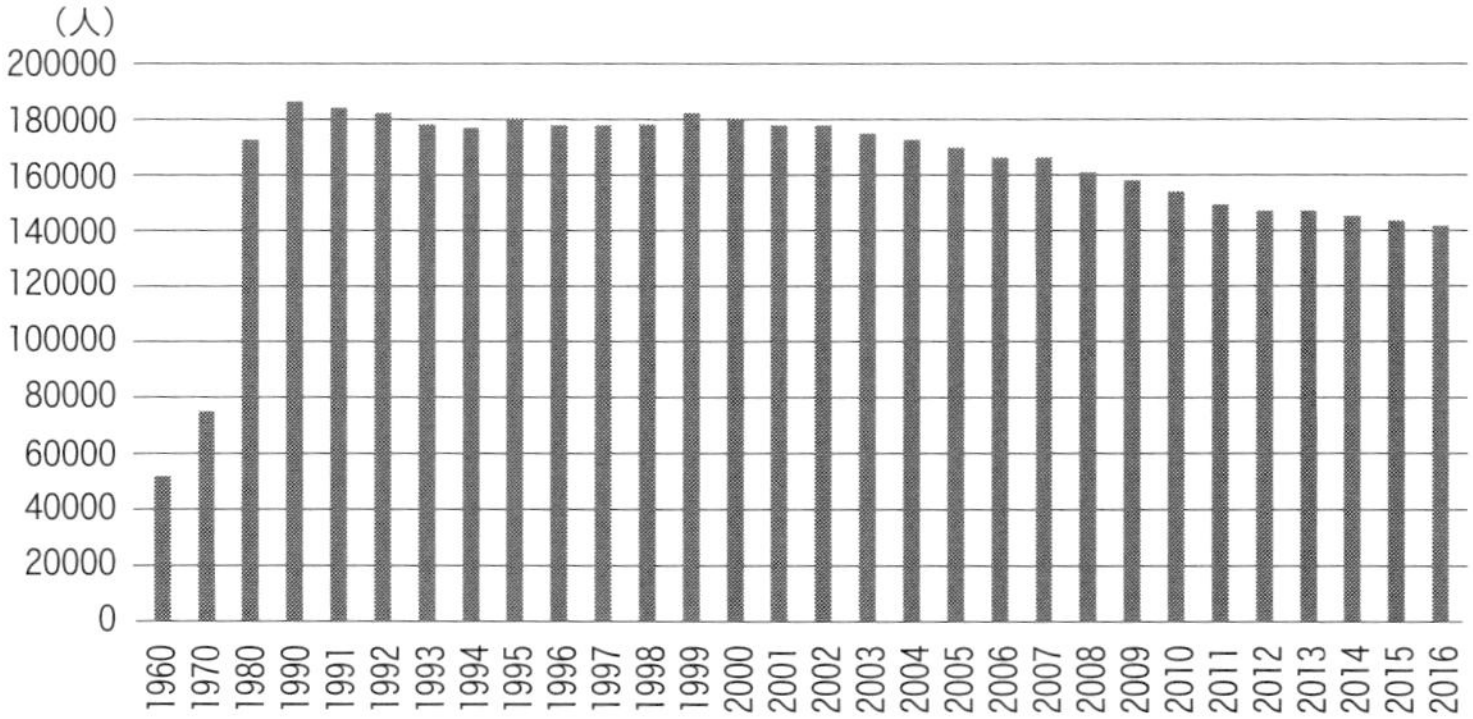

出典：Niedermayer（2017）から筆者作成。

%、労働者が七%である。実際の職業構成に照らし合わせると、自営業と官吏・公務員から支持を集めていることがわかる。労働組合員の比率は一三%に過ぎない。教育水準は、高い順から、大学・高等専門学校卒が三八%、アビトゥア[9]取得までが一四%、中程度が二六%、基幹学校卒・卒業資格なしが二二%となっている。

CSU党員に目を移そう。CDU党員ほどではないが、CSU党員も若くはない。六一歳以上の党員は全体の四六%を占める。四〇歳以下は全体の一六%に過ぎない。性別をみると、男性が八〇%、女性が二〇%である。男性偏重という点ではCDUと大きな違いはない。CDUよりカトリックの割合が高く、福音派の割合は低い。カトリックは、全党員の七六%を占める。一方、福音派は一九%であり、無宗教は五%である。職業別でみても、CDUと大きな違いは見受けられない。自営業が三五%、官吏・公務員が三〇%、ホワイトカラーが二六%、労働者が九%である。全党員に占める労働組合員の割合は一二%に過ぎず、これはCDUとほぼ同水準である。教育水準は、大学・高等専門学校卒が三三%、アビトゥア取得までが九%、中程度が二七%、基幹学校卒・卒業資格なしが三二%である。CDU党員のほうが高学歴といってよいだろう。

こうしたCDU/CSU党員の属性を経年変化でみると、どのような特徴が見出せるだろうか。ツォライスとシュミットによると以下の二点が指摘できる（Zolleis und Schmid 2015）。第一に、高学歴化である。CSUに比べてCDUの党員が高学歴であるのは上述の通りであるが、どちらの政党でも党員の高学歴化が進んでいる。第二に、職業的地位の高い人々の増加である。労働者がますます少なくなっている一方で、高度な職業に就き、職業的地位の高い人々が増加している。

ＣＤＵについては、党員の政策選好にも変化がみられたことが報告されている（Neu 2007）。コンラート・アデナウアー財団の調査によれば、ＣＤＵ党員は四つのグループに分けられることがわかった。第一に、社会政治的自由主義者であり、ジェンダー平等を志向するグループである。結婚を機に女性が退職することに反対し、キリスト教的価値に重きをおかない人々である。また、緑の党を好ましい連立パートナーに挙げている。このグループは党員のおよそ一七％を占める。第二に、伝統主義者であり、キリスト教的価値を重んじ、保守的な家族観を持つ人々である。このグループの人々はほかのどのグループより教会に通っている。また、同性婚に対する反対も強い。社会政策については、市場志向と国家介入で割れている。伝統主義者は、ＣＤＵ以外の政党に対する拒否感が強いため、彼ら／彼女らにとってどの政党も好ましい連立パートナーとはいえない。このグループは党員全体のおよそ二六％を占める。第三に、市場志向グループである。これは、全体の三二％を占めている。自己責任を強調し、国家介入を忌避する態度を示す。このグループの人々は、ほかのどのグループよりも労働組合との関係が希薄である。年金の削減を求める態度は明確で、政府による雇用創出にも反対している。また、ＳＰＤを敵視する傾向にある。第四に、キリスト教・社会的公正グループである。このグループは、党員全体の二五％を占めている。このグループの人々は、ほかのどのグループよりも積立年金の導入に反対しており、総じて政府による経済介入を評価する。そのほかの点、たとえば、教会との結びつきや家族観などについては目立った特徴はない。

ＣＤＵの党員には、伝統的家族観や社会的公正の重視といった点を重視する人ばかりではなく、市場志向を持つ人々やジェンダー平等を志向する人々も相当数いることがわかった。今後、ＣＤＵが移民の背景を持つ人々へのリクルートメントを強化していくという方針を立てていることを考えると[10]、ますますCDU党員の性格は変化していくと考えられよう。

2 有権者

CDU／CSUはどのような有権者から票を得てきたのだろうか。性別、年齢、職業、宗派、地域からみてみよう（Jung et al. 2013）。

二〇一三年連邦議会選挙での結果をみると、CDU／CSUは女性票を大きく伸ばしている。CDU／CSUは女性票全体の四四％を獲得したが、これは二位のSPD（二五％）を大きく引き離していた。以前は男性から支持を得てきたため、この変化は大きい。前回選挙より八％も伸ばしている。一方、男性票でも全体の三三％を獲得している。これも政党別で第一位である。年齢層でみると、CDU／CSUを選ぶ有権者は比較的高齢であることで知られていた。しかし、二〇一三年連邦議会選挙では、すべての年齢グループにおいてCDU／CSUが第一党になった。六〇歳以上の有権者で五〇％以上の得票率をたたき出したこともそうだが、なにより、一八〜二四歳の若年有権者層でCDU／CSUが第一位になったことは驚きに値しよう。SPDが二四％であったのに対して、CDU／CSUは三〇％を獲得したのであった。職域別の投票先をみると、さらに驚くべき結果がみえてくる。従来、CDU／CSUは公務員、自営業、農業従事者から高い支持を得てきた。二〇一三年もこの職域からの支持は依然として高かったが、注目すべきは、この選挙で労働者からの票を最も得たのがSPDではなくCDU／CSUだったことであろう。CDU／CSUは労働者票三八％を集め、三〇％

のＳＰＤを上回った。特に組合に加入していない労働者からの支持は高く、そのうち四三％がＣＤＵ／ＣＳＵに投票した[11]。ＣＤＵ／ＣＳＵは、選挙分析で用いられる職域のすべてで前回選挙より得票率を伸ばし、第一党になった。特に票を伸ばしたのは、農業従事者と自営業者であり、二〇〇九年連邦議会選挙と比べると、前者からは一六％、後者からは一二％もの支持を上乗せした。宗派別でみると、ここではＣＤＵ／ＣＳＵはカトリックの五三％、福音派の四〇％を獲得している。自身を信心深いとみなすカトリックからは七三％もの票を得ている。重要なのは、無宗教のグループからの得票率である。ここでもＣＤＵ／ＣＳＵはＳＰＤをかわして、第一党になった。ＣＤＵ／ＣＳＵはこのグループの三〇％の票を得て、二九％のＳＰＤをかわしたのだった。学歴をみてみよう。従来、ＣＤＵ／ＣＳＵに投票する有権者の学歴はそれほど高くはないことで知られていた。しかし、ＣＤＵ／ＣＳＵは教育水準の最も高いグループの三〇％を獲得した。ＳＰＤは二五％であった。ここでもＣＤＵ／ＣＳＵが第一位であった。旧西ドイツ地域と旧東ドイツ地域で政党支持に大きな違いがあることはすでに「非対称的政党システム」として定式化されてきたところである。ＳＰＤは旧東ドイツ地域で弱いままだったが（得票率二〇％）、ＣＤＵ／ＣＳＵは旧西ドイツ地域で四二・二％を獲得したうえに、旧東ドイツ地域でも三八・五％を得たのだった。

このように、ＣＤＵ／ＣＳＵに投票する有権者は大きく変化しつつある。これが一過性のものかどうかを判断するのは難しいが、現時点でいえば、これまでＣＤＵ／ＣＳＵへの支持が弱かった社会集団・社会層、すなわち、女性、若者、無宗教の人々、労働者からの支持を集めることに成功しているのである[12]。

ＣＤＵ／ＣＳＵ支持者の社会的バックグラウンドと並んで、ＣＤＵ／ＣＳＵに票が投じられた理由も重要であろう。「大統領制化」研究でも述べられているが、ドイツの有権者は首相候補によって投票先を決める傾向がますます強まっている（ポグントケ 二〇一四）。ＣＤＵ／ＣＳＵについていえば、二〇〇五年連邦議会選挙で同党に投票した有権者のうち、首相候補が決め手になったと答えた人の割合は一六％に過ぎなかったが、二〇一三年連邦議会選挙ではその割合は三八％に上昇している。一方で、ＣＤＵ／ＣＳＵの政策や実行力を理由に投票した人の割合は、二〇〇五年時点では五八％だったが、二〇一三年には三六％にまで下がった（Zolleis uud Schmid 2015）。二〇一三年連邦議会選挙でのＣＤＵ／ＣＳＵの勝利には、メルケルの個人的な人気や政治家としての評価が大きく寄与したといえるだろう。首相候補に関するアンケート調査をみても、メルケルはＳＰＤの首相候補のシュタインブリュック（Peer Steinbrück）に対して優位に立っていた（Jung et al. 2013）。選挙直前に行われた調査では、「どちらに親近感を感じるか」という項目においてメルケルは五二％を獲得し、一八％のシュタインブリュックを大きく上回った。そのほか、信頼性、実行力、専門知識のすべてでメルケルがシュタインブリュックに差をつけて優っていた。具体的な問題群にメルケルとシュタインブリュックのどちらがより適切に対応できるかについて聞いたアンケート調査でも、ほとんどの質問項目でメルケルの能力がより高く評価されていることがわかっている。唯一、シュタインブリュックは社会的公正への配慮の点でメルケルを凌駕したが、それはＳＰＤの首相候補であれば当然といえよう。

Ⅳ　党運営とリーダーシップ

第一次～第三次メルケル政権期、CDU／CSUの党運営はどのように変化したのだろうか。また、CDU／CSU内でメルケルはどのようなリーダーシップをとったのだろうか[13]。あらかじめごく簡潔に述べておくなら、CDUでは次第にメルケルの権力基盤が強化されていった。一方、メルケルにやや遅れてCSUではゼーホーファーが党内権力基盤を手に入れる。姉妹政党それぞれでリーダーの権力が強化されていった結果、第三次メルケル政権になるとCDU／CSUは二頭制の様相を呈するようになった。もちろん、バイエルンのみで活動するCSUよりCDUが優位に立っており、譲歩を迫られるのはメルケルではなくてゼーホーファーであるため、不均等な二頭制ではある。しかし、一部の政策でCDUとCSUの距離がひらいたことも相まって、メルケルとゼーホーファーの関係は対立的になる場合もあった。

1　第一次メルケル政権

第一次政権発足時、メルケルの党内基盤は盤石とは言い難かった。彼女は州首相を経験しておらず、党内に州組織からの仲間を持たなかった。メクレンブルク＝フォアポンメルン州の州組織代表を務めたが、ベルリンでの活動に勤しんでいた彼女は州組織にかかわる機会は多くなかったし、州首相でも州閣僚でもなかったために手腕を発揮する場面も少なかった。また、メクレンブルク＝フォアポンメルン州自体が人口も少なく、経済・財政的にも脆弱な州であった。一方、党の重鎮のなかには、恩師・コールを批判することで名を挙げたメルケルに対して不信の目を向ける者もいた。とりわけコールに近しい政治家はメルケルに対してあからさまな警戒心を表明していた。加えて、彼女はプロテスタントであり、党内のカトリック系協会に所属していなかった。プロテスタント系ワーキングサークル（ＥＡＫ）に所属していたが、そこで有力な政治家に出会えたわけではなかった。超宗派的な政党とはいえ、カトリックが優勢の党内では難しい立場にあった。唯一、信頼できる仲間といえるのは、再統一のプロセスで関係を深め、メクレンブルク＝フォアポンメルン州の同僚だったデメジエール（Thomas de Maizière）くらいであった。

それでも彼女が党の首相候補になりえたのは、コールの闇献金疑惑によってショイブレをはじめとする有力者が相次いで要職を退いたためであった。ドイツの場合、州首相に次期連邦首相候補がそろっているのだが、その頭目であるヘッセン州首相・コッホ（Roland Koch）はこの闇献金疑惑に巻き込まれてしまった。そのため、メルケルの対抗馬にはなりえなかった。党内には、そのほかに首相候補になりうるような政治家がいなかった。連邦レベルでのライバル・メルツ（Friedrich Merz）は新自由主義を前面に押し出していたこともあって、敵も多かった。党内の意見をまとめることに熱心でなかったこともあり、資質を疑問視する声もあった。こうして、事実上、メルケル以外に選択肢はなかった。ＣＤＵがこのような異例の状況にあったからこそ、彼女は首相候補に選ばれ、首相にまで上り詰めることができたといえる。

党内人脈に乏しいことは、エアハルト政権期にみられたように、首相にとって致命的となりうる。

場合によっては、政権はレームダックとなり、首相職を追われることになりかねない（Bösch 2002）。そこで、メルケルはまずは党内での人脈作りに力を入れる。朝会や女性会という会合を組織して、仲間になりうる人物を集めた。特に女性会は重要な役割を果たした。そこには、その後、閣僚ポストを歴任するフォン・デア・ライエンもいれば、教育・研究相を担当したシャヴァン（Annette Schavan）もいた。重鎮たちとの関係改善も不可欠な作業だった。なかでもショイブレは「コール・システム」[14]の中心にいた人物であり、重鎮のなかでもいち早く関係を改善すべき政治家だった。メルケルがショイブレに内務相ポストを用意したこともあって、その後、関係は大幅に改善されていく。こうしてメルケルは次第に権力基盤を固めていった。もともと「首相選挙組織（Kanzlerwahlverein）」とも呼ばれるCDUの場合、いったん政権をとれば党組織は首相につき従うことが多かったため、首相になりさえすれば、そのリーダーシップは強化される可能性があった。

第一次政権ではCDU／CSUとSPDの大連立だったこともメルケルの党内基盤を強化する方向に働いた。キージンガー政権もそうだったが、大連立政権では連立政党間協議会が大きな役割を果たす。CDU／CSUのパートナーはもうひとつの「国民政党」のSPDであり、ジュニアパートナーのFDPではなかった。これまでCDU／CSUがFDPにしてきたように、「貸し票[15]（Leihstimme）」の恩を返すよう圧力をかけて、自党の要求を通すこともできない。CDU／CSUは一丸となってSPDとの交渉にあたる必要があった。SPDとの連立政党間協議会が影響力を持ったことは、裏を返せば、党内利害調整が相対的に重みを失うことを意味していた。メルケル、シュトイバー（Edmund Stoiber）、ミュンテフェリング、ベック（Kurt Beck）といった党首・副党首のみで行われる会合が実際の最終決定機関となり、次第にCDUでもCSUでも党内の意思決定が形骸化していった。

連邦レベルおよび州レベルをみても、当面はメルケルに反旗を翻すような有力政治家は見当たらなかった。大きな理由は、先述の通り、コール政権期に党中枢にいた政治家たちの多くが闇献金疑惑によって権威を失墜させていたからである。そこから距離をとっていたCSUのシュトイバーが唯一メルケルのライバルになりえたかもしれないが、彼は首相候補として二〇〇二年連邦議会選挙を戦い、思ったように票を伸ばせずにシュレーダーに敗れていた。これは時の運で片付けられるものではなく、シュトイバーの保守的イデオロギーが有権者に受け入れられなかったことを意味していた。その後、シュトイバーの求心力は低下していく。結局、彼はメルケル政権での入閣を固辞し、バイエルン州首相にとどまることになった。州レベルでは、当面はそのほかに有力者はいなかった。唯一、ヴルフ(Christian Wulff)がメルケルの対抗馬になる可能性を持っていたといえよう。ニーダーザクセン州首相として教育や財政改革に取り組み、とりわけ深刻だった財政問題を改善させた彼には期待が集まっていた。確かに州で実績をあげつつあったヴルフだったが、メルケルに対抗しうるような存在感を放っていたかというと疑問符が付く。弁が立ち、知性があり、さわやかな風貌であるために人気は高かったが、押しの弱い面があり、その資質を疑問視する声もあった。

こうして第一次政権が始まって間もなくして、メルケルの党内権力基盤は固められていった。しかし、ジュニアパートナーではなくSPDとの連立だったために、執政府においてはメルケルが主導権を発揮できない場合もあった。とりわけ、内政においては労働社会相や経済相などの内政の要職をSPDに明け渡していたため、メルケルがリーダーシップを発揮する場面は必ずしも多くはなかった。

ＳＰＤとの関係でいえば、見逃せないのは、外交政策における主導権の奪い合いだろう。ドイツでは、外交政策の方針とその成否は首相と外相のタンデムにかかっている。外相はＳＰＤのシュタインマイヤーであり、ＳＰＤは実績を上げることができたはずだったが、シュタインマイヤーはクルナッツ事件にかかりきりになっていた。連邦議会調査委員会の取り調べを受けており身軽に動くことができなかったシュタインマイヤーに代わって、メルケルが外交政策で主導権を発揮していくことになる。首相就任直後にワシントンを訪問し、アメリカとの関係改善に乗り出すと同時に、ロシアや中国には人権侵害をやめるようシグナルを送った彼女の外交は、ＳＰＤのみならず、緑の党の議員にも評価されたのだった。リスボン条約の批准を目指し、停滞するＥＵ統合に取り組む姿勢を示したこともあって、メルケルは外交政策で評価を高めることができたし、これを独り占めにすることができた。シュレーダーが従来のドイツ外交から逸脱していたため、まずは常道への回帰が目立ったメルケル政権ではあったが、それだけでも高い評価を得ることができたのである。シュレーダーの後任であったことが幸運だったということだろう。外交政策で評価を高めたことは、党内におけるメルケルの権力をより強固なものにした。

さらに付け加えれば、ドイツの景気は総じて上向きだったことも重要である。リーマンショックの波に襲われたときには景気は落ち込んだが、迅速な財政出動の効果もあって、その後、次第に回復していった。短期的な財政出動においてはシュタインブリュック財務相が重要な役割を果たしたが、メルケルとの連携がとれていなければ他国と同様の危機に陥っていたのかもしれない。経済のかじ取りにおいてもメルケルは評価を高めることになった（近藤 二〇一三）。

ＣＳＵに目を向けてみよう。メルケルのリーダーシップが強まり、シュトイバーが影響力を失ったことによって、連邦レベルでＣＳＵの影響力は明らかに弱まった。その後、党内の抗争からシュトイバーは二〇〇七年に州首相の座を辞し、ベックシュタイン（Günther Beckstein）が新たな州首相に就いた。しかし、彼が不人気であったことと、内紛で党の評判が落ちていたこともあり、ＣＳＵは二〇〇八年九月のバイエルン州議会選挙で大敗を喫してしまう。前回選挙から一七％以上も得票率を下げ、バイエルン州での単独政権を失うことになる。ベックシュタインの後を継いで州首相になったゼーホーファーは、ＣＳＵは党としてのプロフィールを鮮明にしなければならないと強く主張した。彼は、たとえば、メルケル政権の方針と相反する付加価値税の引き下げなどを打ち出すようになる。もちろん、連邦議会ではＣＤＵと協力関係を維持する姿勢に変わりはなかったが、州議会選挙での大敗の直後からＣＳＵは「選挙戦」に入って挽回を期したのであり（Weigl 2015）、ＣＳＵは自己主張を強めていく可能性が高まっていたといえよう。

２　第二次メルケル政権

第二次政権で、メルケルの党内権力基盤はさらに強固なものになっていく。ＣＤＵ／ＣＳＵは前回選挙より高い得票率でＳＰＤに勝利した。その理由として、メルケルの個人的な人気と第一次政権時の政策への高い評価が挙げられる。前節で述べたように、投票先を決める理由として首相候補の資質を重視する有権者が急速に増えつつあった（Zolleis und Schmid 2015）。さらに、第二次メルケル政権の連立パートナーはＦＤＰだった。ＦＤＰは大躍進を遂げており、国民的人気が高く、やり手のヴェスターヴェレ（Guido Westerwelle）が君臨していたことから、気の抜けない相手ではあった。だが、ヴェスターヴェレが党首を退き、レスラー（Philipp Rösler）が後継となってからは、メルケルと渡り合うことは無理だった。ドイツは好景気の波に乗り、リーマンショックから立ち直っていく過程にあった。その果実は、リーダーシップの欠如から国民はおろか自党の支持者・党員のあいだでも不人気だったレスラーではなく（*Handelsblatt* 2012/5/3）、メルケルのものになった。彼女の評価はますます高まり、党内はメルケルの「一強」になりつつあった。メルケルは新たなインフォーマルな組織を立ち上げ、その地位を不動のものにしていく。彼女とCSU党首、CDUとCSUの院内総務、CDUとCSUの州首相を集めたいわゆる「メルケル会合（Merkel-Runde）」が定期的に開催され、事実上、連邦幹部会の上部に位置して党の運営を行ったのだった（Zolleis und Bartz 2010）。

連邦レベルでは、メルケルのライバルになるような人物は育っていなかった。家族政策の転換で功績をあげたフォン・デア・ライエンはその実力が認められた政治家ではあった。しかし、彼女はメルケルが催していた女性会のメンバーであり、たとえ個人的な信頼関係は定かではなくても、メルケルの腹心に数えられる政治家であった。安定感のあるデメジエール内相も脚光を浴びつつあったが、彼こそメルケルの側近中の側近だった。CSUのグッテンベルク（Karl-Theodor zu Guttenberg）国防相は若く、選挙にも強かったため、将来を嘱望された政治家ではあったが、博士論文の剽窃が明るみに出て連邦議員を辞職してしまった（*Süddeutsche Zeitung* 2011/2/24）。州レベルはどうだろうか。ニーダーザクセン州首相のヴルフが次世代のスターと目されていたのはすでに述べた通りである。しかし、ヴルフは連邦大統領に推薦されることを受け入れたために、首相へのキャリアパスから外れた。二〇〇五年、ドイツ最大のノルトライン゠ヴェストファーレン州で久々のCDUの州首相となったリュトガース（Jürgen Rüttgers）は、有力派閥の社会委員会派[16]に近く、社会政策に精通した政治家として名高かったが、二〇一〇年州議会選挙で敗北し、首相候補レースから脱落していた。このように、州レベルからメルケルの党内権力基盤を脅かすような人物は現れなかった。州レベルでCDUがますます票を失い、州首相を輩出することがなくなっていったことも重要であった（Zolleis 2014）。リュトガースはその波に飲み込まれてしまったといえるだろう。

政策面ではメルケルは一定のリーダーシップを発揮した。第一次政権時に憲法条約を引き継いだリスボン条約の批准にこぎつけており、EU重視への回帰が評価を得ていたが、ギリシャ危機への対応についてもCDU／CSU議員を中心に賞賛の声が上がった。ギリシャに強く緊縮財政を求めた姿勢にはSPDや緑の党などから批判が浴びせられたものの、EUとユーロを防衛しようというメルケルの姿勢は広範な有権者の支持を得たのだった（*Der Spiegel* 2012/8/2）[17]。内政面では、減税と社会保険構造改革を訴えるFDPにブレーキをかける役割を果たした。景気は上向いたために大規模な改革の必要性は減じており、加えて、老人や子どもの貧困がクローズアップされていた当時[18]、CDU／CSUがFDPに引きずられて新自由主義的な改革に進むのは危険であった。ゼーホーファーを中心にCDU／CSU政治家たちは保健相を務めていたFDP新党首・レスラーたちと戦い、FDPの減税政策および社会保障改革を次々と棚上げしていった（近藤 二〇一四）。ここでの功績者はメルケルとはいえないが、彼女も要所で閣僚を側面援護した。

一方、CSUでは党内の権力関係が変化した。メルケル政権が発足してから、CSUは痛手を被ってきた。二〇〇八年州議会選挙に敗れて単独政権を失ったことや、党の将来を担うと考えられていたグッテンベルクが議員辞職したことが例に挙げられるだろう。混迷のなか、ようやくCSUに光明が差した。ラムザウアー（Peter Ramsauer）やグロス（Michael Glos）らとの権力闘争の末、ゼーホーファー党首の存在感が一段と増したのである。メルケル政権に近すぎる、あるいはミュンヘンを顧みずにベルリンでの活動に勤しんでいるという批判を受けていたゼーホーファーではあったが、連邦レベルでCSUの影響力を確保することが党の将来のためになると訴えて、第一次政権時にもまして連邦議会でCSU独自の主張を唱えるようになった。そして、彼は実際に成果をあげたといってよい。たとえば、育児手当や家族介護時間法といった「再家族化」政策を実現し（Weigl 2015）、FDPの人頭定額保険料制度に強く反対して、存在感を強めた。社会委員会派が衰退したことでCDU／CSUの福祉政策をめぐる権力関係に空白が生じていたが、ゼーホーファーはそこを鋭く突いたのであった。CDUでは敵がほとんどいなかったメルケルに抵抗し、注目が集まったことで、ゼーホーファーはバイエルン州で人気を博すことになった。結果としてCSUは、二〇一三年のバイエルン州議会選挙で得票率を四・三％伸ばして四七・七％を獲得し、再び単独で州政権を担うことになった。

3　第三次メルケル政権

二〇一三年連邦議会選挙の結果、CDU／CSUとSPDの大連立政権が誕生することになった。メルケルのリーダーシップは、第三次政権下でますます強力になっていく。大連立政権であったから、第一次政権時のように連立政党間協議会が重みを増し、政党内部の利害調整が形骸化していった。それだけではなかった。二〇一三年にCDU／CSUに勝利をもたらしたのは、政策プログラムではなく、メルケルの個人的評価・人気であった。ドイツについてもしばしば「大統領制化」が語られるが、まさにそこでいわれているように、選挙過程の個人化が生じていたのである（ポグントケ 二〇一四）。この選挙でCDU／CSUに投票した有権者をみると、首相候補の個人的資質を理由に投票した有権者の割合が党の政策に基づいて投票した有権者のそれをはじめて上回ったのである。前節で述べたように、ますます首相候補が選挙過程で重要な役割を果たすようになっていた。州レベルでは、ヴルフ以後はめぼしい人材は現れていなかった。連邦レベルでも似たような状況だった。メルケルの人脈の網が張りめぐらされており、彼女を脅かすような存在はいなかった。党の有力者といえば、やはり、フォン・デア・ライエンであり、デメジエールであろう。女性として初めて国防相を拝命したフォン・デア・ライエンも、引き続き内相を担当していたデメジエールも、さらにキャリアを積んで首相の座を狙ってもおかしくない政治家に成長していた。しかし、先述の通り、二人ともメルケルに近い人物であったため、メルケルの党内基盤を脅かす存在ではなかった。

「メルケル会合」はすでに解散していたが、それでもメルケルは党を統制することに成功した。このことは、二〇一五年の「難民危機」で明らかになった。二〇一五年、およそ一一〇万人の難民がドイツ国境を越えて流入した。その引き金の一つは、八月のメルケルの発言であり、ダブリン条約でハンガリーなどに留置されているシリア難民を受け入れることを公にしたことだった。この発言は、十分に党内で議論されたものではなかったし、もちろん党の承諾を得ていたわけでもなかった。EU諸国との調整を経たものでもなかった。その後、次々と問題が起こる。難民受け入れ施設は足りず、支援人員も不足しており、難民申請業務はパンク状態に陥った。それでもメルケルは「我々はやり遂げる（Wir schaffen das）」をスローガンに、上限なき難民の受け入れを進めた。しかし、これに不満を抱える政治家が党内にも相当数いたことがメディアによって明らかにされている（*Der Spiegel* 2015/11/15）。この時期、メルケルの支持率も急落していった。もともと非常に高い支持率だったのでそれほど目立つことはなかったが、二〇一五年九〜一〇月には五〇％程度にまでに落ち込んだ（*FAZ* 2015/9/27）。CDU／CSUの支持率も下がり、依然としてSPDを大きく引き離していたはいたものの、同時期に三五％近くにまでなることがあった。二〇一六年二月のエッセン党大会でメルケルは党首に再任されたが、党員投票の得票率は八九・五％であり、在任中二番目に低い結果だった。

党内に不満が蓄積していたが、表立ってメルケルを批判する政治家はほとんどいなかった。表立って彼女に異議を唱えたのはザクセン・アンハルト州首相のハーゼロフ（Reiner Haseloff）くらいであった（*Der Spiegel* 2015/12/11）。彼はCDUの州首相で団結して難民受け入れ数に上限を設けるよう動き出したが、賛同者が集まらずに失敗に終わった。二〇一六年の党大会でもメルケルは自らの方針を変えないことを主張したが、党大会で反対意見が述べられることはなかった。党首選に対抗馬が出るのではないかという噂すらなく、メルケル降ろしが起こる気配はなかった。CDU／CSUの政治家たちは、不満があってもまずはメルケルを支援する以外に術がなかった。このことは、メルケルがいかに党内で盤石の体制を築いていたかを物語っている。

その他の政策、とりわけ、内政で大きな改革がいくつもあったが、これは基本的にSPDが主導したものだった。第三次政権において、メルケルは内政からはさらに手を引いていった。最低賃金も年金支給開始年齢の引き下げも大胆な改革だった。これはSPDのナーレス労働社会相が推進したものであり、CDU／CSUに少なからぬ反対があったものの、押し切って可決された（*Die Zeit* 2014/5/23）。同性婚も同様であり、メルケルはSPDの要望を聞き入れて、法案の提出を容認したのだった（*Die Zeit* 2017/6/27）。連立パートナーであるSPDは支持率の低下に苦しんでおり、CDU／CSUが順調に支持を伸ばすことを危険視していた。第一次政権で大連立を組み、その後に野党に転落したため、SPDがそうした警戒心を抱いていたのもうなずける。連立政権内部でメルケルの足を引っ張ろうとする動きを抑えるためにも、彼女はあえてSPDにも得点を稼ぐ機会を提供したといえよう。失業率は低下し、出生数は増加し、財政収支は改善され、難民危機にどうにか対応したことはSPDではなく首相であるメルケルの評価を高めることになったが、これが行き過ぎてSPDの反感を買わないように配慮したともいえるだろう。このように、メルケルはときにライバルで連立パートナーであるSPDに塩を送って、難しい相手を非常に巧みにコントロールしたといえよう。

一方、この時期、難民問題をめぐってCDUとCSUが対立する場面がみられるようになった。CSUではゼーホーファーが強固な権力基盤を持つにいたっていた。ゼーホーファーは、メルケルの難民政策に対する連邦議会内の最大の批判者だった。彼は難民受け入れについて上限を設けるべきだと繰り返し主張し（平島 二〇一七）、二〇一七年連邦議会選挙が迫っても主張を変える気配がない。メルケルとの関係は悪化の一途をたどったが、どうにか姉妹政党関係は崩さずに踏みとどまっている。唯一、メルケルに抵抗していたためにゼーホーファーはメディアに頻繁に登場したし、CSUが活動するバイエルン州で個人的な人気が高まっていった。二〇一七年二月のメルケルとの会談の後は両者の関係は改善しつつあるといえるし、[19] 難民受け入れ数の上限を選挙プログラムに盛り込むことについてもゼーホーファーが大幅に譲歩して、結局のところ記載されなかった。ゼーホーファーの態度は軟化しつつあるといえるだろう。

姉妹政党のCDUとCSUは、一体となってはじめて全国政党たりえるし、首相を輩出することができる。それぞれの政党内でのリーダーシップと並んで、CDU／CSU内部のリーダーシップも重要である。そう考えると、メルケルとゼーホーファーの二頭制が成立してからは、CDU／CSUの党運営がトップダウン型になったとはいいにくい。CDU内ではメルケルが揺るがぬ地位を築いてはいるが、CSUが自律性を高めていることにも注意を払う必要があるだろう。

おわりに――CDU／CSUの現代化

メルケル政権期にCDU／CSUはどのような変化を遂げたのだろうか。CDUは政策面で大きく変わった。脱原発へと舵を切り、移民・難民の受け入れと社会統合に取り組み、男性稼ぎ手家族からの離脱も進めていった。もちろん、すべての政策でこうした変化が観察されたわけではなく、福祉政策では社会保険国家の維持という従来の路線を踏襲することもあったし、外交政策では、独仏協調や親EUといった点では従来の方針が継承されている。このようにたしかに一定の連続性は観察されるものの、脱原発、移民・難民政策、家族政策の変化はCDUの基本方針からの逸脱であり、大規模な路線転換だったと評価できる。現代的な諸問題に対して、それまでの路線に固執することなく開かれた態度をとったという意味で、党が「現代化（Modernisierung）」したと表現できるだろう。ここでいう現代化は、一九七〇年代末までの現代化とは性格を異にしている。シェーンボームは、党員の増加、党基礎組織の活性化、民主的意思決定の定着を指して、連邦共和国建国から三〇年のあいだにCDUが現代的な政党になったと論じた（Schönbohm 1985）。つまり、彼は党組織の変化から現代化という趨勢を読み取っているのだが、これを仮に「第一の現代化」と呼ぶなら、メルケル政権期の「第二の現代化」は党組織ではなく政策の変化として表れたといえる。一方、CSUの変化はCDUほどではなかった。家族政策や難民政策では従来の方針を守ろうとする姿勢が顕著であった。福祉政策も同様だった。もちろん、CSUもCDUの基本方針に反対したわけではないため、選好を変化させなかったとはいえないが、その振り幅はCDUより狭かったと考えられる。

党―社会関係をみると、CDU／CSUの党員が大きく変化しているのは間違いない。従来のタイプの党員は減少しており、高学歴で職業的地位の高い人々が増えている。また、CDUの党員にはジェンダー平等を志向するような自由主義者が相当数いることがわかっている。CDU／CSUに投票した有権者をみれば、女性、若年層、高学歴者、無宗教の人々からの支持が伸びているのは明らかである。高齢化の著しい「伝統的支持層」の縮小が見込まれるなかで、CDU／CSUはあえて新機軸を打ち出し、新たな有権者の獲得に向かったといえるだろう。

しかし、新機軸を打ち出した結果、もともとの支持者を大きく失うことになれば、新しい路線が覆される可能性もある。この観点からみると、二〇一三年連邦議会選挙までは、CDU／CSUにとって現代化を進めるのに好都合な状況があった。この選挙でＣＤＵ／ＣＳＵに投票した有権者のうち二二％は依然として政党との紐帯意識に基づいて投票していた。こうした紐帯意識は伝統的支持層に特徴的であるが、つまり、彼女／彼らにとって政策は二次的な問題に過ぎなかったのである。紐帯意識が弱まり、ＣＤＵ／ＣＳＵへの忌避感が強くなったとしても、伝統的支持層にはほかに票を投じられる政党がほとんどなかった。少なくとも二〇一三年九月の選挙まではそういえるだろう。ＳＰＤを敵視する彼女／彼らにとって、ＦＤＰやＡｆＤが代替的な投票先になりうる。しかし、第二次メルケル政権で政権に参加していたＦＤＰは、リーダーシップの欠如から公約に掲げた政策をほとんど実行できておらず、有権者の信頼を失っていた。ＡｆＤは、当時はまだ単一争点型の「反ユーロ」政党としての性格が色濃く、急造政党であり、右翼的傾向も懸念されていた（近藤 二〇一七）。この時期までは、両政党は大きな受け皿にはなりにくかった。

しかし、二〇一四年になると状況が変化していく。二〇一四年には旧東ドイツ地域での州議会選挙でＡｆＤが躍進し、二〇一五〜二〇一六年前半には旧西ドイツ地域での州議会選挙でＦＤＰが盛り返していた。ＣＤＵ／ＣＳＵ支持者はＡｆＤとＦＤＰを代替的投票先として選ぶようになっていた。ＣＤＵ／ＣＳＵの現代化は複数の要素によって構成される。二〇一三年の選挙までに行われた現代化、すなわち、家族政策における社会サービスの拡大、移民の社会統合の促進、原発の段階的廃炉は有権者に歓迎されていた。しかし、第三次メルケル政権下で行われた難民の上限なき受け入れは違った。これはＣＤＵ党員の離反を招いたし、世論を二分するものだった。結果として、ＣＤＵ／ＣＳＵはＡｆＤの躍進というかたちで現代化の代償を支払うことになった。一方、ＦＤＰへの票の流出は現代化の代償とはいえない。むしろ、CDU／CSUが福祉政策の基本方針を刷新できなかったことに起因している。第三次政権は、年金の部分的拡充や最低賃金の導入などにみられるように福祉国家の拡大へと向かったが、これが新自由主義を掲げるFDPにとって追い風となった。二〇一七年連邦議会選挙でCDU／CSUは第一党の座を守ったものの一九四九年以来の低得票率に終わった。一三〇万票がFDPに、一一〇万票がAfDに流れたのである。難民政策で現代化を推し進めたことと福祉政策で従来型の路線を推し進めたことによる二重の代償を支払ったといえるだろう。

党運営に注目するなら、まずCDUでメルケルが、次いでCSUでゼーホーファーが党内権力基盤を固めていったことが明らかになった。結果として、第三次メルケル政権においては二頭制ともいえる状況が立ち現れた。ただ、CDU／CSUにとって両者のあいだで別個のハイアラーキーが形成されることは目新しいことではない。CSUでシュトラウス（Franz Josef Strauß）やシュトイバーが党首を務めていた時代にもみられたことであった。また、この二頭制では、CDUがCSUに対して優位に立っており、不均等なものである。バイエルン州のみで活動するCSUがCDUと対等になるのは難しい。ともあれ、ゼーホーファーより先にメルケルが党内で盤石な権力基盤を築いたからこそ、迅速な政策変化が可能だった。第二次政権までの家族政策の転換や脱原発は、そうした政策に該当しよう。難民危機の頃にはゼーホーファーがCSUで確固たる地位を築いていたため、政策転換自体は達成されたが、依然としてCDUとCSUのあいだで火種がくすぶる結果となっている。

メルケル政権下での一二年間、CDU／CSUは現代化を推し進めてきた。では、CDU／CSUが保守政党だとしたら、何を「保守」しようとしているのか。この問いに答えることはますます困難になっている。CDU／CSUは、一つまた一つ党の看板を下ろしてきた。今後は、CDU／CSUはどのように変化していくのだろうか。これからもその動向を注視していく必要があるだろう。

※本章を執筆するにあたって研究助成（基盤研究（C）、課題番号：一七K〇三五四〇）を受けた。また、ヴェークナー氏（Bertil Wegner：CDU国際部局長）とギュントナー氏（Michael Güntner：CDU連邦議会議員）へのインタビューが参考になった。記して感謝申し上げたい。

《注　釈》

（1）例外として、第一次および第二次メルケル政権期のCDU／CSUを扱ったツォライスとバーツなどの研究がある（Zolleis und Bartz 2010; Zolleis 2014）。また、二〇一三年連邦議会選挙直後のCDUとCSUを分析したツォライスとシュミットなどの研究も存在する（Zolleis und Schmid 2015; Weigl 2015）。

（2）出所不明の献金をコールおよびその側近たちが受け取っていた問題であり、一九九九年からCDUを揺るがす大問題に発展した。結局、コールは出所を明らかにしなかったために、国民からの批判が高まった。

（3）所得に応じた保険料負担ではなく、所得にかかわらず定額の保険料を課すのが人頭定額保険料制度であり、これは応能負担を原則とするドイツ社会国家にとって大きな変革となりえた。

（4）ドイツは保守主義型福祉国家の典型とされている（エスピン＝アンデルセン 二〇〇一）。

（5）正式名称は、家族・高齢者・女性・青少年大臣である。

（6）ブレーメン生まれのクルナツ氏が、パキスタンで逮捕され、テロリストであるという証拠が不十分なままにグアンタナモ収容所に拘留されていた。彼はのちにそこで拷問を受けたと告白しているのだが、二〇〇二年にアメリカから保釈の打診があったにもかかわらずドイツ政府がこれを断ったのではないかという疑惑が持ち上がった。シュタインマイヤーは連邦情報局を監督する立場にあり、この決定に強くかかわったとみられており、対応に追われていた。

（7）シュテルンやヴェルトなどの雑誌や新聞だけではなく、CSUやCDUの議員も自党の方針を「社会民主主義化」と表現することがあった。

（8）連邦政治教育センターのサイトの情報によっている。性別と年齢は二〇一六年、それ以外は二〇〇九年のデータである <http://www.bpb.de/politik/grundfragen/parteien-in-deutschland/140358/anteil-frauen>（二〇一七年八月二八日最終アクセス）。

（9）アビトゥアはギムナジウムの卒業試験であり、合格すれば大学入学資格を得ることができる。

（10）ギュントナー氏へのインタビュー（二〇一五年一一月一九日）。

（11）一方、SPDは二四％だった。

（12）二〇一三年連邦議会選挙についていえば、「新しい保守派」の支持がCDU／CSUに勝利をもたらしたとされる（野田 二〇一七）。緑の党の支持者である「新しい保守派」とは、社会的に高い地位や収入を持ち、そうした地位や財産の維持を求める一方、社会文化的には開放的でリベラル、寛容を志向するが、ラディカルな改革は忌避する傾向にある。野田は、こうした層がCDU／CSUに流れたことが大きな意味を持ったと分析している。

（13）第一次政権については、基本的に近藤（二〇一三）によっている。

（14）再再統一以後、コールはCDUの内部に人脈の網を張りめぐらし、利用できそうな人物を発掘する一方、ライバルになりそうな人物を党中央から排除していった。こうした権威主義的な党の統制は「コール・システム」と呼ばれた。

（15）CDUが小選挙区で議席を確保することが確実視されている場合に、自党の支持者に第二票（比例票）をFDPに投じるよう促し、FDPの議席獲得をサポートするという方法である。特にコールは、FDPがCDUのジュニアパートナーとして一定の議席を保持することを望んでいたために、この手法を活用した。

（16）キリスト教労働者翼とも呼ばれる。キリスト教労働組合のみならずドイツ労働総同盟からも支持を得るCDU／CSUの有力派閥である。CDU／CSU政権で、連邦雇用庁長官や労働社会相を継続的に輩出する一方、社会委員会でも有力ポストを得て、党の社会政策の方針に強い影響力を及ぼしてきた。しかし、一九八〇年代から労働組合員と派閥構成員の減少によって弱体化の一途をたどっている（近藤 二〇〇九）。

(17) 二〇一二年七月、ギリシャ危機をめぐる対応が検討されていた最中に、メルケルの支持率は最高値を記録した。
(18) アジェンダ二〇一〇から一〇年が経とうとしていた二〇一二年頃になると、ハルツ改革の功罪がたびたび報じられるようになった。
(19) ヴェークナー氏へのインタビュー（二〇一七年八月一九日）。

《参考文献》

板橋拓己（二〇一四a）『アデナウアー』中央公論新社．

――（二〇一四b）「EUとドイツ」西田慎・近藤正基編『現代ドイツ政治』ミネルヴァ書房、一七四～一九七頁．

エスピン＝アンデルセン、イエスタ（二〇〇一）『福祉資本主義の三つの世界』（岡沢憲芙・宮本太郎監訳）ミネルヴァ書房．

河崎　健（二〇一七）「統一ドイツ下のキリスト教民主同盟の発展と近年の動向」上智大学外国語学部紀要五一号、五七～七六頁．

河島幸夫（一九九五）「キリスト教民主同盟・社会同盟：戦後ドイツの宗教政党」西南学院大学法學論集二七巻四号、六五～一一八頁．

葛谷　彩（二〇一四）「外交政策」西田・近藤編（二〇一四）二〇〇～二二四頁．

近藤正基（二〇〇九）『現代ドイツ福祉国家の政治経済学』ミネルヴァ書房．

――（二〇一三）『ドイツ・キリスト教民主同盟の軌跡』ミネルヴァ書房．

――（二〇一四）「メルケル政権の福祉政治」海外社会保障研究一八六号、四～一五頁．

――（二〇一六a）「ドイツにおける憲法改正の政治」駒村圭吾・待鳥聡史編『「憲法改正」の比較政治学』弘文堂、二三一～二六二頁．

――（二〇一六b）「メルケル政権」森井裕一編『ドイツの歴史を知るための五〇章』明石書店、三五六～三六二頁．

――（二〇一七）「排外主義政党の誕生」新川敏光編『国民再統合の政治』ナカニシヤ出版、一七九～二一〇頁．

佐藤成基（二〇一四）「移民政策」西田・近藤編（二〇一四）二九三～三二〇頁．

白川耕一（二〇一四）「家族政策」西田・近藤編（二〇一四）二四八～二六八頁.
中井　歩（二〇一三）「ポピュリズムと地方自治」新川敏光編『現代日本政治の争点』法律文化社，九三～一一四頁.
西田　慎（二〇一四）「脱原発政策」西田・近藤編（二〇一四）二六九～二九二頁.
野田昌吾（一九九八）『ドイツ戦後政治経済秩序の形成』有斐閣.
――――（二〇一七）「ドイツ保守政治空間の変容」水島治郎編『保守の比較政治学』岩波書店，一九五～二一八頁.
平島健司（二〇一七）『ドイツの政治』東京大学出版会.
ポグントケ，トーマス（二〇一四）「大統領制化しつつある政党国家？」T．ポグントケ・P．ウェブ編『民主政治はなぜ「大統領制化」するのか』（岩崎正洋監訳）ミネルヴァ書房，九四～一一八頁.

Bösch, Frank. 2002. *Macht und Machtverlust*. DVA.
CDU/CSU. 2005. *Deutschlands Chancen nutzen.*
―――― 2009. *Wir haben die Kraft.*
―――― 2013. *Gemeinsam erfolgreich für Deutschland.*
―――― 2017. *Für ein Deutschland, in dem wir gut und gerne leben.*
Hopp, Gerhard, M. Sebaldt und B. Zeitler (hrsg.). 2010. *Die CSU*. VSVerlag.
Jung, Matthias, Y. Schroth und A. Wolf. 2013. “Angela Merkels Sieg in der Mitte.” *APuZ* No. 48-49/2013: 9-20.
Neu, Viola. 2007. *Die Mitglieder der CDU*. Konrad-Adenauer-Stiftung.
Niedermayer, Oskar. 2017. Parteimitglieder in Deutschland. *Arbeitshefte aus dem Otto-Stammer-Zentrum* No. 27: 1-82.
Schönbohm, Wulf. 1985. *Die CDU wird moderne Volkspartei*. Klett-Cotta.
Schwarz, Hans-Peter (hrsg.). 2009. *Die Fraktion als Machtfaktor*. Pantheon.
Weigl, Michael. 2013. *Die CSU*. Nomos.
―――― 2015. “Etappensieg, nicht Zielenlauf. Die CSU auf halbem Weg zur Erneuerung.” in O. Niedermayer (hrsg.). *Die Parteien nach der Bundestagswahl 2013*. VS Verlag: 71-102.

Zolleis, Udo. 2008. *Die CDU.* VS Verlag.

———— und J. Bartz. 2010. "Die CDU in der Großen Koalition." in C. Egle und R. Zohlnhöfer (hrsg.). *Die zweite Große Koalition.* VS Verlag: 51-68.

———— 2014. "Auf die Kanzlerin kommt es an." in R. Zohlnhöfer und T. Saalfeld (hrsg.). *Politik im Schatten der Krise.* VS Verlag: 73-92.

———— und J. Schmid. 2015. "Die CDU unter Angela Merkel." in O. Niedermayer (hrsg.). *Die Parteien nach der Bundestagswahl 2013.* VS Verlag: 25-48.

第7章

［オーストリア］固定支持層か浮動票か

――シュッセル内閣時代のÖVPと保守「復権」の実相

梶原克彦

選挙の「顔」、シュッセル
筆者撮影

はじめに

二〇〇〇年代のヨーロッパ政治にはいくつかの新たな状況が見て取れる。福祉、財政、欧州連合（EU）との関係、移民・難民問題への対処など、多くの共通する課題に取り組みつつも、ヨーロッパ各国でその担い手は政治状況とも相まって様々な勢力となっている。この政治勢力という点でみれば、近年のヨーロッパ各国における目立った現象として、「右翼ポピュリズム」と呼ばれるような、既成政党に代わる新たな勢力の台頭が確認できる。その一方で、イギリスでは保守党、ドイツではキリスト教民主同盟（CDU）、といったように保守系の既成政党が再び政権の座に返り咲き、いわば保守「復権」の様相を呈してもいる。こうした新旧の政治潮流がせめぎあうヨーロッパ諸国のなかで、オーストリアの政治状況はいくぶん特異な位置づけを有しているように思われる。

たしかにオーストリアでは、他のヨーロッパ諸国と共通する「右翼ポピュリズム」現象として、オーストリア自由党（FPÖ：Freiheitliche Partei Österreichs）の躍進を指摘できる。それどころか、かつてその党首であったイェルク・ハイダーの名前とともにいわば「右翼ポピュリズム」現象の代表例として人々の記憶に刻まれているかもしれない。とはいえ、自由党の得票率や議会への進出の度合いはヨーロッパの類例のなかで群を抜いており、それればかりか、国政と地方政治においてその勢力が常態化し、日常化している様は、他国での事例とは一線を画しているといえるだろう。翻ってオーストリアの保守勢力の動向をみれば、保守政党であるオーストリア人民党（ÖVP：Österreichische Volkspartei）

は、「保守復権」を閲した他の国々の保守系勢力とは異なり、二〇〇〇年代半ば以降は得票率の逓減が続き、低迷の状態にあった。もっとも、党首ヴォルフガング・シュッセル（Wolfgang Schüssel）のもと、二〇〇二年に行われた総選挙で同党は圧勝し、およそ三〇年ぶりに第一党に返り咲いていた。こうしてÖVPの党勢は長年の衰退から一躍復調を遂げたけれども、その後再び凋落傾向をみせていた。そうした趨勢は押しとどめようもないかのように、二〇一六年の大統領選挙では第一回目の投票で社民党（SPÖ）ともども完敗し、戦後初めて決選投票にも残れないという有様であった。この大統領選挙は、ヨーロッパのみならず日本でも「極右」政党の伸長という文脈で注目を集めたが、この事態とコインの裏表の関係にあったのが既成政党たるÖVPと社民党の低迷であった。

こうした長期的な党勢の趨勢のなかで、シュッセル期においても、そしてこれを挟む前後の時代にも、党勢の回復へ向けた営為が試みられてきた。この動きは自分たちの支持基盤とどう向き合うのか、という難題への取り組みでもあり、またオーストリアの政党地図のなかで自らの位置づけ（アイデンティティ）を模索することでもあった。本章では、同党を取り巻く様々な状況のなかで、同党がいかに自己を〝刷新〟し、〝復権〟を果たそうとしたのか、この点を二〇〇〇年以降のÖVPの動向を中心に考察するものである。その際、一九九五年から党首を務めていたシュッセルが、ÖVPと自由党（のちにはオーストリア未来同盟〔BZÖ：Bündnis Zukunft Österreich〕）との連立内閣において首相であった時期（二〇〇〇～二〇〇七年）に注目することで、党勢の「衰退」から「復調」、そして再び「停滞」へといたった過程をたどり、「保守復権の時代」においてオーストリアの保守勢力を取り巻く状況を解明する。

以下では、ÖVPの党勢の推移を歴史的にたどったのち、この盛衰劇をもたらした原因を、まずリーダーシップの観点から考察する。その際、合意型民主主義との対比を念頭におきつつ、党首であったシュッセルのポピュラリティが党内の力関係に与えた影響に注目したい。次にリーダーシップのあり方と〝新しい〟政策選好が党勢の推移に与えた影響を検討する。ここでは、福祉政策や移民政策、また新自由主義的政策などに着目し、従来の政策や支持獲得のあり方との異同、そして他党との差異化を確認していく。そして最後に、支持層の問題を分析する。ÖVPがとりわけ衰退していった一九八〇年代から一九九〇年代は社民党も緩慢に議席数を減少させ、「右翼ポピュリスト政党」たる自由党の躍進が認められた。しかし従来の支持者が大量に離反したわけではなく、当時の党員数は若干減少しつつも、他の諸国と比べれば依然として高い組織率を誇っていた。そこで、一方で有権者の既成政党離れと浮動票の問題を指摘しつつ、他方で従来のコーポラティズム的要素の存続にも注意を払って考察を行う。ÖVPの復活（そして衰退）の背景を以上の三つの要素から吟味し、オーストリアにおける保守勢力とその刷新の状況を論じていく。

I　ÖVPの歴史と現在

二〇〇〇年代に保守勢力が「復権」した国々では、それに先立つ一九九〇年代末は保守低迷といえる状態にあった。こうした二〇世紀末の各国で見受けられた保守の「衰退」という現象はオーストリアにおいても確認できるものである。けれどもそうした事象は一九九〇年代に突如始まったわけではなく、長期的な趨勢とみなしうるものである。

ÖVPの前身は帝政期以来の伝統を有するキリスト教社会党（CSP：Christlichsoziale Partei）である。大戦間期にオーストリアの政治勢力は、保守・社会主義・ドイツ民族主義という三つの「陣営」に分かれ、それぞれに政党を構成していたが、このうち保守陣営の結集政党であったのがCSPであった。CSPは大戦間期に数々の首相を輩出し、オーストリア政治を主導するも、同党出身のエンゲルベルト・ドルフース（Engelbert Dollfuß）による権威主義体制の樹立にともない一九三四年に解党した。第二次世界大戦後にÖVPは、このCSPを事実上継承し、新たに民主主義体制とオーストリア国家の堅持を基本的価値観として共有し、成立することとなった。その過程でÖVPは、ドイツ民族主義政党のひとつ、農村同盟（Landbund）をも吸収し、かつてのドイツ民族主義派の一部を取り込んだ。こうした経緯を経て、反マルクス主義の包括政党として、ÖVPは一九四五年から一九七〇年までほぼ第一党の地位にあった。いずれの政党も過半数を制することがない状況下で、社会党（SPÖ：Sozialistische Partei Österreichs）との大連立政権では、ÖVPはシニア・パートナーとして首相を輩出し続けた。一九六六年には得票率は四八％に達し、党首ヨーゼフ・クラウス（Josef Klaus）を首班とする単独政権を担う政党でもあった（以下、**図表7―1**参照）。

こうした顕然たる党勢はその後衰退傾向へと転じ、ÖVPは常に社会党の後塵を拝する議会内第二党となってしまった。一九七〇年代のほとんどを通じて社会党はクライスキー（Bruno Kreisky）のもと過半数を制するほどの勢いをみせ、同党の単独政権が続いた一方、ÖVPは一九七〇年の総選

図表７－１　1945 年から 2013 年の国民議会選挙における各党の得票率推移

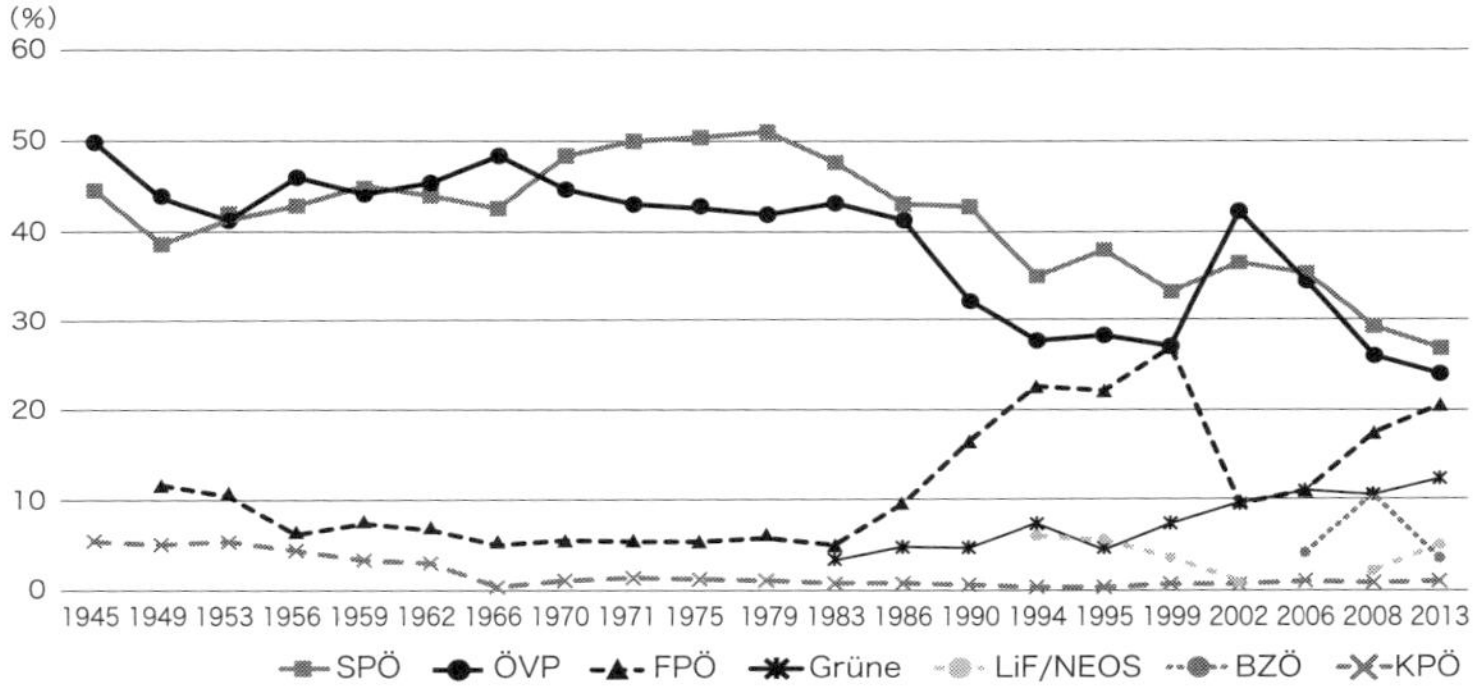

挙から回を重ねるごとに得票率を低下させ[1]、万年野党の地位に追いやられた。一九八六年に、ÖVPはアロイス・モック（Alois Mock）のもと、フラニツキー（Franz Vranitzky）率いる社会党との連立に参加し、久しぶりに政権復帰を果たしたものの、その立場は連立政権内のジュニア・パートナーのそれであった[2]。この流れは一九九〇年代に一層顕著となり、一九九五年より党首となっていたシュッセルのもと、ÖVPは一九九九年の総選挙に挑むも、社民党はもとより、自由党にも得票数で敗北を喫し、結果、第三党の地位にまで落ち込んだ[3]。

しかしこの選挙後、ÖVPは自由党との連立政権を樹立し（第一次シュッセル内閣）、ÖVPはおよそ三〇年ぶりに首相を輩出した。続く二〇〇二年の総選挙で同党は圧勝し、一九六〇年代末以来の第一党に返り咲くことになった。前回選挙から一五・四ポイント増という数字は、第二次世界大戦後のオーストリアの諸政党が国民議会選挙で獲得した得票のなかで、最大の伸び幅であった（Holzinger 2012: 13）。党首シュッセルは引き続き自由党と、二〇〇五年からはBZÖとの連立政権を樹立し（第二次シュッセル内閣）、ÖVPの党勢は一躍復調を遂げることとなった。けれども、二〇〇六年総選挙では再び敗北し、第二党の立場で社民党との連立政権に加わることになった。シュッセルはこの選挙後に党首を辞任し、農林大臣や院内総務を務めたモルテーラー（Wilhelm Molterer）がそのあとを継いだ。モルテーラーは、社民党との連立政権維持に困難を抱え、「もうたくさんだ」との言葉とともに、二〇〇八年の総選挙に挑むも大敗を喫し、党首には若手のプレール（Josef Pröll）が就任した。リベラル色の強いプレールの党首就任は党の若返りを期待させるものであったけれども、これは選挙結果には結びつかなかった。その後、三度の党首交代を重ねながら、二〇一三年に行われた総選挙でもÖVPの得票率は第二位ながらも自由党に肉薄され、党勢は衰微していった(4)。

このように長期的にみれば、オーストリアにおける「保守復権」は一九七〇年代より続く凋落傾向のなかで突如生じた「あだ花」のようにも思われる。そのかりそめの「復権」を可能にした要因をまずシュッセルの党運営に関して、一方で彼のポピュラリティに注目しつつ、他方で従来の党運営との類似性を確認ながら、シュッセル時代の特殊性を明らかにしていく。

Ⅱ　シュッセルの登場

シュッセルは一九四五年にウィーンで生まれ、ウィーン大学法学部を卒業後、すぐさまÖVP国民議会内会派の庶務として同党に加わった。一九七五年にオーストリア経済同盟（ÖWB：Österreichische Wirtschaftsbund）の事務局長（Generalsekrtär）[5]に異例の抜擢をされるなど、若くして頭角を現し、一九七九年からは国民議会議員となった。一九八九年には四四歳でフラニツキー内閣の経済担当大臣として初めて入閣することになる。一九九五年には五〇歳で党首に選出され、同内閣や次のヴィクトール・クリマ（Viktor Klima）内閣では副首相ならびに外相を務めた。初入閣以来、シュッセルはオーストリアのEU加盟の準備に携わっており、一九九八年にはEU加盟から三年後、オーストリアが初めて議長国となった際に、外相理事会の議長を務めた。一九九九年の総選挙で同党の結党以来の歴史的大敗を喫したのち、トーマス・クレスティル（Thomas Klestil）大統領の大連立組閣の意向に反して、自由党との連立内閣を二〇〇〇年に誕生させ、みずからは首相となった。EUによる制裁も引き起こしたこの黒青政権は、自由党の党内運営をめぐる亀裂をきっかけに一度終止符を打ち、二〇〇二年に改めて総選挙が行われた。この選挙でÖVPは第一党に返り咲くこととなり、シュッセルは権勢を振るうことになった。結果、シュッセルは二〇〇六年の選挙で敗北し二〇〇七年に党首ならびに首相を辞任するが、この一〇年以上の党首在任期間は、頻繁に党首交代を行う同党としては極めて異例の出来事であった。その後、シュッセルは二〇〇八年までは国民議会のÖVP会派院内総務の座にあり、二〇一一年に政界を引退している。

シュッセルが首相を務めた時代には、ÖVPにとってもオーストリアの戦後政治にとっても転換点と目される事象が登場した。第一はÖVPをめぐる票の動きである。同党は、一九九九年の総選挙では、自由党の「地滑り的」勝利の前に、戦後最低の得票率で第三党になったものの、続く二〇〇二年の総選挙では一五ポイント以上という戦後政治史上最大の伸び幅で第一党に返り咲いた。しかし二〇〇六年の総選挙では再び八ポイント失っている。こうした票の大きな増減はÖVPのみならず従来のオーストリア国政選挙では確認できないものであった。第二は連立形成における首相（候補者）の動きである。オーストリアにおいて組閣は連邦大統領による指名に基づいて行われるとされているが、第二共和政を通じて、第一党の党首を中心とした組閣にお墨付きを与えることが「慣例化」していた。ところが二〇〇〇年の総選挙後においては、大統領の意向は第一党であった社民党とÖVPの大連立内閣であったのに対して、ÖVP党首であったシュッセルは自由党との小連立内閣を模索した。当時のクレスティル大統領もÖVP出身ではあるものの、第一次シュッセル内閣は大統領と内閣との方向性が異なっていた点で、一種の「コアビタシオン」[6]のような特徴を持っていたといえる。これは大統領の意向に反して政権を動かす「強力な」首相の登場を印象づけた。これと関連して、第三に社民党とÖVPの「大連立」という戦後政治の常道が否定されることで、戦後オーストリアを特徴づけた「合意型民主主義」ではなく、「多数決型民主主義」のスタイルが登場したことを意味した。さらに、首相の改革への強い意向は、従来の合意型のもとでは実行できなかった改革の実現へと結実することとなった。オーストリアの「保守復権」にはこうした様々な動きが見受けられたが、まずそれらとシュッセルの指導力との関係を検討する。

Ⅲ　党の運営

もとよりÖVPの党首は、比例代表制で行われる国民議会選挙の筆頭候補者（Spitzenkandidat）として、選挙戦では常にポスターの全面を飾る等、党を具象化し牽引するイメージを有している。しかしながら、実際にはそのリーダーシップは非常に制約されたものであった。これはÖVPが間接的な（indirekt）政党であり、多くの党内「分派（Fraktion）」から成立していることに因っている（Müller 2006）。ÖVPは社民党とは異なり、統一的な全国組織を持たず、家族政党（Familienpartei）としての各州の「ÖVP」[7]、労働組合である三つの同盟《ブント》（ÖBB：オーストリア農民同盟、ÖWB：オーストリア経済同盟、ÖAAB：オーストリア被雇用者同盟）などの構成団体（Teilorganisation）[8]から形成されている[9]。基本的に三つの労働組合諸同盟への所属が党への加盟を意味するため、これらの同盟《ブント》は党員リクルートの面でも、党会費の徴収など財政的な面でも力を持っており、ÖVP指導部に対して非常に自律性が高い。また州の党組織も、従来極めて安定した強さを発揮し、選挙などの後援という点で、連邦党組織に対して影響力を行使しうる。実際、シュッセル以前に党首に就任した者たちは、いずれも州と特に強力な農民同盟の支持を得ていた。したがってÖVP党首が党内リーダーシップを発揮できるか否かは、こうした分派的な党組織との関係如何にあった。

ところで党組織の改革自体は一九九〇年代にも漸進的に進められてきた。これは党が三つの同盟《ブント》ではカバーできていない、新たな都市中間層の票を獲得するという政策方針を背景に有していた。産業構造の変化にともない[10]、従来の支持層の減少が避けられないなか、党執行部は新たな票田を取り込まんとし、自らの裁量を拡大しながら、三同盟《ブント》の執行部に対する容喙を避けるかたちを作ってきた（Müller et al. 2004: 160-161）。一方で、一九七〇年代以降、国家による政党助成の制度が拡充され、たしかに党は国家に依存することになったものの、三同盟《ブント》による資金調達から脱却し、財政的な自律を確保することが可能となった（Pelinka 2005: 54-55）。こうして党と三同盟《ブント》との関係が相対的に「集権化」へと向かったことは、シュッセルが民営化や年金改革など、三同盟《ブント》や会議所（Kammer）の意向に抗して、政策を主導していくうえで彼に有利な状況を作り上げたと思われる[11]。しかしだからといって、シュッセルや党執行部が同盟《ブント》に対して圧倒的に強い立場にあったかといえば、そうではないだろう。このことは、三同盟《ブント》の不正といったスキャンダルを背景に、政府の介入が行われつつも、その改革が不徹底に終わったことからも察せられる。シュッセルその人がそうであったように、三同盟は依然としてÖVPにおいて栄達を極めようとする場合の重要なルートであり続けたし、彼らの支援や動員なくして選挙を戦うことはできないからである[12]。結局のところ、同盟《ブント》との関係において、シュッセルは党組織の「集権化」によって裁量の幅を広げることができたといえるけれども、様々な点で同盟《ブント》に依存する部分が多いように、上意下達のような主導権を確保したとまではいえないだろう。

党内部におけるシュッセルの指導力を州との関係に目を転じると、そこでは地方と距離をとることで、一種の棲み分けのような姿勢が認められる。シュッセルは自らの党首としての権威を全国レベルでの話に限定し、州の党指導者に協議を図る一方、州の問題には介入しない姿勢をとった（Wieneroither 2010: 63）。州の党組織は一九九〇年代に州選挙での敗北をきっかけに連邦の党組織と距離をとるようになっていた。もっとも、これは自分たちの目的と齟齬を来した場合には連邦党指導部に従わないという、選挙実績を反映した中央と地方との従来の非対称性をより強く打ち出すものだった（Müller et al. 2004: 161）。この意味では、シュッセルの指導力は干渉を受けない限りで発揮できるという程度のものである。実際、二〇〇二年の総選挙に際して、州党組織の連合はアジェンダからユーロファイター購入に関して当該事項を削除することに成功した（Müller et al. 2004）。しかし州の党指導者もシュッセルの下す重要事項について事前協議を受けることがない場合も存在した。たとえば同年の選挙について、選挙後に自由党のカール＝ハインツ・グラッサー（Karl-Heinz Grasser）を蔵相に据えるといった、従来であれば他の党執行部と並んで情報を伝えられるべき決定について、誰ひとりシュッセルに事前に相談を受けた者はいなかった。また、党内指導者をめぐる争いが常態とするÖVPにあって、この選挙での大勝のあとではシュッセル以外のリーダーは考えられないという異例の状況になり、その時には州党組織もその独自性ではなく、むしろ連邦全体の連帯性を表明し、党中央の権威を認めざるをえないほどだった（Chorherr 2005: 86）。したがって州との関係でいえば、シュッセルは従来の党首と同様に州との強い協力／依存関係があったが、特定の問題についてはワンマンともいえる指導力を発揮し、州指導者を決定過程の蚊帳の外におくこともあった。この点について、W.ミュラーらは、二〇〇二年における総選挙の勝利を境に、寡頭制のような構造が党首と州組織ならびに主要三同盟《ブント》とのあいだに打ち立てられ、これらから忠誠と協力を引き出すことになった結果、「シュッセルは一九五〇年代以来のどの前任者よりも大きな党内権力を獲得した」と述べている（Müller et al. 2004: 167）。

こうした党内リーダーシップには、「よきチーム・プレーヤー」として州党組織および同盟《ブント》と協調したという側面が同時に存在していた[13]。同様の点は閣内における指導力のあり方にも見受けられた。首相にはもとより「同輩中の首席（*primus inter pares*）」として内閣を主導することが求められている。とはいえ、閣僚の配分など紛糾する問題を除けば、大部分の決定は集団指導で行われた。また国会内会派に対しても、たしかに大連立内閣とは異なり、政府と野党（社民党と緑の党）とが対峙していたことで、ÖVP会派の投票規律が保たれた点もあるけれども、これをまとめるうえで院内総務だったコール（二〇〇三年まで）とモルテーラー（二〇〇三年以降）との協力関係もあった（Wieneroither 2010: 61-62）。

このような点に鑑みれば、シュッセルの党運営は、党の構造上、分権型の党運営を余儀なくされている面が否定できない。けれども、選挙での大勝を背景に、牽引と調整、双方の特徴を持ったリーダー型の側面も指摘できよう。ところで、シュッセルのもとで選挙に圧勝し、結果彼の党内リーダーシップが確立したという点からは、このシュッセル内閣期に関して「政党の個人化」という現象を指摘できるかもしれない。たしかに従来の選挙でも党首は前面に押し出されていたけれども、とりわけ二〇〇二年の総選挙については、政策面よりもむしろシュッセルの政治的才覚や行政手腕の高さといった党首個人の人格を打ち出す傾向が強く、たとえば「シュッセルじゃなきゃ誰が？（Wer, Wenn er nicht?）」と謳ったポスターが街を飾ったものだった。また当時、シュッセルは自由党のイメージを失墜させたという点でポジティブなイメージが付与され人気を博しており、選挙の一週間前に行われた世論調査では、筆頭候補者のうち次期首相にふさわしい人物として四四％の人々がシュッセルの名前を挙げ、二位の、社民党の筆頭候補者であるグーゼンバウアーが獲得した二五％を大きく引き離していた（東原 二〇〇六：六五三―六五四、六五七）。こうしたシュッセル個人をめぐる政治のあり方は、二〇〇六年の総選挙でも繰り返され、首尾よくことを成すことはなかったとはいえ（Fleischhacker 2008）、シュッセル期における、ÖVPは「個人化」の状態にあったとみなしえよう。実のところ「個人化」の動きは、ÖVPでは一九七〇年代以降、浮動票の登場とマスメディアの台頭を迎えて、テレビ映えや国民のあいだでの人気を重視した党首選択が行われてきた（Holzinger 2012: 56ff.）。したがって二〇〇二年総選挙については、党の「個人化」戦術が奏功したといえよう。

もっとも、二〇〇二年の選挙については、自由党のグラッサーの人気をうまく取り込んだことは明らかである。それゆえシュッセルとÖVPの人気「政策」についても留保をつける必要があろう。実際、シュッセルは国民から広く人気を獲得しようとして、党派性を超える政策を打ち出したわけではなく、自らの党派性や政治信条に忠実であったし[14]、ハイダーのように政治パフォーマンスをメディアで披瀝するということもなかった[15]。メディアを通じて国民との直接的支持関係を求めるかといえば、むしろ表舞台から遠ざかる「沈黙の宰相（Schweigekanzler）」であった。つまり、シュッセルの指導には「党の個人化」を指摘できるものの、メディアとの関係を考慮すれば、彼のリーダーシップの特徴は、野党にもまたがって国民からの支持を得る姿勢が希薄であった点であろう（Wieneroither 2010: 68-71）[16]。

Ⅳ　党の政策・路線

オーストリアにおける「保守復権」の時期は、合意民主主義から多数決型民主主義への転換点と目される。かつて政党間や政党・利益団体間の交渉を通じて進められた政治が、議会の与党多数派の審議による政治へと移行したとされる。たとえば労働法の審議に関する事例で意思決定プロセスが変化した様子をE．タロシュらは次のように記している。「交渉の余地は、政府および与党の厳しい基準によりあらかじめ極度に制約されており、政府および与党が妥協する用意は著しく少ない。……労働法の領域で……確認できるのは、政府と雇用者・被雇用者の利益団体の上部団体、両者のあいだで行われる妥協と譲歩という伝来のコーポラティズム・モデルが、例外となったことである」（Tálos und Stromberger 2004: 170-171）。

こうした状況下、政府による迅速な意思決定が行われ、従来手をつけられていなかった改革が行われた。これまでにも、一九七〇年代に経済成長が鈍化し、財政赤字が深刻になって以来、改革の必要性が叫ばれていた。特に一九八〇年代以降には、自由党は野党の立場で強く訴えていたところであった。ÖVPと社民党も改革案を提示し、一九九〇年代にはすでにいくつかの改革は実施されていた。もっとも改革のスピードは鈍く、それゆえ、改革を訴えることはなお野党にとって有権者へのアピールポイントであり続けた。そしてその際、改革案それ自体についても、有権者の支持を獲得するために、野党の立場であってもアピールには濃淡がつけられ、不興を買うおそれのある内容は避けられるようにもなっていた（古賀 二〇一二：二三二）。そこで、改革の実行（スピード）と実績を示したり、従来敬遠されがちな領域に着手したりすれば、これは改革への反発を招く可能性と同時に、他党との差異化をもたらし自党の政策実施能力をアピールすることにもなる[17]。

シュッセル内閣の政策は総じていえば新自由主義的路線であり、規制緩和や民営化、また社会保障関連では費用削減や年金改革が実施された[18]。たとえば労働政策の分野では労働時間の自由化や失業保険の削減、二〇〇三年からの年金・保険改革の分野では、支払削減の一方で、年金生活者の保険料が引き上げられた。この年金改革においては、法定年金給付額では生活水準が今後はもはや維持できないとの指摘があるように、個人による自助努力が求められている（Tálos und Obinger 2006: 205）。同様の傾向は貧困対策費の削減にも見て取れ、リスクは個人と民間に委ねられた。これらの社会政策に共通しているのは、以後もÖVPの方針として繰り返し提示されることになる「市場の拡大、国家の縮小」であり、それにともなう自助努力の強調である。

こうしたリバタリアンに通じる政策の一方で、シュッセル内閣では従来の価値観を維持・強化した政策も導入された。これが顕著に表れていたのが、家族政策ならびにジェンダー政策の分野である。シュッセル内閣期に導入された家族政策については、女性の役割を主婦と母に限定し、男性稼得者への女性の依存を高めるため、既成のジェンダー秩序が再生産されるという指摘がある。たとえば、末期患者介護や重篤者介護の休暇取得について、「普通の」家族構成の者に限定され、「パッチワークファミリー」や「単親婚」、同性愛カップルなどは除外されていた。

伝統的な価値観との関連では、シュッセル内閣期にもクローズアップされた移民との共生をめぐる問題もある。まず労働市場においては国民の雇用を優遇する制度が確立された。また従来のオーストリア社会への移民の統合問題に関して、二〇〇五年に発行した「同化協定」は、移民に対してドイツ語学習を義務化するものであった。さらに移民の帰化について、国籍法改正が行われ、取得の際にはオーストリアに関する素養が試験されることになった。これらの政策は急増する移民の流入に対して、移民の受入れ国がと移民やその文化とどのような関係を築くのか、という問題への対処である一方、自由党がこれまで掲げてきた「オーストリアを第一に」という主張への連立政権としての応答でもあった。

以上のような政策・路線は、一方では戦後長らく続いてきたシステムを改編し、他方では伝統的な価値観を保持・強調したことで、大きな反発も惹起した。特に強い抵抗を巻き起こしたのは社会・経済政策であり、二〇〇三年の年金改革以後、戦後最大規模のストライキが勃発した。家族政策やジェンダーをめぐる問題については、その保守性が問題視された。たとえば、女性に対する「伝統に縛られた暴力」の被害者保護法案（二〇〇六年一月末）のように、女性の権利保護への動きもあった。これは、生殖器切除、幼児強制婚、寡婦殉死などに反対するものである。しかし、この法案は女性に対する暴力と移民の伝統的価値観を結びつけて考えるというゼノフォビアを背景に持っており、女性に対する「国産」の暴力を等閑視することに通じている、との指摘もある（Preglau 2010）。

移民・外国人をめぐっても、その「右傾化」や「保守化」が指摘された。たしかにシュッセル内閣期の移民政策は、従来から厳しいと指摘されてきた同国のそれにさらにハードルを設ける点で、外国人を排除し伝統的な共同体を維持しようとしている。一方で、多様化する社会への現実的対応の側面も確認できよう。たとえば、国籍法改正に際し、出生地主義が部分的に取り入れられたことである。この導入は、移民から「国民」への移行を簡易化する新たな一歩となる。[19] 同様の姿勢は歴史認識の問題でも看取され、なるほどナチズムの過去と対峙するに反動的な姿勢も指摘できるが（東原 二〇〇六：六四五―六四七）、ナチスによる被害への補償を実行に移したのはこの内閣であった。こうした点からみれば、ÖVPの政策・路線は排外主義とまではいえず、伝統的な国民国家の保持を基調とするものであった。[20]

支持層との関連で考えれば、社会・経済政策は、多くの反発、支持離れを招いたと思われる。二〇〇二年の総選挙で自由党からÖVPへ流れた票は、もともと社民党から流れてきた被雇用者を中心とする票であり、これらの支持層は社会・経済政策のあおりを喰うことになった。やがて二〇〇六年の総選挙ではこの層はÖVPから離反することになる。保守性が指摘される家族政策や移民政策などについては、価値観のうえで従来の支持者を重視し、リベラルな政策に手を広げることで、新たな支持層の取り込みを企図するような姿勢はこの時点では弱い。もともと党内部には穏健リベラル派と保守派、いわゆる「鉄兜派（Stahlhelm）」との路線対立があり、両者のあいだを揺れ動いてきた。だが一九九〇年代半ばにÖVPは中規模政党としての地位を受け入れ、一時的に「包括」アプローチを放棄し、浮動票へのアプローチは伝来の保守的な支持層が離反しない範囲にとどめられていた（Müller et al. 2004: 163-164）。シュッセル自身、彼はÖVPのなかではどちらかといえばリベラルな政治家であるけれども、同性婚には反対であり、保守的な価値観も大切にしていた。[21] つまり、シュッセル時代における党の路線は、社会・経済政策では市場経済を志向し、一九九〇年代後半の政策転換を反映している一方、家族政策や外国人に対しては従来の保守的な価値観が保持されていたといえよう。

V 党と社会の関係

一九八〇年代から一九九〇年代にかけてのÖVPの衰退は否定し難い趨勢となっていたが、党勢の衰微は社民党にも見受けられるところである。時を同じくして社民党も緩慢に得票率の低下をたどることになった。既成政党の議席数が低迷する一方で、自由党の躍進や緑の党の議席獲得が認められたのがこの時代である。こうした現象の背景には、固定支持層の減少と浮動票の増大が認められる。ミュラーらによれば、全有権者のうち、固定支持層（国政選挙でも地方選挙でも同一政党に投票）の割合は、一九七二年には七六%を数えたが、二〇〇二年には四一%へと減少としている。これに対して、浮動票の配分は一九七二年から二〇〇二年にかけて八%から五三%へと増大した。しかもその増加のスピードは近年ますます加速し、一九七〇年代末までは浮動票は全体の一割にも満たなかったけれども、一九九〇年代になるとその数は二〇%へと増大し、二〇〇〇年代にさらに増加した。

こうした浮動票が各党をどのように揺れ動いていたのか、その動きをみれば浮動票の持つ重要性が明らかになる（**図表7―2**参照）。一九九九年の敗北から二〇〇二年の勝利を経て二〇〇六年にいたるÖVPの浮動票得票率は、一六%、四八%、一五%と推移しており、浮動票がその勝利に大きく貢献していることがわかる。しかも自由党のそれをみると、同党が躍進した一九九〇年代にいずれも三

図表７－２　1986年から2006年の浮動票に占める各党得票率（%）

	SPÖ	ÖVP	FPÖ	緑
1986年	10	24	39	22
1990年	15	11	51	9
1994年	9	10	40	15
1995年	25	21	34	5
1999年	15	16	37	17
2002年	30	48	6	13
2006年	24	15	17	11

出典：Plasser und Ulram (2010: 320).

〇％以上の浮動票を集め、敗北した二〇〇二年では六％に落ち込んでいた。つまり「かつては「超安定性」がオーストリアにおける有権者個人の投票行動の典型であったのだが、いまや移り気な姿勢がこれに取って代わった」[22]のである（Müller et al. 2004: 149）。そして浮動票をいかに掴むのかということが、政権獲得を狙う諸政党にとって、共通の課題となったのである。

党と社会の関係が、固定支持層を中心とした構造から、浮動票への対応を迫られるものになったことは、ÖVPにとって二〇〇二年のような地滑り的勝利の可能性をもたらしはする。しかしそうした浮動票が獲得できないのであれば、固定支持層にしか頼ることはできず、さりとて固定支持層が減少していく以上、長期的にみれば支持者離れという問題に悩まされることになった。

D．ホルツィンガーは長期的な観点に立って、ÖVPから支持者が離れていった理由をいくつか指摘している（Holzinger 2012: 50）。そのうち、党と社会との関係では、「党員の減少と高齢化」について言及されている。

党員の組織率をみると、有権者に占める党員の割合は、一九

図表７－３　ÖVP の党員数と得票に占める党員比率

	ÖVP 党員数	得票の党員比率（%）	有権者中の比率（%）
1970 年	720000	35	14.3
1971 年	715000	36	14.3
1975 年	715000	36	14.2
1979 年	720000	36	13.9
1983 年	720000	34	13.5
1986 年	695000	35	12.7
1990 年	670000	44	11.9
1994 年	642000	50	11.1
1995 年	633000	46	11.0
1999 年	605000	49	10.4
2002 年	622000	31	10.5

出典：Müller (2006: 347).

七〇年代には一四％台にあったが、二〇〇二年には一〇・五％へと減少している（Müller 2006: 347）[23]。さらに党員の高年齢化が進行しており、一九八〇年代には六〇歳以上の党員は全体の四分の一であったが、二〇〇一年には三分の一に増えている。ÖVPにとってこれは数のうえでも、精神的な活力のうえでも損失を意味した。また近年、政党よりも政治家個人への投票が結果を左右するようになったことに鑑みれば、魅力的な指導者をリクルートする蓄えが先細りしていくことでもあり、結果、選挙への動員能力減少を意味した。ただし得票に占める党員の割合でみていけば、選挙の成否に左右されるため判断が難しいものの、一九六六年に第一党になったときは三二％、二〇〇二年の際が三一％とさほど変化していない。このことから、ÖVPが有権者全体のうち党員として組織できる人間は逓減しているけれども、党員は選挙のパフォーマンスを安定して支えていることが見て取れる[24]（**図表7―3**参照）。

したがってÖVPは選挙において党員の支持を当てにできるのだが、この構造はÖVPの党勢にとっては諸刃の剣でもある。それというのも、従来の「コアな」支持層としての党員が寄せる相対的に高い忠誠心は、たしかに選挙結果の安定に寄与するけれども、これらの支持層に拘泥することは、新たな状況への適応力を奪うことにもなるからである。ÖVPの党員を構成する主要三同盟《ブント》は、それぞれ農業、自営業、オフィスワーク（公務員を含む）に従事する人々を代表する利益団体である。伝統的にÖVPの支持者はこれら三団体が象徴する職業従事者であったが、オーストリアの産業構造は時とともに大きく変化した。農業従事者の数は激減し、自営業者の数も全体の六分の一未満となった。これに対して、サービス産業の拡大とともに、被雇用者《サラリーマン》が社会構造の大部分を占めるようになった（Müller et al. 2004: 162-163）。ところがÖVP内の力学はこの産業構造の変化を反映していない。たしかに農林業が衰退し、サービス業が躍進したことで、党内で個々の同盟《ブント》が持っていた影響力には変化が生じた。けれどもÖVP議員の指名は同盟《ブント》間で比例配分されたため、最大の構成員を誇る農民同盟（ÖBB）は従来通りの地位を主張し、実際の産業構造以上に利害の過剰表出が行われている（Holzinger 2012: 54-55）[25]。これは、新たな被雇用者層の票の獲得に党が対応していくことを難しくするだろう。もとより一九七〇年代に党指導部は、産業構造の変化をうけて、ホワイトカラー層を新たな主力とすべく被雇用者同盟（ÖAAB）に党内での強い発言権を与えようと試みたこともあった。しかしながら党内の力学は、選挙戦での実力の問題もあり、依然として農民同盟が他を凌駕しているとされる（Schwediauer 2010: 135）。さらに、この問題は被雇用者同盟の内部でも繰り返されており、このこともÖVP内の力学が産業構造の変化を反映していないことの要因となっている。被雇用者同盟において、最大の構成員グループは公務員であり、公務員の利害が被雇用者同盟のそれとして表出される向きがある。公務員の雇用条件やメンタリティは、産業構造の変化によって増大したサラリーマン層のそれとは異なっており、それゆえこうした中間層を被雇用者同盟が引き付けることが困難となっている（Müller 2006）。

いまではÖVPは党支持層でいえば被雇用者の政党であるけれども、党員構造でみれば農業従事者と自営業者を中心とする政党である。こうした党と社会とのあいだに一種のねじれがあることは、既成政党による利害表出の赤字を生み、結果、党員以外の固定支持層が既成政党から離れていくことを後押しする。そして政党と有権者とのあいだにある代表・委任関係が損なわれるならば、政党は単なるキャリアアップのための仕組みでしかなくなるだろう。ここに生じる政治不信は、政治スキャンダルで高められ、ÖVPから多くの支持を奪い去っていったものである。一九八〇年代にオーストリア人の政党および政治への態度は「政治からの疎外」が増大し、根本的に変化した。その結果、一九八〇年代末において、オーストリアにおける政党と政治家への幻滅は、ほかの多くの西欧諸国よりも高かった。同国の政党と社会とのつながりは以後も浸食され、それは不可逆的に進行している、とミュラーは述べている（Müller et al. 2004: 151）。

こうしたねじれの解消と諸同盟（ならびに州党組織）の連邦党組織への圧力を掣肘し、かつ固定支持層以外の有権者に広くアピールしようとすれば、その試みのひとつして党内民主主義を高めていく改革の方向がある。ÖVPも一九八〇年から他党に先駆けていち早く予備選挙を導入し、一般党員だけでなく非党員に対しても「開かれた」政党を目指したこともあった。その結果は、党の刷新を促したというよりはむしろ混乱を惹起し、議員、州党組織、諸同盟だけでなく、一般党員も自分たちが蔑ろにされているという感覚を覚えたため、そろって予備選挙に反対し、これがかえって内輪もめという負のイメージを外部に与えてしまった（Fallend 2005: 193-194）。それゆえ一九九五年の国民議会選挙以降、予備選挙は実施されておらず、党と社会とのあいだのねじれ解消へ向けた動きはいまなお課題のままである。

おわりに――旧来の党組織構造の残存と〝刷新〟の難しさ

一九七〇年代以降の低迷から脱却すべく、ÖVPはその刷新へ向けて数々の改革を行っていた。それは党の分権構造に対して連邦執行部の力を高めようとするものであり、国による政党助成の開始、党への直接加入制度の導入、予備選挙、国政選挙における地方組織の選挙協力の確認など多岐にわたっていた。しかしながらÖVPへの直接加入はわずか四％程度にとどまったり、予備選挙も結局消滅したりと、改革は困難と失敗に見舞われた。その原因を州党組織に求めるとすれば、それは州党組織が党の資金調達を担っていることにあり、さらに、候補者の選定および選挙名簿の決定を行う党幹部会（Parteivorstand）に、党首や閣僚のほかに、九名の州党代表者が参加しており、彼らの意見や利害を――特に連邦党の党勢が脆弱な時には――尊重した政策方針にせざるをえないということにあった（Wagner 2014: 145）。政治構造の問題を指摘すれば、それは社会パートナーシップの存在であり、社会構造の変化によって、その役目を疑問視する意見が提示されて久しいにもかかわらず、制度として存続していることに求められる。つまりその要である同権委員会を構成する各会議所の選挙では、同盟《ブント》が勢力を微減させつつも依然として圧倒的な存在であり、単なる党内の構成組織ではなく、利益代表組織としての同盟《ブント》の位置づけがある以上は、この同盟《ブント》の存在を等閑視することはできない。しかしながら浮動票の拡大と人々の政治不信の増大という事態を考えると、こうした従来の固定支持層に拘泥することは、諸同盟《ブント》に代表されない人々や経済的利害以外の価値観を異とする人々からの支持を集めることを難しくしただろう。

長期的な凋落の傾向のなかで、二〇〇二年の総選挙はÖVPに確かに「復権」をもたらした。その背後には、自由党が自壊し、自由党からÖVPへと浮動票が流れたことがあり、固定支持層についていえば、党、とりわけ党員のリクルート方法に変化があったわけでもなかった。こうした票の流れが生まれたのは、ÖVPへの投票者がシュッセルのリーダーシップに対して、ハイダーやEUとの問題を巧みに処理し、改革を進めているという行政手腕の高さを認め、これを評価したからであり、政党よりも個人が重視されたことを示していた。つまりシュッセル時代における保守「復権」は、F.ファレントの言葉を借用すれば、「非現代的な党組織で成功した選挙戦略」の結果であり、党改革の結果ではなかった（Fallend 2005: 203）。換言すれば、その連立パートナーであった自由党の内紛という事情にも与って、イデオロギー的に「右」に位置していた浮動票の動きを巧みに勝利につなげたのであって、新たな支持層を確立したわけではなかった。二〇〇六年の選挙においても、ÖVPはシユッセル個人の人気を頼みに選挙戦を戦ったが、特に社会保障関係や年金改革など、改革の余波を受けた被雇用者層の離反を生み、大幅に議席数を減らすことになった[26]。利害表出について赤字となっている層の離反であり、ÖVP指導部はこの敗北を「ふつうの」人々のニーズから遠ざかり、企業家や富裕層の利害のみを追求した結果であるとみなした（Holzinger 2012: 60）。

以後、国民のあいだで大連立を希望する声も多く、モルテーラーのもとで再度社民党との連立政府を樹立したÖVPでは、党の「開放」が議論されるも、決して何らかの具体的措置をともなうものではなく（Holzinger 2012: 60）、党と社会とのねじれは維持され、党内の構造改革は先送りされた。二〇〇八年の選挙では、既成政党を政治階級として糾弾する自由党が再び躍進する一方で、ÖVPはまたも手痛い敗北を喫することになった。その背景にはÖVPへの失望と抗議があったとされている（Holzinger 2012: 50）。そして、この後もÖVPは、とりわけプレールのもとでリベラル路線を強く打ち出し、その後も社会との新たな関係を模索をしたけれどもなかなか結果を出すにはいたらず、プレールが党首を健康上の理由から退いた後はリベラルな路線から保守的な路線への回帰が行われた。国政レベルでの衰退が続いたなかで[27]、二〇一五年には、一九九五年以来、二〇年ぶりに綱領が改定された。この新たな「ウィーン綱領」は、その作成に先だって「発展・人民党（Evolution Volkspartei）」と題して行われた活動を通じ、広く党員の意見を聴取した結果を盛り込んだものであり、党内民主主義への新たな動きが確認される。が、党の路線は一方では、世俗化時代の国家における宗教的価値の重要性を説いた「ベッケンフェルデ声明[28]」を綱領に初めて盛り込むなど、伝統的価値の保持を改めて確認するものの、他方ではジェンダー問題でリベラル派の意見にも配慮した跡が見受けられるものとなっている。そうした〝玉虫色〟の方向性は、たとえば家族と婚姻をめぐる以下のような規程にうかがえる。すなわち「われわれの理想像は社会の基本であり核としての子供たちのいる家族（父、母、子供）であり、社会において諸世代はお互いに支え合う。しかしわれわれは人々に、どのように生きるべきか、指図はしない。それゆえ、われわれは、同性やその他のパートナー関係が責務を果たす、別のかたちの共同生活を尊重し、承認する」（Halper 2015）。

現在のところ、ÖVPはその綱領が示すようにキリスト教社会倫理と伝統的価値を保持しつつリベラルさを併せて持つ、いわばリベラル保守を追求しているようであるが、これが功を奏するのか未だ計りかねるところである。同性婚の問題をめぐり、ÖVP支持であった者が、党の同性婚への賛同という姿勢に違和感を覚え、同性婚に反対する自由党へ流れたように、リベラル路線へ舵を切ることは従来の支持層を手放す危険がつきまとう。しかしさりとて、自由党との差異を〝リベラル〟な方向から打ち出しつつ、浮動票の獲得を目指さないとすれば、リベラル派の票の獲得は困難となるだろう。一方で自由党との違いを〝保守〟の側から提示していこうとすれば、自由党と同等かそれ以上の過激なスタイルやスタンスで臨むことになり、シュッセル内閣期のように、内外から批判を受けることも予想される。政策の方向性として、穏健リベラルの道にシフトしていくのか、それとも古くからのカトリック的価値観を保持する伝統路線へ回帰していくのか[29]。はたまた「中道」からはっきりと「右派」のほうへとシフトするのか。これは政治制度とも関係する以上、憲法や選挙制度の抜本的な変更[30]も視野に入れて「復権期」の競争型民主主義を目指すのか、あるいは従来の合意型民主主義の機能改善へ向かうのか、という連立の組み方や政権運営のあり方の問題でもある[31]。ÖVPの〝刷新〟は、オーストリアの戦後民主主義の行方ともかかわる問題であり、同党の改革のあり方は、今後の同国の政治動向を占ううえで、非常に重要な指標となるだろう。

[追記]

脱稿後、二〇一七年一〇月一四日に総選挙が行われ、ÖVPは三一・五%の得票率で第一党に返り咲いた(社民党と自由党の得票率はそれぞれ、二六・九%と二六%)。本格的な分析は今後の課題であるが、選挙前にプラッサーらは世論調査から同党の優位を伝え、その原因を三点に求めた("*Wähler von ÖVP und FPÖ wünschen sich Schwarz-Blau,*" in *Der Standard* 2017/10/17)。第一に政治停滞に対する改善や打破の機運であり、これを同年五月に新たに党首となったセバスティアン・クルツ(Sebastian Kurz)の三一歳という若さが受け止めた。第二に難民問題が争点となり、クルツが難民政策の厳格化を訴えたことが功を奏していた。第三にÖVPと自由党との黒青連立を約四割の有権者が望んでいたことであった。こうした優位が予想された背景にはやはり浮動票の存在があり、三分の一以上が前回選挙とは異なる政党に投票すると予想されていた。また特定の政党と結びつきがない有権者は全体の三分の二で過去最大の数となり、さらに投票日間際まで投票先を決めない駆け込み決定者(last minute decider)の割合も過去最大となり、浮動票対策が各党に求められていた状況がうかがえる。ÖVPは執行部の若返りや、党のロゴやシンボルカラーを黒からターコイズブルーに変更するなど党のイメージ刷新に努め、同時に党首クルツが移民・難民問題への強硬な姿勢を打ち出し、浮動票の獲得を狙った。浮動票の獲得と移民・難民への厳格な姿勢をともなうクルツの勝利は、自由党との連立も指摘されることからも、シュッセルのそれに類似している。もっとも今回は自由党も勢力を維持しており、〝右派ブロック〟の勝利ともいえる。連立交渉などを含め状況はいまだ不確かであり、今後の考察が待たれるところである。

※付記一：本章は、二〇一六年度日本比較政治学会研究大会における報告ペーパーをもとにした「シュッセル内閣期のÖVP——オーストリアにおける保守政党の『復権』をめぐる一考察——」（愛媛大学法文学部論集社会科学編四二号三三～四〇頁）をもとに加筆・修正したものである。
※付記二：本稿は、二〇一四年度～二〇一六年度科学研究費補助金基盤研究（C）「移民・外国人の包摂と排除に対する『国民意識構造の影響』に関する国制史的考察」（課題研究番号：二六三八〇一七二、研究代表：梶原克彦）による研究成果の一部である。

《注　釈》

（1）一九七〇年の得票率は四四・七%であったが、一九七一年には四三・一%、一九七五年には四二・九%、そして一九七九年には四一・九%となった。社会党の得票率は、一九七〇年には四八・四%であり、以後一九七〇年代はいずれも五〇%を超えていた。

（2）この選挙で社会党の得票率は四三・一%、ÖVPの場合は四一・三%と、その前に行われた一九八三年の総選挙から、それぞれ約四・五ポイント、約二ポイント、得票率が減少していた。このとき躍進したのがハイダー率いる自由党であり、得票率は五・〇%から九・七%へと上昇していた。

（3）一九九〇年の得票率は三二・一%、一九九四年は二七・七%、一九九五年は二八・三%、一九九九年は二六・九%とÖVPの党勢は一九八〇年代と比較して明らかに衰えをみせた。社民党は第一党の地位を確保し続けていたものの、得票率でみれば支持低下があらわになっていた。一九九〇年に得票率は四二・八%へ落ち込んだが、さらに一九九四年には三四・九％、一九九五年には三八・一％、一九九九年には三三・二％と、社民党は、一九五〇年代から一九八〇年代まで常に四〇％以上あった得票率を維持することが難しくなっていた。二つの「既成政党」がこうして得票率の低下を迎えていたなかで、議席数を伸ばしていたのが自由党であり、一九九〇年には一六・六％、一九九四年には二二・五％、一九九五年には二一・九％と確実に議会内での地歩を固め、一九九九年には得票率でÖＶＰと同じ二六・九％、得票数でÖＶＰを凌駕し、第二党となった。

（4）第一党の座から陥落した二〇〇六年の総選挙では、それでも三四・三％の得票率であった。二〇〇八年と二〇一三年の総選挙になると、得票率はそれぞれ二六・〇％と二四・〇％にまで下落しており、弱体化が懸念された一九九〇年代よりも支持者離れが深刻化している。社民党においても状況は類似しているといえる。二〇〇六年以降、第一党ではあるものの、第二次シュッセル内閣が誕生した二〇〇二年以来、得票率は確実に低下を続けている。二〇〇二年の得票率は三六・五％、二〇〇六年は三五・三％、二〇〇八年は二九・三％、二〇一三年は二六・八％と右肩下がりである。連立与党が支持集めに苦慮する一方、野党は着実に票を伸ばしてきた。二〇〇八年と二〇一三年に、自由党はそれぞれ一七・五％と二〇・五％、緑の党（Die Grünen）も一〇・四％と一二・四％の得票率であった。二〇一三年には、そのほか、欧州懐疑派のチーム・シュトロナハが五・八％、リベラル派のＮＥＯＳ（新オーストリア）が四・八％の得票率であり、新たに議席を獲得した。

（5）ÖＶＰの構成団体（Teilorganisation）のひとつであり、手工業者や中小企業の雇用者などの労働組合である。

（6）マンフレート・ヴェラン（Manfred Welan）の指摘。Cf. Gerlich (2010: 18). 大統領の意向にもかかわらずÖＶＰと自由党による組閣を大統領が認めざるをえなかったのは、社民党単独であれば少数与党内閣となり、議会多数派から不信任案を突き付けられ政権が不安定化するためである。もちろん執政制度でみれば、オーストリアは半大統領制であり、大統領の権限は他国の事例と比較しても非常に大きなものとなっている。しかしながら、こうした政治運営上の配慮や、事実上の「権限放棄」などもあり、オーストリアの執政制度上のかたちは、実質的には議院内閣制に近いといえる。

（7）その分派性は、各州のÖＶＰ系政党の名称にも現れており、たとえばティロール州の同組織は Tiroler Volkspartei となっている。

（8）そのほか、ÖVP Frauen、Seniorenbund、Junge ÖVP があり、それぞれ女性、年配者、青年の組織となっている。

（9）さらに親交団体（Nahestehende Organisationen）があり、これには学生団体のひとつである AktionsGemeinschaft や党政治アカデミー（Politische Akademie der ÖVP）などが含まれる。

（10）戦後まもなくÖVPの支持層の大部分を占めていたのは農民と自営業者であったが、ともに全体に占める割合を減らした。対照的に被雇用者《サラリーマン》（サービス産業部門での従事者）が割合を増大させた。

（11）経済同盟が労働組合と結託して営業時間の拡大など改革案を阻止しようとしたけれども、以前ならば対応したかもしれないこうした動きを、与党が考慮することはなかった（Müller et al. 2004: 171）。シュッセル政権における利益団体との合意民主主義からの離反について、村松（二〇一五：六九）参照。

（12）組織という存在を意識しなければならないという点では、同盟《ブント》のみならず、他の集団との関係についても当てはまる。たとえば、カトリック学生同盟（CV：Cartelverband）は従来、党エリートの重要な供給源であったけれども、CV出身ではないシュッセルの時代にはむしろ疎遠な関係にあった（シュッセルも学生団体には所属したが、CVとは異なる教会系列のKSJ：Katholische Studierende Jugend であった。この学生団体で彼は後に彼の前任党首となるエアハルト・ブーセック〔Erhard Busek〕と知り合いになった〔cf. Pelinka 2003: 186-188〕）。シュッセルの右腕（のちに党首）であったモルテーラーも同じくCV出身者ではなかった。当時の権力の中枢のなかでは唯一アンドレアス・コール（Andreas Kohl）だけがCV出身者であり、そしてこの彼を通じて二〇〇二年の選挙ではCVに対して動員が行われた。

（13）コール曰く、シュッセルはよきチーム・プレーヤーであったし、州党組織と諸同盟の指導者たちの支援なしには統治できないことを熟知していた（cf. Wieneroither 2010: 63）。

（14）シュッセルの新自由主義路線はすでに二〇年前に著作のなかで提示されていた（Hawlik und Schüssel 1985）。

（15）当時ケルンテン州知事であったイェルク・ハイダーは、同州のスロヴェニア語系少数民族地域で設置されていた二言語表記の地名標識（Ortstafel）をやり玉に挙げた。彼は、一目してドイツ語系を優遇していることがわかるように、標識の表示法を切り替えようと画策した。そこで手ずから従来の標識を新たなものに取り換え、このパフォーマンスをメディアに流した。

(16) これらの点について、ヴィーナロイターは党、執政部、選挙のいずれにおいても、シュッセルのリーダーシップには、「大統領制化（Presidentialisation）」の特徴を見出すことができないと述べている。また「宰相民主主義（Kanzlerdemokratie）という概念も、執政部（内閣、議会会派）でのリーダーシップには強大さが欠如しているゆえに、シュッセルのリーダーシップを合意民主主義下のそれと位置づけている（cf. Wieneroither 2009: 329ff.）。一方、F．プラッサーとP．ウルラムはオーストリアの選挙においても一九八〇年代以降、投票行動の「人格化」を認め、党というよりは候補者個人への投票（candidate voting）を指摘している（Plasser und Ulram 2010: 31-32）。ところで、こうした「大統領制化」、「宰相民主主義」などの概念は、単に個人のリーダーシップという側面だけでなく、執政制度の側面と併せて考えていくならば、また別の意味合いを持つと思われる。ポグントケらの指摘する大統領制化は、政治家個人のリーダーシップと強く結びつけられた概念である（ポグントケ 二〇一四）。けれども、執政制度の観点からすれば「大統領制」は行政府と立法府との権力分立から、むしろ大統領のリーダーシップを抑制することもありうる。一方、オーストリアの場合、第二共和政の大半を通じて、制度上は半大統領制であったが実質的には議院内閣制に近いかたちで運用されており、執政制度上はその行政権限とも相まって首相のリーダーシップは発揮しやすかったといえる。むしろシュッセル内閣期において、大統領に首相任命権限があることがはっきりと示され、制度上の半大統領制のかたちが明らかにされた。フランスや日本など二〇〇〇年代の政治的リーダーシップに関する他国の事例が示すように、執政制度の違いにもかかわらず、リーダーシップが発揮されることがある。いずれにせよ、シュッセル内閣期のリーダーシップについて評価を下す際には、政権内部の運営だけでなく、こうした執政制度上の特質や代議制民主主義との関連から捉える必要があるだろう。

(17) 第一次シュッセル内閣期の調査では、一九九〇年代の「大連合」について多くのオーストリア人が不満を抱いていたが、その対象のひとつが改革の行き詰まりであった。

(18) 以下の諸政策については、Preglau (2010)、Tálos und Obinger (2006)、村松（二〇一五）、を参照した。

(19) 二〇〇五年における同化協定や国籍法改正については、梶原（二〇〇六）参照。

(20) 当時、イスラーム系住民の統合意欲をめぐる紛糾もあったが、国内のスロヴェニア系少数民族をめぐる二言語地名標識の問題での粛々とした対応と同じく、過激なナショナリズムを扇動することはなかった。

(21) シュッセルのジェンダーをめぐる姿勢については、*"Schüssel und die Schwulen,"* in *Profil* 2004/8/14。しかし党内にはリベラル路線を求める声も多い。当時、若くして農林大臣に就任していたヨーゼフ・プレールは、二〇〇八年には党首となり、以後、党をリベラル路線へと転換しようとした。また保守派の重鎮であったコールも、近年、同性婚の合法化に賛意を示した。

(22) 組織的な投票行為が減少している背後には、労働組合組織の弱体化が看て取れるが、オーストリアにおいても他のヨーロッパ諸国同様、労働組合の組織率が年を追うごとに低下している（cf. Armingeon 2012: 231-233）。

(23) 全体としてみても、一九六〇年代末には有権者に占める党員の割合が二七％であったのに対して、二〇〇四年には一五％になっていた。

(24) 党員の実数でみれば、ÖVPは他の政党を圧倒している。一九六二年には約六五万で、一九七〇年代を通じて約七二万人であった。この後徐々に減少したが二〇〇二年の段階でも約六二万人であり、これは同時期の社民党の党員数が約六九万人から三二万人へと減少した状況とは異なっている（cf. Ucakar 2006: 332）。（社民党の党員数はこの後さらに激減し、二〇一四年の段階で二〇万強であり、二〇一二年から二年間のあいだで二万人も減少したことが報じられている。cf. *Der Standard* 2014/11/23）。もっとも、ÖVPは間接的な組織であるため、多くの場合、利益団体である同盟と党の双方に所属することになり、上記の数字はそうしたものである。一九八〇年の党改革の過程で、「法的には」党に所属すれば同時に同盟へ所属する、とされたものの、現実にはその逆であった。一九八六年の党大会でようやく二つの党員資格が設けられ、「党にのみ所属する者」と「党と同盟など傘下組織に同時に所属する者」とが区分された。党にのみ「直接」所属している人は少なく、シュバルツは二〇一〇年に党への直接所属者を約四〇〇〇人、残りの党員を約五〇万人と見積もっている（Schwarz 2010: 16-17）。

(25) 二〇一一年の段階での構成員をみれば、被雇用者同盟（ÖAAB）が二五万人、経済同盟（ÖWB）が一〇万人、そして農業同盟が三〇万人であった（*Die sonderbare Welt der ÖVP-Bünde*, in *Die Presse* 2011/4/18）。

(26) もっとも二〇〇六年の選挙結果についてはなお検討の余地があろう。たしかに二〇〇六年の選挙へ向けた大方の選挙予想では社民党が有利とされていたけれども、二〇〇五年に生じたBAWAK問題の結果、同党への支持は低下し、直前の予想ではÖVPに有利とされていた。そのため二〇〇六年の選挙結果は社民党にとっても「驚き」であったといわれ、拮抗する両党のあいだの「バッファー・プレイヤー」の動きで勝敗が決まった側面も否定できない。ÖVPがはっきりと「大敗」を喫したといえるのは、むしろシュッセルの後任となったモルテーラーの時代であった。シュッセル退陣のきっかけとなった二〇〇六年選挙では社民党も得票率を下げており、この意味において二〇〇六年選挙は二大「既成」政党双方にとって、手痛い「敗北」であったといえる。

(27) 保守政党の「復権」と「衰退」を語る場合、本章では国政レベルのそれを念頭に置いており、この意味においてオーストリアの保守勢力に「衰退」傾向を認めることは可能であろう。しかしながら、この国政レベルでもって、オーストリア全体における保守勢力の衰退を語るとすれば、早計といわざるをえまい。それというのも、他国同様、国会議員の数は、オーストリア全体の政治家のわずかを占めるに過ぎず、州とゲマインデの政治へと目を転じると、自ずから状況は異なってくるからである。人口約八五〇万人のオーストリアには連邦、州、ゲマインデに合わせて約四万人の政治家が存在しており、このうち過半数を制しているのは保守勢力である。この状況に鑑みれば、同国における保守勢力の衰退という現象については、州レベル・ゲマインデレベルにおけるより精緻な検討が必要であろう。連邦レベルとは異なる、地方レベルにおける新たな政治潮流についての指摘は、東原（二〇一三）を参照。

(28) エルンスト＝ヴォルフガング・ベッケンフェルデはもとドイツ憲法裁判所判事。一九六〇年代に近代の世俗的、民主国家による統治において、教会と宗教の役割を強調した。

(29) 保守政党がどのような政策をとりうるのか、この問題を政党間競争から明らかにしたものとして、古賀（二〇一六）を参照。

(30) 連立政権という合意型の象徴のようなあり方は、その運用が困難になるにつれて、合意型の選挙制度上の形式変更を迫り、政権選択、つまり小選挙区制の導入はこれまでも議論にのぼった。二〇〇八年のあとも小選挙区導入の話が取り沙汰された。

(31) この点で、シュッセル内閣期の小連立の試みを「リベラル・デモクラシーの刷新力」として捉えた大黒の指摘は示唆的である（大黒 二〇〇三）。オーストリア政治は、結局、二〇〇六年選挙から二〇一三年選挙にいたるまで社民党とÖVPとの大連立に「回帰」した。この既成政党のあり方が国民にどのように受け止められているのか、そのひとつの現れが二〇一六年大統領選挙における両政党の候補者がともに決選投票に残れなかったことである。難民問題の発生や、有力候補の不出馬にともなう選挙戦の不手際など、この結果の原因は様々に考えられるけれども、社民党とÖVPに既成政治の閉塞性を見出したことも要因のひとつであろう（もっとも、自由党も緑の党も、これら両党と同様に、国から様々な資金援助を受けている「既成政党」ではある）。

《参考文献》

梶原克彦（二〇〇六）「オーストリアにおける外国人の政治参加問題」河原祐馬・植村和秀編『外国人参政権問題の国際比較』昭和堂、一〇二～一三四頁.
古賀光生（二〇一二）「オーストリア自由党の組織編成と政策転換」立教法学八六号、二一七～二四九頁.
——（二〇一六）「西欧保守における政権枠組の変容」水島治郎編『保守の比較政治学』岩波書店、三一～二四頁.
大黒太郎（二〇〇三）「二〇〇〇年政権交代とオーストリア・デモクラシー」レヴァイアサン三二号、一四七～一七四頁.
馬場　優（二〇一三）「オーストリアのポピュリズム」高橋進・石田徹編『ポピュリズム時代のデモクラシー』法律文化社.
——（二〇一四）「オーストリア」網谷龍介・伊藤武・成廣孝編『ヨーロッパのデモクラシー〔改訂第二版〕』ナカニシヤ出版、一〇五～一一二頁.
東原正明（二〇〇六）「極右政党としてのオーストリア自由党（五）」北海学園大学法学研究四二巻三号、六二九～六八一頁.
——（二〇一三）「連邦国家オーストリアにおける州政府の形成」福岡大学法学論叢五七巻四号、五七九～六一一頁.
ポグントケ、T.・P.ウェブ編（二〇一四）『民主政治はなぜ「大統領制化」するのか』（岩崎正洋監訳）ミネルヴァ書房.
村松恵二（二〇一五）「右翼的ポピュリズム政党の成功・凋落・再生の政治的メカニズム」青森法政論叢一六号、六四～七七頁.

Armingeon, Klaus. 2012. "Interessengruppen und Interessenvermittlung." in Ludger Helms und David M. Wineroither (hrsg.). *Die österreichische Demokratie im Vergleich*. Nomos: 223-247.

Bischof, Günter & Fritz Plasser (eds.). 2010. *The Schüssel Era in Austria*. University of New Orleans Press..

Chorherr, Thomas. 2005. *Eine kurze Geschichte Österreichs*. Ueberreuter.

Dachs, Herbert et al.(hrsg.). 2006. *Politik in Österreich: Das Handbuch*. Wien.

Fallend, Franz .2005. "Die Österreichische Volkspartei (ÖVP): Erfolgreiche Wahlstrategie bei unmoderner Parteiorganisation." in Josef Schmid und Josef Zolleis (hrsg.). *Zwischen Anarchie und Strategie: Der Erfolg von Parteiorganisationen*. Springer: 186-206.

Fleischhacker, Michael. 2008. *Politikerbeschimpfung*. Ecowin.

Gerlich, Peter. 2010. "The Political Personality of Wolfgang Schüssel." in Bischof & Plasser (2010): 7-20.

Halper, Dietmar. 2015. "Das Wiener Programm 2015." in *Österreichisches Jahrbuch für Politik*: 69-81.

Hawlik, Johannes und Wolfgang Schüssel. 1985. *Staat Lass nach*. Herold.

Hofer, Thomas und Barbara Toth (hrsg.). 2008. *Wahl 2008: Strategien・Sieger・Sensationen*. molden.

Holzinger, Daniela. 2012. *Die"Volkspartei"schafft sich ab*. Diplomica Verlag.

Müller, Wolfgang C. 2006. "Die Österreichische Volkspartei." in Dachs et al. (2006): 341-363.

———, Fritz Plasser & Peter A. Ulram. 2004. "*Party Responses to the Erosion of Voter Loyalties in Austria: Weakness* as an Advantage and Strength as a Handicap." in Peter Mair, Wolfgang C. Müller & Fritz Plasser (eds.). *Political Parties and Electoral Change: Party Responses to Electoral Markets*. Sage: 145-178.

Pelinka, Anton. 2005. *Vom Glanz und Elend der Parteien*. Studien Verlag.

Pelinka, Peter. 2003. *Wolfgang Schüssel: Eine politische Biografie*. Ueberreuter.

Plasser, Fritz und Peter A. Ulram (hrsg.). 2007. *Wechselwahlen*. Facultas.

——— & Peter A. Ulram. 2010. *Rollercoaster: Schüssel's Electoral (Mis)fortunes and the Dynamics of Public Approval* in Bischof & Plasser (2010): 21-36.

Preglau, Max. 2010. “Schüssel and the Welfare State.” in Bischof & Plasser (2010): 262-282.

Schwarz, Michael. 2010. *Der Erneuerungsprozess der Österreichischen Volkspartei nach der Nationalratswahl 2006 unter Berücksichtigung der Balanced Scorecard*. Innsbruck (Diss.).

Schwediauer, Veronika. 2010. *Same Same But Different*. Wien (Diss.).

Sickinger, Huber. 2013. Politisches Geld: Perteifinanzierung und öffentliche Kontrolle in Österreich. Czernin Verlag.

Tálos, Emmerich und Christian Stromberger. 2004. “Verhandlungsdemokratische Willensbildung und korporatistische Entscheidungsfindung am Ende?” in *Österreichische Zeitschrift für Politikwissenschaft* 33: 157-174.

Tálos, Emmerich und Herbert Obinger. 2006. “Schwarz-blaue Sozialpolitik.” in Emmerich Tálos (hrsg.). *Schwarz-Blau: Eine Bilanz des “Neu-Regierens.”* LIT: 188-207.

Ucakar, Karl. 2006. “Sozialdemokratische Partei Österreichs.” in Dachs (2006): 322-340.

Wagner, Andreas. 2014. *Wandel und Fortschritt in den Christdemokratien Europas*. Springer.

Wieneroither, David. 2009. *Kanzlermacht – Machtkanzler?* LIT.

——————— 2010. “Making Omelets and Breaking Eggs?” in Bischof & Plasser (2010): 56-78.

第8章

［アメリカ］権力を持った保守の苦悩

西山隆行

共和党候補として首位を独走した、ドナルド・トランプ候補（当時）
毎日新聞社提供

はじめに――アメリカにおける「保守」とは？

アメリカにとって、保守すべきもの、回帰すべき過去とは何だろうか(1)。

アメリカは一七七五年に独立戦争を開始し、翌七六年に独立を宣言した。アメリカは建国時点からすでに近代社会であり、ヨーロッパ的な保守主義が存在しない。保守すべき過去があるとするならば、独立宣言と合衆国憲法ということになるだろう。だが、それらはヨーロッパ前近代の伝統社会からの断絶を宣言したものであり、進歩を体現するものだった。アメリカ建国以後の路線対立も、自由主義か保守主義かというような体制選択的なイデオロギーの対立ではなかった。アメリカの国家の根拠は、自由、平等、個人主義、民主主義、法の支配などの、しばしば「アメリカ的信条」と呼ばれる普遍的、抽象的理念に求められる。これらの価値観は、アメリカ革命を達成した、植民地時代にアメリカにやってきていた白人でアングロサクソンのプロテスタントの入植者たちによって確立されたものである。

保守派はこれらの価値観を言うまでもなく重視している。ただし、これをアメリカの保守主義の特徴と位置づけるのには問題がある。なぜならば、アメリカではリベラルな立場に立つ人々も、これらの価値観を重視しているからである。そして、近年のアメリカでは、言説の次元で、ある意味興味深いズレもみられるようになっている。白人の人々がこれらの価値観に言及すれば、保守的な白人中心主義の表明であるとの批判がなされる。他方、たとえば民主党のバラク・オバマ元大統領のように、リベラル派のマイノリティに属する人がこれらの価値観に言及する場合は、むしろ進歩的な価値観の表明として称賛されるのである。

このように考えるならば、今日のアメリカの保守派の特徴を、その思想やイデオロギーに求めるのは必ずしも適切でないことがわかるだろう[2]。

今日、保守について論じる必要があるのは、伝統的価値に対して何らかの挑戦がなされ、それに対抗する必要があると考えられるからである。内政に関していうならば、ニューディール以降のリベラル派による進歩的政策に対する対抗がその基礎になっているというべきだろう。具体的には、経済的不平等に焦点を当てる社会福祉の拡充に対する反発と、公民権運動以降のアイデンティティ・ポリティクスや環境保護に代表される新しい価値観への対抗が、保守主義の大前提となっている。アメリカの保守主義について検討するためには、常にリベラリズムとの関係を念頭におく必要があるのである[3]。そこで提示される保守の理念は、リベラリズムへの対抗を基礎とするため、必ずしも一貫性のある体系だったものである必要はない。

保守を自称する人は、大学やシンクタンクに属する研究者などの専門家のみならず、活動家、一般有権者など、様々な次元に存在する。そして、そのような多様な人々が結集するのが政党、とりわけ、共和党である。本章では主に共和党とそれに結集する人々に焦点を当てながら、アメリカの保守とその変容について、検討することにしたい。

I　アメリカの政党の特徴

1　基本的特徴

アメリカの政党は、ヨーロッパの多くの国でみられるような綱領政党ではない[4]。アメリカでは南北戦争期以来、民主党と共和党による二大政党制が確立しているが、いずれの政党も特定のイデオロギーに基づいて組織されているのではなく、政党の中身は常に変化している。

アメリカの政党は、様々な意味での連合体である。それはまず、地方政党の連合体としての性格を持っている。連邦の政党本部は連邦の選挙に際してすら候補に対する公認権を持っておらず、候補は選挙区ごとに行われる予備選挙や党員集会で決定される。州や地方の政党組織の自律性は高く、連邦の政党組織はそれを乗り越えて決定を強制できる権威を持っているわけではない。

また、アメリカの政党は利益集団・社会運動の連合体だということもできる。二大政党の相違は、それと提携関係を結ぼうとする集団の性格の相違によって説明できる。もちろん、争点ごとに政党とかかわろうとする集団は異なるし、その影響力の程度も異なっている。ニューディール以降、民主党は労働組合や小農、黒人やエスニック集団、貧困者などの連合体となった。そして一九六〇年代には、このニューディール連合に女性や同性愛者の権利実現を目指す団体や、環境保護団体も加わるようになった。他方、共和党はニューディール期には強大な企業経営者と富裕層の政党というイメージを持たれるようになったが、今日では、それに宗教右派や保守的な白人層も加わるようになっている（Karol 2009）。

もちろん、政党が様々な集団の連合体であるとしても、そのなかでも中核的な団体は存在する。一般的には、その利益集団の重視する利益がそのメンバーに集中しているとともに、選挙資金や動員能力などの政治資源を持つ団体が、党にとっての中核的な利益集団となりやすい。共和党にとってはビジネス勢力がその典型であり、中核的利益集団が方針を転換すれば、政党の政策もそれにともなって変化する傾向がある。他方、政策に関する影響力のある利益集団が存在しない場合には、政治家は一般有権者へのアピールを重視し、比較的立場を変えやすい。このダイナミズムのなかで、その時々のアメリカの政党の特徴が形作られるのである（Karol 2009）。

このように、アメリカの政党は流動的な性格を持っているため、地域の特性、さらにはそれを反映して選挙ごとに結ばれる連合の構成（政治家と協力関係に立つ利益集団の違い）によって、同じ政党の名を冠していても、政治家の掲げる政策に相違がみられるようになる。一般に、民主党がリベラル、共和党が保守の立場に立つといわれており、それはニューディール期以降一貫した二大政党の特徴である。しかし、たとえば一九七〇年代にはニューヨーク州知事や副大統領を務めた共和党のネルソン・ロックフェラーは南部の民主党員よりもリベラルな政策を掲げており、その考え方が共和党内でも一定の支持を得ていた。当時、二大政党について、党主流派の掲げる政策に連邦議会議員が賛同して議会内で投票する割合は七割弱に過ぎず、日本ならば造反議員と呼ばれるような人々が三割以上存在した（**図表8―1**）。だが、それは候補の地域的特性を反映するものとして、否定的には評価されて

図表８－１　政党規律の高まり

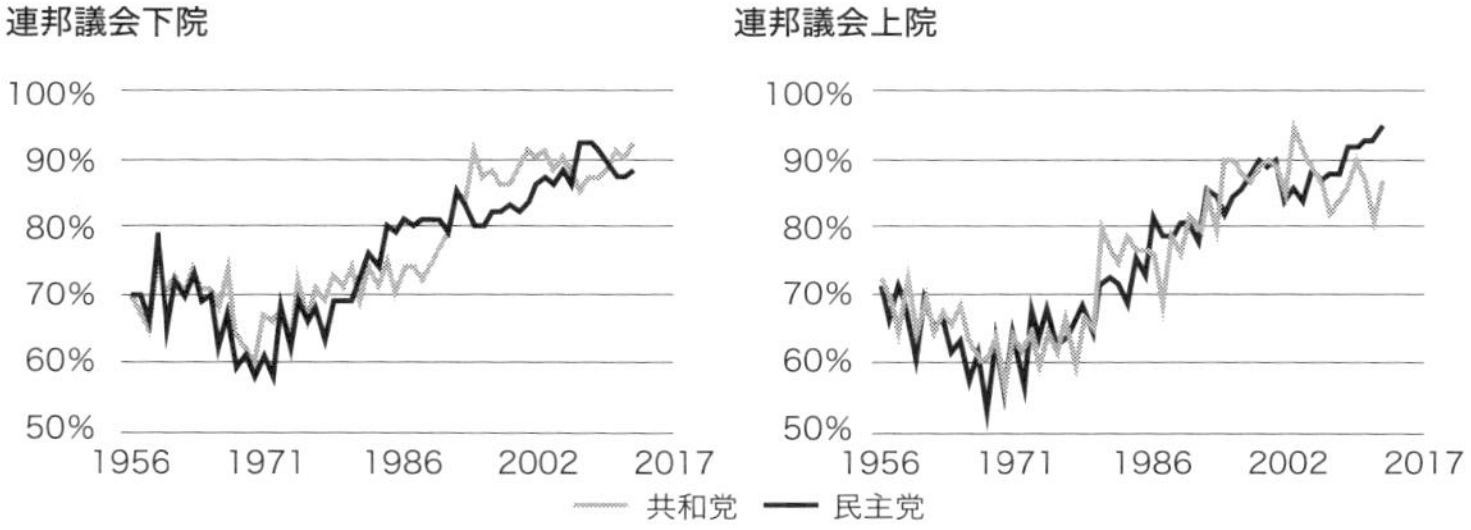

出典：<http://media.cq.com/votestudies/>（2017年8月31日最終アクセス）.

こなかった。

だが、この状況は徐々に変化しており、近年では主流派の方針通り投票する割合は九〇％程度に上昇している（**図表８－１**）。これは、他の先進国の水準からすれば未だに低いが、二〇世紀になって以降、これほどまでに連邦議会議員の投票が党派に基づいて分かれたことはない。アメリカで政党規律が高まってきており、二大政党が全国政党化しているとしばしば指摘される所以である。

2　全国政党化と政党規律の高まり

二大政党が全国政党化している背景には様々な要因があり、それにともなって政党規律も高まりつつある。

まず、政治家が有権者の支持を調達するための方法が変化したこと、とりわけ、地方の政党組織が衰退したことが大きな理由となっている。伝統的に選挙に際しては、選挙区ごとに作られた政党組織（政治的マシーン）が有権者の支持を獲得するために活動してきた。その際には、イデオロギーなどの抽象的理念ではなく、有権者に対する個別的な物質的利益の提供と引き換えに支持が調達されていた。しかし、そのような慣行が政治腐敗をもたらすとの批判が革新主義時代に強まり、市政改革運動が展開されるようになった。また、アメリカが福祉国家化するようになって、政治家が個別的、具体的な次元で利益分配を行わなくても行政が様々なサービスを行うようになっていった。そのようななかで、伝統的な政治的マシーンは徐々に衰退していった（西山 二〇〇〇）。

それに代わって重要な意味を持つようになったのがマス・メディアである。マス・メディアを利用する場合、広域的な選挙戦を展開するほうが効率が良い。たとえばニューヨーク市などは市内に複数の連邦下院議員選挙区を抱えているが、候補ごとに選挙広告を流すよりも、放送区域の複数の候補にとって宣伝になるような広告を流すほうが効率的である。広域的に共通するメッセージは、より広域的な組織、究極的には全国組織が作成するほうが効率的だろう。

選挙戦時にマス・メディアを活用するようになると、選挙資金の面で各候補が全国政党に依存するようになっていく。この選挙資金の全国組織への集中も重要な要因である。メディアを活用するためには莫大な費用がかかるが、その資金を個人で調達するよりは全国政党が一元的に調達するほうが容易である。また、政党の全国組織が集めた資金を利用する選挙広告は、全国組織に資金を提供した利益集団の意向を反映するよう求められるようになる。その結果、各候補は一部の選挙区に特有の争点や思い入れのある争点を除いて、政党の全国組織の意向に従った行動をとるようになる。

このような事情に基づいて、政党の全国組織が強化され、二大政党の全国政党化が進展した。その結果、政党のイデオロギー的な整理が徐々に進むようになっていった。とはいえ、二大政党ともに内部対立を免れているわけではなく、諸外国と比べると依然として政党規律は弱い。

II　アメリカ政治の分極化と共和党

1　分極化と対立の激化

アメリカ政治は一九七〇年代の半ば以降、分極化傾向が鮮明になっている。(5) 二大政党の分極化は、共和党の保守化が先導していると指摘されることが多い（Hacker & Pierson 2005）。

分極化傾向は、政党と強いかかわりを持つ利益集団の意向を反映していると考えられる。たとえば、選挙に際して党内の候補者を選抜する際に、分極化傾向が強まる可能性がある。アメリカでは選挙の候補者は選挙区ごとに実施される予備選挙や党員集会によって選出されるが、予備選挙や党員集会は平日に行われることも多く、本選挙と比べても投票率が低い。予備選挙や党員集会に参加するのは、強固な利益関心を持つ利益集団の構成員や活動家が多く、彼らは一般有権者と比べると政治的に極端な立場を示すことが多い。このような人々の意向に沿った立場を示す候補が有利になる所以である。ただし、このような候補の決定方式は近年になって導入されたわけではないので、近年の変化を説明する要因としては弱い。

他方、近年選挙費用が増大するなかで、イデオロギー志向の強い団体が資金提供をするようになった結果、政治的分極化が進むようになったとも指摘されている。これらの団体は選挙戦にも積極的に関与するようになっている。

また、民主党のリベラル化については、以上述べたようなメカニズムに加えて、南部の保守派が民主党から離脱したことも重要な意味を持っている。この点を強調する人々は、かつての二大政党はともに左派と右派の候補を擁していたのが、民主党は左派、共和党は右派というかたちで整理されたと強調している。論者によっては、アメリカで発生しているのは分極化ではなく単なる仕分けに過ぎないとまで主張する（Fiorina et al. 2010; Levendusky 2009）が、それはやや極端な見方というべきだろう。

なお、近年のアメリカ政治について理解するためには、イデオロギー的な分極化に加えて、党派対立が激化するようになったことにも注目する必要がある（Theriault 2015; Lee 2015）。二大政党政治のもとでは、ダウンズ的な市場競争モデルに従って二大政党はともに中道に移動し、政策的な妥協も目指すというのが一般的な見方だった。だが、実際には分極化が進むとともに、党派対立も激化しているのである。

近年、政治家は立法活動を行うために妥協的な立場をとるよりも、自らの再選という目的を重視する観点から、相手を叩き潰すことに意味を見出し、妥協を拒否して対立の構図を鮮明にしようとする傾向がある。従来は、二大政党は時代を画する最重要争点（たとえばニューディール期には社会福祉立法の是非）については対立するものの、他の争点については政策的な妥協を図ることが多いとされてきた。しかし近年では、二大政党が対立的な姿勢を示す争点の幅が広がってきている（Layman et. al 2010）。

その背景としては、二大政党の勢力が均衡の度合いを高めていることがあると思われる。二大政党のうち一方が明確に優位に立つ時代には、劣位にある政党が法案成立に協力する代わりに政策上の譲歩を得ることに利益を見出した。だが、今日のように二大政党の競争が激化して勢力が比較的均衡しているときには、非妥協的な態度を示して他党との相違を明確化することのほうが、選挙戦を遂行するうえで有利になると考えられるのである。

2 利益集団の連合体としての民主党、イデオロギー志向の共和党

ニューディール以後、アメリカでは民主党とリベラル派の優位が長らく続いた。ニューディール連合は、南北戦争以後、エイブラハム・リンカンの共和党を嫌って民主党支持となっていた南部に加えて、労働組合や小農、黒人やエスニック集団、ユダヤ系、カトリックの人々を中心とした。一九六〇年代には、それに貧困者と平等な権利を求める人々（人種的・民族的マイノリティや女性、同性愛者の権利の獲得と実現を目指す人々）や環境保護団体などが加わるようになった。

ニューディール連合は、その内部に対立する要素を含んでいた。とりわけ、南部の保守的な白人有権者とリベラルな人々、とりわけ北部の黒人やエスニック・マイノリティの利益関心は対立することが多かった。しかし、異なる利益関心を有する人々も政権連合を破壊してまで独自性を主張することに利益を見出さず、一定の対立を抱えながらも政権連合に加わり続けていた。党主流派も、民主党はリベラルな政党という基本姿勢を有してはいたが、そのリベラリズムの意味を明確化しようとすると対立が激化するため、理念の明確化を避けた。それが可能だったのは、第二次世界大戦以後のアメリカでは経済成長が続いていたため、政府の資源が拡大し続けており、利益の分配と権利の拡充を通して各種集団の支持を確保することができたからである。

ニューディール連合を構成する集団は、文字通り利益関心の実現を目指す利益集団として活動し続けた。それら利益集団はしばしば単一争点志向で、個別的争点に関心を集中させた。民主党のもとに集う利益集団は多様性や差異を重視する傾向が強かったこともあり、民主党は多様な運動を束ねることができずにいた。今日にいたるまで民主党は、相反する利益関心を抱える利益集団の連合体としての性格を持ち続けている（Grossmann & Hopkins 2016）。

これに対し、共和党と保守派は、民主党とリベラル派の優位が続くなかで、リベラルに対抗し権力を奪取するために保守勢力の結集を図った。そこで重要な役割を担ったのが、ウィリアム・バックリー Jr.である。彼は、一九五五年に『ナショナル・レビュー』というオピニオン誌を刊行し、小異を捨てて保守派が結集するよう呼びかけた。ただし、白人優越主義者などの過激派や差別主義者、極右団体は参加を拒絶された。いわば、保守を自称する人々の最大公約数を確認し、大同団結を図ることでリベラル派の優位に対抗しようとしたのである（中山 二〇一三）。

保守勢力の結集に際しては、政策研究機関であるシンクタンクも重要な役割を果たした。ブルッキングス研究所に代表される伝統的シンクタンクは「学生不在の大学」としばしば称されてきたが、保守的なシンクタンクは党派性を前面に出し、政策やイデオロギーを唱道する「アドボカシー・タンク」、政治活動を目的とする「アクション・タンク」とさえ呼ばれるようになった（中山 二〇一三）。たとえば、アメリカン・エンタープライズ研究所は、一九四三年に設立された時とは様変わりし、一九七〇年代には保守イデオロギーの浸透を目指して、保守主義運動の台頭を支えるようになった。ただし、アメリカン・エンタープライズ研究所は大物知識人が中心で、草の根運動とは相容れない性格も持っている（中山 二〇一三）。

それに対し、一九七三年に設立されたヘリテージ財団は、政策拠点にとどまらず、保守主義運動の戦略的拠点となることを目指した。アカデミズムではなく政策提言を中心とする団体として、研究書や報告書を作ることよりも短くて読みやすいポリシー・ペーパーを出すことが重視された。ヘリテージ財団は、政党、草の根の活動家、知識人などの保守派人脈や組織のネットワーク化を目指して活動するようになったのである。そして、これらの団体に対し、公民権運動や消費者運動によって反動的と評価された企業から多額の寄付が寄せられたことも、これらの団体の活動を容易にしたといえるだろう（中山 二〇一三）。

保守勢力の大同団結について論じる際に、保守派メディアが果たした役割も見過ごすことはできない。フォックス・ニュース・チャンネル、トーク・ラジオは、伝統的なメディアが持つリベラルなバイアスに対し反感を抱き、保守的な価値を強調した。CNNに代表される伝統的メディアが客観報道の原則を掲げ、多様な価値観を表明することを使命としたのに対し、これら保守的なメディアはオピニオン番組を主軸とした。オピニオン番組は報道番組ではない以上客観報道を謳う必要はなく、知的エリートによる専門的な分析よりも、庶民の日常的感覚に基づき、アメリカ的価値観を強調することが重視された。論理的一貫性には乏しくとも、感覚が共有されていれば、あるいは、共通の敵を持っていれば、人々は連帯感を抱くことが可能になる。このような保守派メディアは、エリートに対する反感を抱く庶民に対し、保守的な価値観を広げる役割を果たしたのである（中山 二〇一三）。

3　南部の共和党化

共和党が政権奪還を目指すうえで目を付けたのは南部だった。南部は、リンカンの共和党に対する反発を根拠に民主党連合に加わり続けていたため、ニューディール連合のなかでも特異な位置を占めていた。たとえば南部民主党員は、ニューディールの初期から福祉拡充に歯止めをかけようとしていたし、黒人の公民権の実現や女性の地位向上などにも消極的な姿勢を示すなど、政策選好の点で他の構成要素とは明確に異なっていた（Alston & Ferrie 1999）。

その点に注目してニューディール連合にくさびを打ち込もうとしたのが、バリー・ゴールドウォーターだった。共和党の独自色を打ち出すことを主張する彼は、小さな政府の考えを強調するだけでなく、公民権法に反対する姿勢も明確にし、南部白人に訴えかけた。次いで、リチャード・ニクソンは南部白人の支持獲得を目指し、南部戦略と呼ばれる戦略を採用した。そこでは、南部白人の人種についての意識と、税や社会福祉への反発を念頭に置いた戦略が採用され、民主党の南部の牙城にひびを入れることに成功した（Edsall & Edsall 1991）。

南部を共和党支持へと導くのに成功したのが、ロナルド・レーガンだった。彼は、国防強化、減税、福祉の縮減、伝統的な社会的価値の擁護を掲げ、経済的保守、社会的保守、軍事的保守の大同団結を実現した。それまで民主党に投票していたものの、一九八〇年代にレーガンや共和党に投票するようになった人々はレーガン・デモクラットと呼ばれた。以後、南部は共和党の強固な地盤となり、アメリカは保守派優位の時代に入ったと評されるようになる（Wilentz 2008）。

4 保守運動の頂点――ジョージ・W．ブッシュ政権期における変容

今日のアメリカでも、民主党が各種団体の個別利益の実現を重視する傾向が強いのに対し、共和党は保守イデオロギーの実現を追求する傾向が強い（Grossmann & Hopkins 2016）。この傾向は、経済成長を前提とすることのできる時代に民主党とリベラル派が主流派として権力を維持し続けたのに対し、それに対抗しようとする共和党と保守派がイデオロギーに基づいて団結を図ったことに原因があった。

経済成長が終焉して分配できるパイが縮小して以降も、リベラル派が個別利益の追求という行動原理を変えることができず、一体性を作り出すことができないのに対し、共和党は、保守の勝利に向けて大同団結をすることができた。だが、一九九四年のギングリッチ革命以後に連邦議会で共和党が優位に立つようになったのに加えて、ジョージ・W．ブッシュ政権期に大統領選挙でも優位に立つようになると、保守の大同団結にもほころびがみえるようになってくる。

二〇〇四年の大統領選挙でW．ブッシュが再選を果たした時、アメリカでは保守革命が完了し、共和党の恒久的多数派体制が確立したという議論が展開されるようになった（Edsall 2006）。とりわけ、ブッシュの再選を実現するために宗教右派勢力が有権者を効果的に動員したことは、多くの人に衝撃を与えた。伝統的に都市部を支持基盤とする民主党が有権者を地上戦で動員しやすいのに対し、農村地帯を支持基盤とする共和党は、農村地帯の人口密度の低さを考えれば、地上戦で有権者を動員するのに困難をともなう。そうであるがゆえに、一九八〇年代にはダイレクトメールが、それ以降はマス・メディアを利用した空中戦が積極的に活用されるようになったのである。だが、宗教右派勢力は

教会を単位として、保守的な有権者を効果的に動員した。これをもって、共和党による恒久的多数派体制が確立したという議論さえなされるようになった。

しかし、W.ブッシュ政権成立後、保守の団結にもほころびがみられるようになった。保守派は権力を握るために大同団結していたが、小異を捨てて団結することが可能だったのは、彼らが政権の座についていないからだった。全体的な責任を負わなくてよいがゆえにこそ、政策の相違について問題にしなくて済んできたのだった。もっとも、経済が成長して政府の分配できる資源が拡大しつつある時代ならば、その相違を目立たなくすることができたかもしれない。だが、共和党が権力を握った時代は経済成長が続くとは考えられない時代だったし、共和党の支持母体も、利益分配を重視する集団では必ずしもなかったのである。

共和党が大統領職と連邦議会上下両院をすべて支配し、政策決定について一義的な責任が求められるようになると、具体的な政策方針をめぐる対立が顕在化していった。ティーパーティ派に代表される勢力が小さな政府の実現を掲げたのに対し、宗教右派勢力は公立学校での祈りの時間の制度化など、政府による規制、いわば社会的争点についての大きな政府の実現を目指していた。また、ネオコンが中東諸国の民主化などの目標を掲げて積極的な対外政策を展開したことは、財政出動に対して反発を示す人々の不満を買うようになった。

さらには、保守勢力が目指したのは保守の勝利であって、それは共和党の勝利とは異なる側面を持っていた。(6) もちろん、保守派は共和党と近い立場をとることが多かったものの、共和党の政治家が自分たちと異なる政策的立場をとるとそれを批判することも多かった。とりわけ、思いやりのある保守主義を掲げ、一定程度の社会福祉政策の拡充を目指すW．ブッシュや、穏健な立場をとるジョン・マケインらは、財政的保守派などから「名前だけの共和党員」として批判されるようになった。

かくして、権力の座についた共和党内で保守派と穏健派の主導権争いが行われるようになった。アメリカの有権者全体の傾向としては穏健な立場の人が多いため、極端に保守的な傾向を強めるのは、大統領選挙を念頭におくと共和党にとって好ましくないと考えられる。だが、長期的な観点から党のあるべき姿を議論するべき時でも、次の選挙をどうするかという短期的な問題は重要になる。

党指導部が候補者の公認権を持たず、政党規律が相対的に弱いことは、共和党の保守化を促進した背景要因である。とりわけ、連邦下院議員選挙は二年ごとに実施され、その候補は予備選挙や党員集会で選ばれる。先にも指摘したように、一般に、穏健派よりも保守派のほうが予備選挙や党員集会への参加率が高い。また、連邦議会選挙の場合でも大統領選挙の場合でも、穏健派候補よりも保守派候補のほうが、保守派メディアから支持されたり、保守派の利益集団から選挙協力を得たりすることが多くなる。

このような状況を受けて、共和党の有力候補が保守派団体の支持を得るべく政治的立場を変える現象がしばしばみられるようになった。二〇〇八年の大統領選挙の際にマケインが保守派のサラ・ペイリンを副大統領候補に選出したことや、二〇一二年の大統領選挙の際にマサチューセッツ州知事時代に州民皆医療保険を達成したミット・ロムニーがオバマ政権の医療保険政策を徹底的に批判するようになったことなどは、その典型である。このような共和党議員の一貫性が欠如する態度に批判的な議論も、しばしば展開されるようになる。

Ⅲ　主要争点

ここでは、W. ブッシュ政権期から今日にいたるまで、保守派が掲げている内政に関する政策的立場を簡単に紹介することにしたい(7)。

1　宗教とモラル

アメリカ国民の信仰心の強さは他の先進国と比べると際立っているが、保守派は宗教とモラルをめぐる争点について鮮明な態度をとっている(8)。アメリカの保守は、聖書に絶対的価値をおき、回心体験を重視する原理主義派と呼ばれる人々を中心に、世俗的人間中心主義や価値相対主義を強く批判している。伝統的には、人工妊娠中絶をめぐる問題が大争点となっており、保守派は中絶反対を鮮明にしている。このような立場のことを、アメリカではプロ・ライフ（生命重視派）と呼んでいる。

同性婚をめぐる問題もアメリカ社会を二分しており、保守派は同性婚に基本的に反対の立場を示している(9)。また、公立学校で祈りの時間を設けるのが妥当か、学校で進化論を教えてよいか（進化論は人間がアダムとイブの子孫だという聖書の考え方を否定しているとされる）をめぐっても、しばしば論争を巻き起こしている。

宗教的争点を重視する団体としては、一九七七年にジェリー・ファルウェルによって創設されたモラル・マジョリティや、一九八七年にパット・ロバートソンが設立したキリスト教徒連合、一九七七年と八三年にともにジェームズ・ドブソンが設立したフォーカス・オン・ザ・ファミリーや家族問題評議会などが知られているが、ほかにも多くの有力な団体が存在している。

なお、宗教右派と呼ばれる人のなかには当然ながら多様な立場があり、W. ブッシュ政権期には「思いやりのある保守主義」という考えが提起された。これは、教会等を中心に貧困者支援を実施していこうという考え方であり、場合によっては福祉拡充につながる可能性もある議論である。

2 減税

経済的争点については、小さな政府と減税を重視するのが典型的な保守の立場である。減税は多くの人から支持される争点であるがゆえに、減税を強調する利益集団はかえって長らく存在してこなかった。このような状態を改めるべく、経済成長クラブという団体が創設され（原型となる組織は一九八〇年に設立され、一九九九年に現在のかたちをとるようになった）、予備選挙の段階で保守的な候補を集中的に支援する活動を行った。また、一九八五年にグローヴァー・ノーキストが設立した全米税制改革協議会は、共和党議員に増税に反対する宣誓書を提出させ、提出しなかった人物に対抗馬を擁立するようになった（久保 二〇〇九）。

これらの伝統の上に二〇一〇年に発生したのが、ティーパーティ運動である（久保 二〇一二）。ティーパーティは、独立戦争期に植民地本国であるイギリス政府が課した税金に対する反発をもとにして発生したボストン茶会事件からその名をとっているが、活動家のなかには、ティーとは Taxed Enough Already（すでに十分に税金を払っている）の頭文字をとったものだと述べる者もいる。ティーパーティ派は、思いやりのある保守主義を掲げる人や、軍事増強派にも批判的であり、しばしば保守陣営のなかで内紛を巻き起こすことになる。ティーパーティは、増税や政府支出増大を容認する「名ばかりの共和党員」や民主党に反発する人々が自発的に起こした運動だといわれることがある一方で、その背後にコーク兄弟のような巨大な出資者が存在したために組織化できたと指摘されることもあり、その本質が草の根運動か〝人工芝〟かをめぐって議論が分かれている。

3 社会福祉と医療保険

福祉政策については、公的扶助（狭義の社会福祉）と医療保険の問題について説明したい。

公的扶助については、ニューディール期に制定された社会保障法のなかで要扶養児童扶助（のちに要扶養児童家庭扶助〔ＡＦＤＣ〕と改名）が定められていたが、一九七〇年代に経済成長が終焉を迎え、一九八〇年代に麻薬や犯罪などのいわゆる都市問題が顕在化するなかで、このプログラムは勤労倫理に欠けた黒人などの貧困者によって悪用されているといわれるようになった。そこで、一九九六年に社会保障法に代わって個人責任就労機会調停法が制定され、ＡＦＤＣの代わりに一時的貧困家庭扶助プログラムが創設された。これは、給付に期間制限を設けるとともに（継続して二年、生涯で五年まで）、受給者に労働の義務を課したこと（ワークフェア）が特徴である。この福祉国家再編に際し保守派は大きな影響力を行使したが、今日でも保守派は給付額の縮減を要求している（西山 二〇〇八）。

医療保険制度については、アメリカでは日本やカナダでみられるような国民皆医療保険が公的に制度化されていない。その結果、医療保険を持っていない未保険者が五〇〇〇万人近く、また、保険は持っていても十分な給付を得ることのできない内容の保険しか持たない低保険者が数多く存在する。この状況を改めるべく、オバマ政権はパブリック・オプションと呼ばれる公的医療保険の創設を目指した。だが、保守派からの強い批判を受けて、すべての国民に医療保険を持つよう義務づけるのにとどまった。このいわゆるオバマ・ケアは、当初目指されていたものからは大幅に後退したものだが、保守派はこれをも撤廃しようと試みている（山岸 二〇一四）。

以上のように、内政面に限ってみても、保守と呼ばれる人々には多様な立場が存在し、意見の対立もみられる。たとえば、経済的保守派と呼ばれる減税等を重視する人々は「小さな政府」の立場を求めるのに対し、社会的保守派と呼ばれる宗教やモラルを重視する人々は、祈りの時間の義務化を図るなど、ある意味「大きな政府」の立場をとっている。このように、保守派は潜在的には対立する要素を多く抱えていたが、リベラル派に対抗する観点から、差異には目をつぶって大同団結し、様々な集団が最優先する課題について協調した態度をとってきた。しかし、保守が対抗者ではなく、政治の主流の立場に躍り出るようになると、このような対立が徐々に顕在化していくのである。

Ⅳ　民意からの離反とアウトサイダーによる乗っ取り

1　ティーパーティと反エスタブリッシュメント感情

保守派はニューディール期以後リベラル派への対抗を掲げて力を増してきたが、自らが権力の座に就いて以降の姿を十分に構想していなかった。批判勢力として大同団結していた時には表面化しなかった内部的差異も、保守派が権力を握ると顕在化していった。また、保守派の政策的立場が有権者から離反する傾向も顕著になっていった。

オバマ政権期に際立った動きをみせたのがティーパーティ運動である（久保 二〇一二）。ティーパーティは、財政出動を重視するオバマ政権と全面対決したのみならず、共和党内でも穏健な主流派に対して非妥協的な態度を示した。特に二〇一三年には、共和党が多数を占める連邦議会は予算を組むことができなくなって、連邦政府が閉鎖される事態も発生した。このようなティーパーティ派の非妥協的な態度については、穏健な有権者を中心に反発が徐々に強まっていった。また、党内をまとめることのできない共和党指導部に対する有権者の不満も高まっていった。

図表8―2は、アメリカの有権者の統治機構に対する支持率を示したものである。[10] 統治機構全体に対する支持率は、図が示す通り低くなっている。**図表8―3**は、統治機構のなかでも大統領と連邦議会に対する支持率を示したものである。大統領に対する支持率は二〇一五年の段階でも五〇％程度と

図表８－２　統治機構に対する人々の信頼度の変遷（1958～2015年）

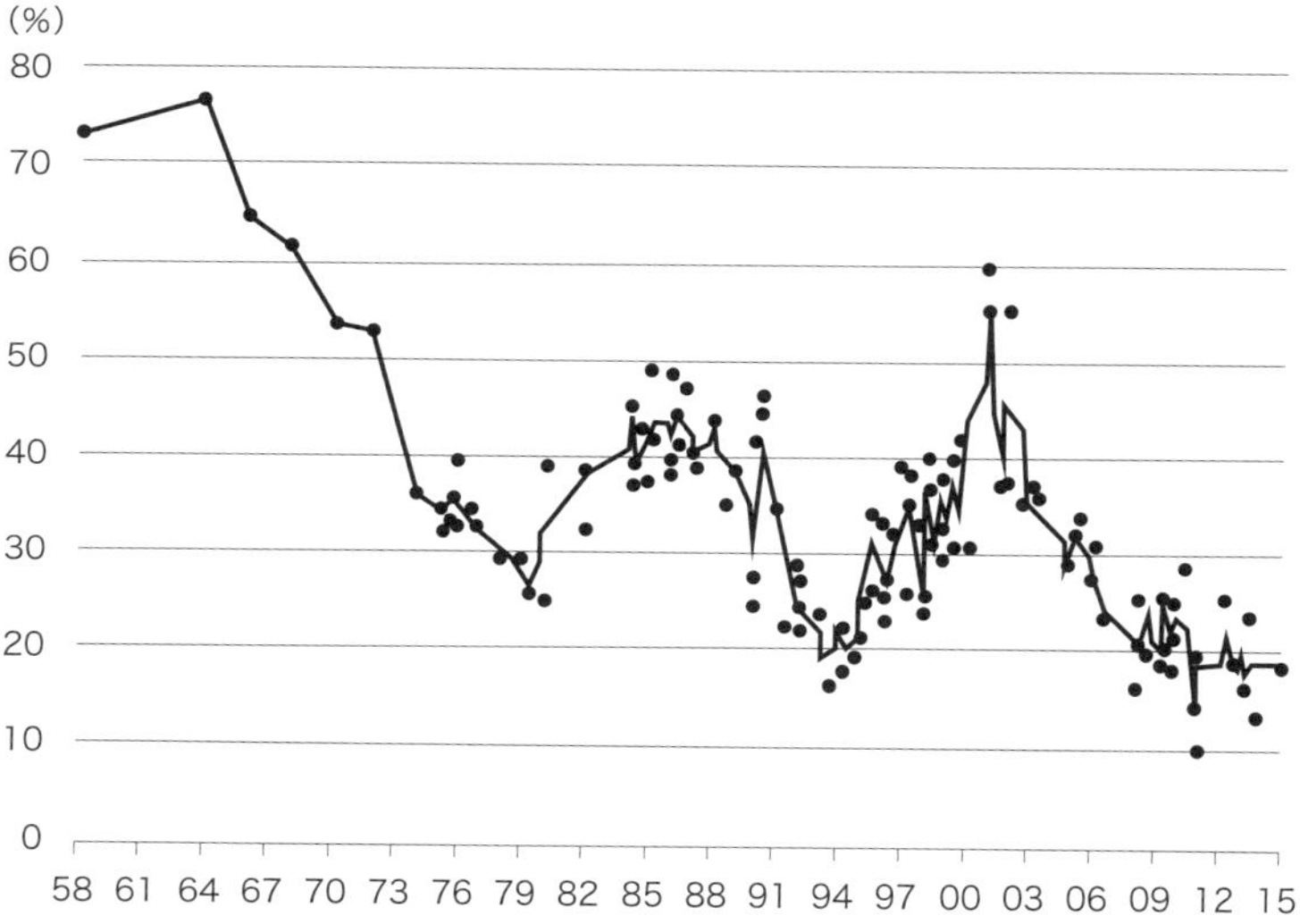

出典：Pew Research Center <http://assets.pewresearch.org/wp-content/uploads/sites/5/2015/11/Trust-1.png>.

図表８－３　大統領と連邦議会に対する支持率の変遷

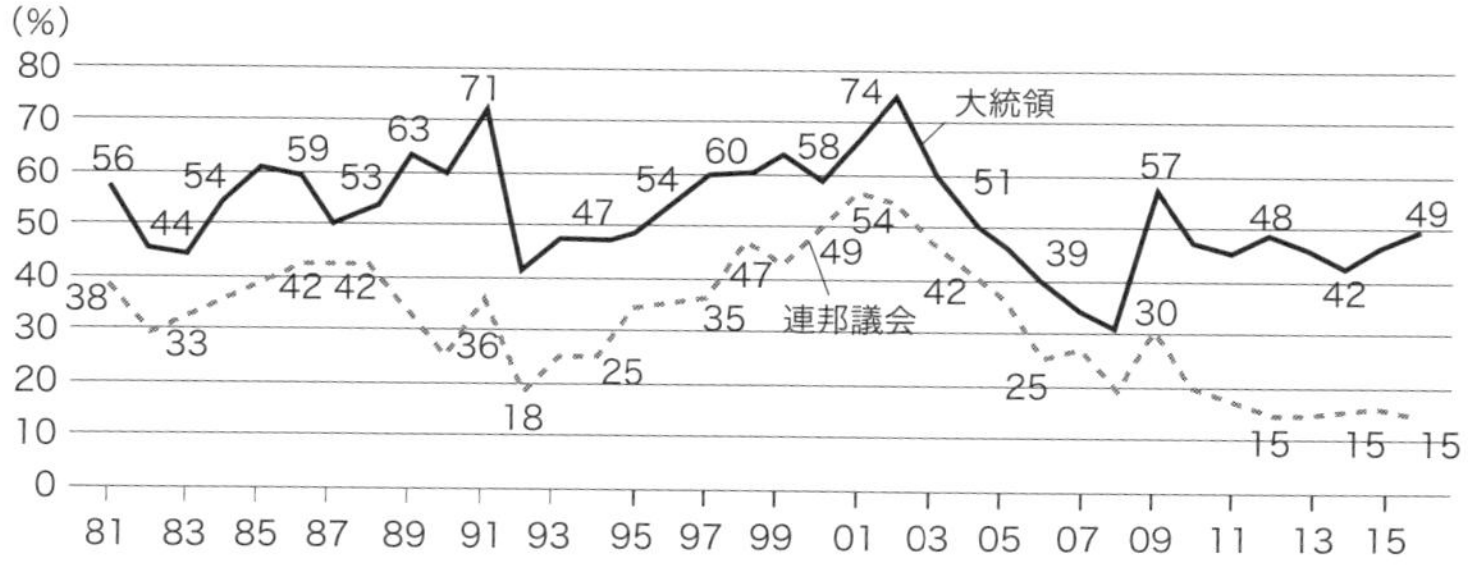

出典：Gallup<http://www.gallup.com/poll/191057/obama-retains-strong-edge-congress-job-approval.aspx>.

さほど低いわけではないものの、連邦議会に対する支持率は一五％と低い。

興味深いのは、連邦議会に対する支持率はこれほど低いにもかかわらず、選挙が行われると、連邦議会議員の再選率がとても高いことである。特に連邦議会下院議員の場合は、現職の政治家が再選を目指して立候補した場合、その再選率は九割以上に達している。連邦議会に対する支持率は低くても、連邦議会議員の再選率は高いという逆説的な状況は、この傾向を明確に指摘した政治学者の名前をとって、フェノのパラドックスと呼ばれている（Fenno 1978; Kondik & Skelley 2016）。

フェノのパラドックスが発生する背景には、選挙区割りが現職議員にとって有利なかたちで行われていることなど多様な問題がある。また、有権者は自分の選挙区選出の政治家には地元利益を実現する代理人として行動することを期待する一方、他の選挙区の政治家には国全体の利益を追求する国民代表として行動してもらいたいと考える面があることも、このようなパラドックスをもたらす要因だといえるだろう。

このような状況では、変革を求める有権者の期待は、連邦議会ではなく大統領に対して向けられるようになる。大統領選挙に際しては、大統領候補のなかでもワシントンの政界につかりきっていない候補に対する期待がとりわけ高くなる。かつての大統領には連邦議会上院議員経験者が多かったが、ジミー・カーター以降の大統領は、ジョージ・H．W．ブッシュとオバマを除き、ワシントンの政界とは関連の薄い州知事出身者ばかりである。また、オバマの場合も二〇〇六年の選挙で連邦議会の上院議員に当選していたが、他の候補と比べてワシントンの政界に染まりきっていないことを魅力として選出された候補だった。アメリカ政治全体について、反エスタブリッシュメントの感情が強まっているのである。

2　トランプの衝撃

二〇一六年大統領選挙に際して共和党が選んだのは、長らく共和党に有権者登録さえしていなかった不動産王のドナルド・トランプだった。(11) トランプは、メキシコからやってくる移民を強姦魔や殺人犯だと述べたり、女性蔑視発言を繰り返したりするなど、数々の問題発言を繰り返した点で類をみない候補だった。

トランプは、様々な争点について共和党主流派と異なる立場をとり続けた点でも例外的だった。トランプは人工妊娠中絶などの社会的争点については共和党主流派や保守派と似た立場をとっていたものの、経済的争点については民主党に近い立場をとっていた。たとえば、共和党主流派が財政均衡を達成すると主張するのに対し、トランプは財政赤字を今以上に増大させないと主張するのにとどまった。年金についても縮減を拒否したし、医療保険についてはオバマ・ケアに好意的な態度を示した時すらあった。もちろん、トランプの発言は一貫しておらず、しばしば大きく揺れていたが、有権者の多くはトランプと共和党の立場が大きく異なるという印象を持ち続けていた。

興味深いのは、トランプがしばしば行った暴言は、彼が共和党保守派と立場を同じくする社会的争点に集中していたことである。トランプが問題発言を繰り返していたジェンダーや移民に関する争点は、その問題の当事者にとってはアイデンティティの根幹にかかわる問題だが、その他の人にとっては直接的な利害があるわけではなかった。トランプは、多くの共和党支持者の直接的な利益関心にか

図表８－４　二大政党支持者のイデオロギー的分極化

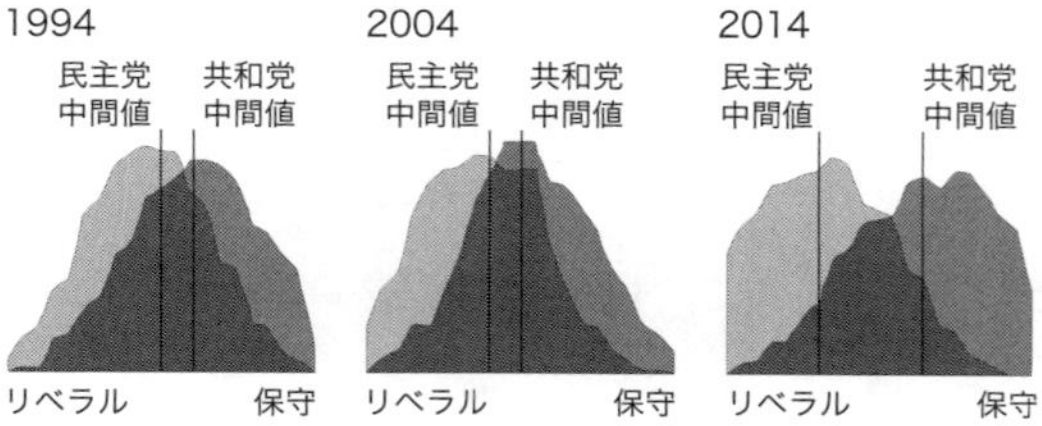

出 典：Pew Research Center <http.//www.people-press.org/2014/06/12/section-1-growing-ideological-consistency-pp-2014-06-12-polarization-1-01/>.

図表８－５　連邦議会議員のイデオロギー的分極化（ロールコールをもとに算出したイデオロギー値）

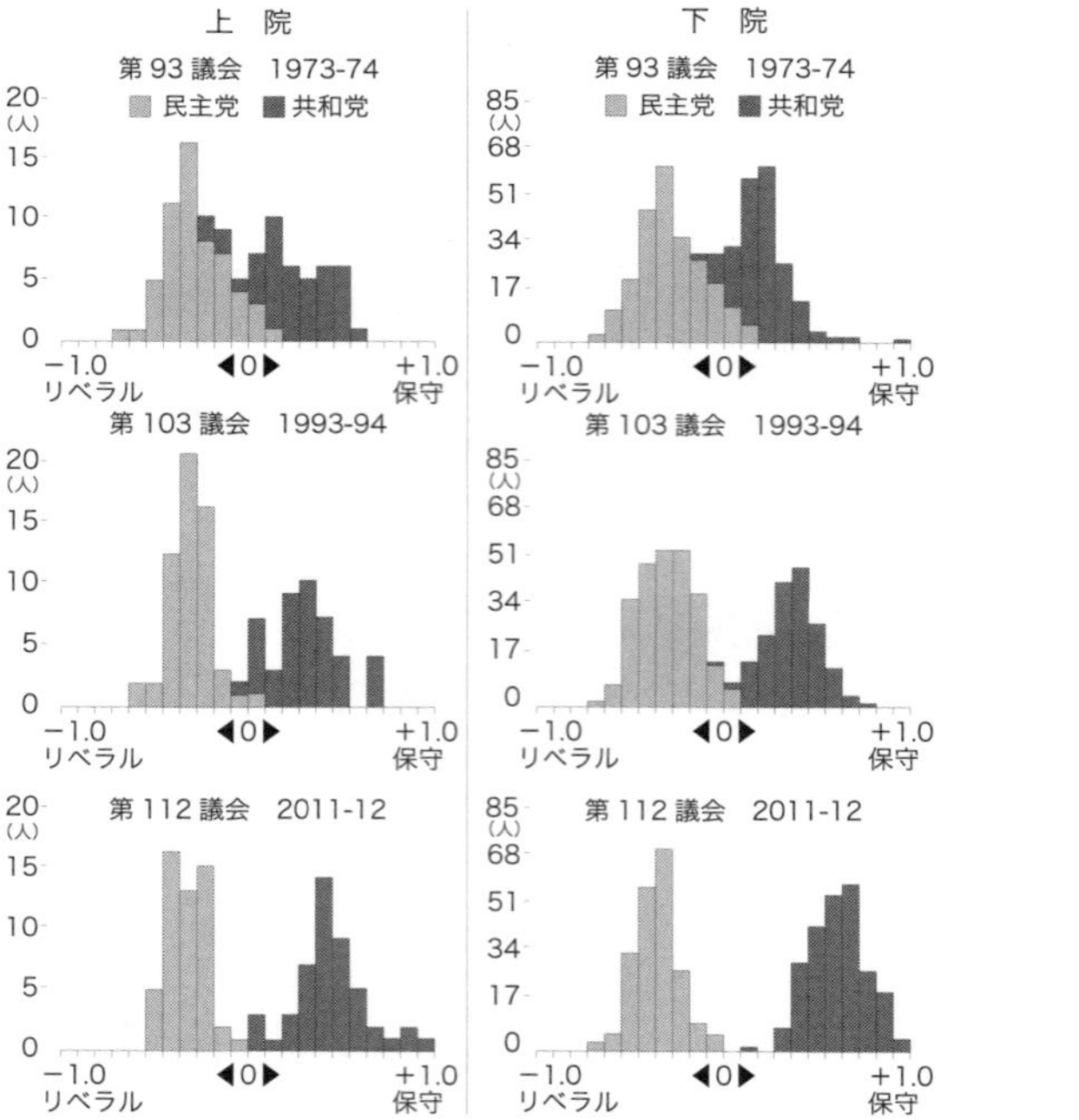

出典：Pew Research Center <http.//assets.pewresearch.org/wp-content/uploads/sites/12/2014/06/FT_14.06.13_congressional Polarization.png>.

かわるわけではない争点について暴言を繰り返し、保守的な活動家の支持を確保した。他方、多くの有権者の生活に直接的にかかわる年金などの争点については穏健な立場を示し、有権者に安心感を与えたのである。

この戦略には一定の合理性がある。先に指摘したアメリカ政治の分極化傾向は、有権者レベルでも政治家レベルでもみられるが、両者にはズレが存在する。

図表8—4は、一九九四年、二〇〇四年、二〇一四年における、二大政党支持者の政策的立場を示している。全体的傾向として、民主党がリベラル寄り、共和党が保守寄りであり、時を追うにつれて分極化傾向が強まっていることがわかる。とはいえ、両党支持者のイデオロギー的立場に重なりもあり、今日でも穏健な共和党支持者、民主党支持者が存在する。

図表8—5は連邦議会議員（左は上院議員、右は下院議員）の政策的立場を示している。こちらも、民主党議員がリベラル寄り、共和党議員が保守寄りである。一九七三〜一九七四年の状態を示した図から、当時は上下両院ともに両党に政策的立場が一致する議員が存在したことがわかる。他方、二〇一一〜二〇一二年の図をみると、両党の議員で政策的立場が一致する議員がいないことがわかる。裏を返せば、両党ともに穏健派議員が少なくなっており、これが近年超党派的立法を行うのが困難になっていることの背景にある。

図表8—5を詳細にみると、近年では共和党議員は右のほうに集まっていて、穏健派がほとんどいない。右寄りの傾向が出ている背景には、社会的、経済的争点の双方で保守的な傾向を持つ議員が増えていることがある。なお、共和党に徹底的に右寄りの議員がいるのに対し、民主党に徹底的に左寄

りの議員がいないのは、アメリカの保守勢力が大同団結をしているのに対して、リベラル勢力のあいだにまとまりがないことを反映している[12]。

なお、**図表8―4**と**図表8―5**には重要な相違がある。民主党については、かなり左派的な有権者がいるのに対し、それを代表する、一貫して左派的な立場を示す連邦議会議員は存在しない[13]。他方、共和党でも、有権者と連邦議会議員のあいだに明確なズレがある。共和党支持者については、全体的には保守的傾向を示す人が増えているが、穏健派も存在する。しかし、穏健派有権者の声を代弁する連邦議会議員は存在しないのである。結論を先に述べれば、トランプは穏健な有権者の票の獲得を目指したのである。

3　労働者階級の白人

アメリカのイデオロギーをめぐる政治について興味深いのは、世論全般としては自らのイデオロギー的立場を保守と考える人のほうがリベラルと考える人よりも多いにもかかわらず（**図表8―6**）、個別の争点について政策選好を問うと、大半の争点について中道左派的な立場を示す有権者のほうが多いことである。近年、民主党は個別的な争点を取り上げて具体的な問題解決の必要性を強調する傾向が強いのに対して、共和党は個別の争点よりも保守というイデオロギー的立場を強調する傾向があると指摘されている（Grossmann & Hopkins 2016）。これは、このような、ある意味矛盾した有権者の態度を反映した戦略だということができるかもしれない。

二〇一六年大統領選挙の特徴は、伝統的には民主党に投票してきた労働者階級の白人がトランプに

図表8－6　アメリカ人のイデオロギー意識（1992～2015年）

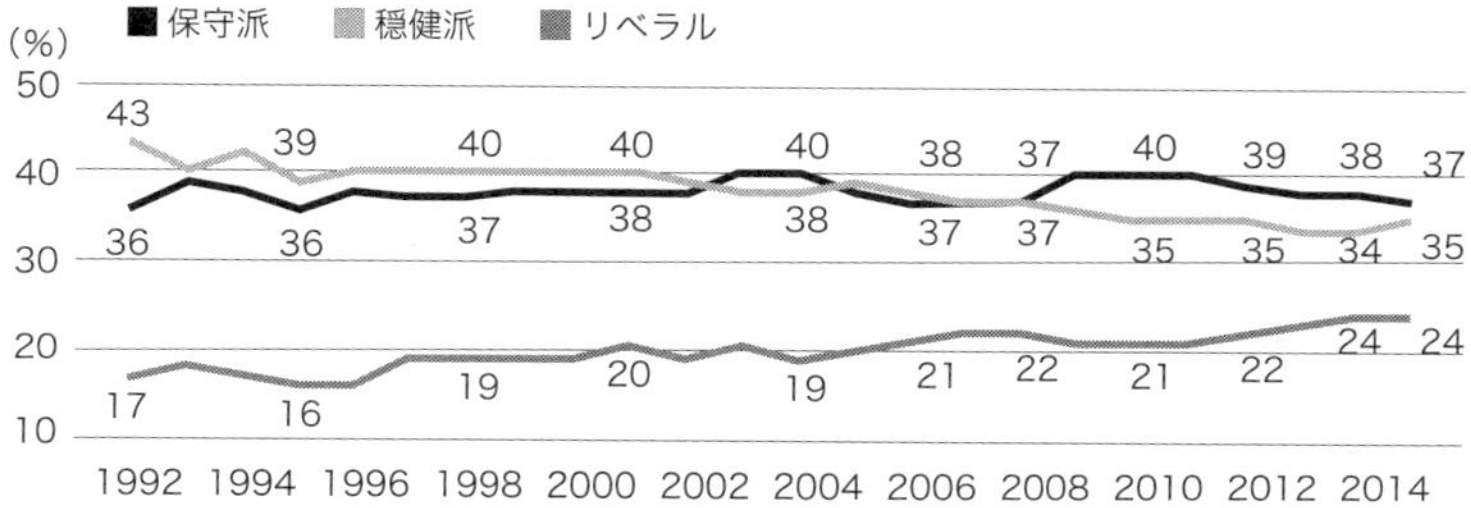

出典：<http://www.gallup.com/poll/188129/conservatives-hang-ideology-lead-thread.aspx>.

投票したことである。これら白人は経済的には必ずしも豊かではないため、リベラルな方針を示す民主党に投票してもおかしくはない。だが彼らは、抽象的には保守主義を掲げつつも、リベラルな経済政策の維持を語るトランプに投票したのである。

これら白人は、一九六〇年代以降に民主党が多文化主義や福祉政策拡充の方針をとってきたことに不満を感じていた（西山 二〇一七b）。

多文化主義とは、人種や民族の多様性を認めるとともに、公民権などの権利を保護すること、マイノリティがその特有のアイデンティティや慣行を維持・表明することを公的に認めることを含意しており、オーストラリアやカナダでは国是とされている。しかし、今日のアメリカでは、多文化主義は社会に分裂をもたらすもの、あるいは、白人を貶めようとする意図に基づくものだと指摘されることもある（西山 近刊予定）。

多文化主義を提唱する論者は、アメリカでは白人性に高い価値がおかれており、白人は生まれつき、意識しない次元で特権を与えられていると主張している。これは裏を返せば、白人が非白人を無意識のうちに劣位においていることを意味する。このような考え方が、マイノリティの尊厳を求める運動や積極的差別是正措置と重ねて広まっていくと、白人が持っていたとされる特権はむしろ白人の原罪だとみなされるようになる。だが、白人ばかりの地域で生まれ育った白人は、コミュニティのなかでそのような特権を実感したことはない。そのような人々が白人としての原罪を糾弾されたことにより、多文化主義への不満を爆発させることになった（西山二〇一七b）。

また、アメリカで狭義の社会福祉、すなわち公的扶助の拡充に最も強く反対しているのは、郊外や農村地帯に居住する相対的に貧しい白人労働者である。自ら労働して生活費を稼いでいる彼らは、身体的・精神的に労働可能であるにもかかわらず、勤労倫理に欠けていて公的扶助プログラムを悪用している（と彼らが思いこんでいる）黒人や中南米系などのマイノリティとは違うという自負心を持っている。彼らは福祉に依存する人々を助けるために税金を払うことを拒絶する。このような考え方はティーパーティ派のなかでとりわけ強く、その一部がトランプ支持に流れ込んだと考えることができる（西山二〇〇八、西山二〇一七b）[14]。

これら労働者階級の白人は、幾重もの被害者意識を持つようになった。人種的・民族的マイノリティからは逆差別を受け、成功を収めている白人からは見捨てられているという感覚である。賃金が低下した結果、家庭内で妻のほうが高給取りになった男性は、ジェンダーの点でも被害者意識を抱いているかもしれない。ある論者はこのような労働者階級の白人男性のことを「新しいマイノリティ」と呼んでいる（Gest 2016）が、二大政党は彼らの利益関心を取り上げてこなかった。民主党は人種やジェンダーの点におけるマイノリティの利益関心を、また共和党は裕福な人々や宗教右派の利益関心を重視してきたからである。

このようななかで、抽象的には保守主義を掲げつつも具体的な経済政策の維持を主張し、民主党とも共和党の主流派や保守派とも一線を画すトランプが、これら「新しいマイノリティ」の支持を獲得した。トランプは党主流派の反発を押しのけて大統領選挙の共和党候補となることを志し、予備選挙、党員集会を経て共和党大統領候補となった。トランプは本選挙で勝利して、大統領にもなったのである。

日本では、二大政党制は人々の不満を十分に掬い上げることができないと指摘されることがある。だが、二〇一六年大統領選挙では予備選挙、党員集会の結果、トランプのようなある意味柔軟な候補が人々の不満を吸収することで台頭し、右派的傾向を示す共和党主流派・保守派の偏頗を崩した。トランプはアメリカの保守派と共和党の性格を変化させる可能性を提起したのである。もちろん、労働者階級の白人が共和党支持者にとどまるかは不明である。仮に彼らが共和党支持者にとどまったとしても、高等教育を受けたエリートに敵意と猜疑心を持つ彼らと共和党の伝統的支持者の関係をどう調整するかは大問題である。

いずれにせよ、アウトサイダー候補であるトランプは、既存のアメリカ政治に対する不満と反発を背景に、二大政党を揺り動かし、その変質を迫った。トランプという強烈な個性を持つ人物が登場した結果、本書が題に掲げる保守の「刷新」がみられるかどうかは予想ができないが、少なくとも、アメリカの保守に大幅な変容を迫る可能性はあるだろう。

おわりに

ニューディール以後のアメリカの保守は、主流派たるリベラル派と民主党に対して対抗するべく、小異を捨てて大同団結することに復活の可能性を見出した。リベラル派と民主党が勢力を拡大して優勢を保ち続けることを可能にした条件は経済成長だったが、経済成長が終焉を迎えた一九七〇年代以降、バックリーに始まる保守派の試みが実を結ぶようになった。一九八〇年大統領選挙では、経済的保守、社会的保守、軍事的保守の支持を巧みにまとめたレーガンが勝利し、ニューディール以後のアメリカ政治のあり方に大きな変革を迫った。

アメリカの保守派の政治的影響力は、W. ブッシュ政権期に最高潮に達した。だが、大統領、連邦議会上下両院のすべてを共和党が支配する時代となると、長らくリベラル派への対抗のみを考えていればよかった保守派も責任ある政権運営をしなければならなくなった。保守派は、権力を批判するために団結していた段階では内部に抱える矛盾を非争点化することができたが、権力の座につくようになると、内部の矛盾と対立が顕在化するようになった。それを顕著に表したのがティーパーティ運動であり、アメリカの有権者はこのような急進的な保守の立場に不満を感じるようになった。

民主党にも、共和党主流派・保守派にも不満を持つ人々の支持を得て勝利したのが、トランプだった。トランプの勝利はしばしばポピュリズムであるとかアメリカ社会の病理を示すものといわれることがある。しかし、トランプの勝利は急進的に保守化した共和党の偏頗を破る試みとみることもできる。トランプが支持を糾合した労働者階級の白人が共和党支持の態度を示し続けるかを予想するのは本章が目的とすることではないが、トランプ政権と連邦議会共和党の活動によっては、アメリカの保守が、これまでとはまったく違う段階に入る可能性もあるかもしれない。

《注　釈》

(1) アメリカの保守主義に関する研究は、日本語でもたとえば、久保（二〇〇三）、古矢（二〇〇四）、中山（二〇一三）、会田（二〇一六）など多数存在する。なお、本章執筆にあたり数多くの新聞記事等を参照したが、大半の媒体で紹介されている事実関係については注釈を付さないことにする。また、アメリカ政治に関する一般的記述については、西山（二〇一四）を参照のこと。

(2) 共産主義との関連で、アメリカの保守派もリベラル派もともに「反共リベラリズム」の枠内にあり、アメリカの保守派とはいわば自由主義右派のことだと指摘されることもある。このことが示すように、アメリカの保守とリベラルは対立するもののイデオロギー間距離は近い。そして、そうであるがゆえにこそ、対立の度合いが高いと指摘する論者も存在する。

(3) 外交政策に関する「保守」については非常に複雑であり、本章では検討の対象外とする。久保（二〇〇七）を参照していただきたい。

(4) アメリカの政党については膨大な量の研究があるが、簡便なものとしてはMaisel (2016) などを参照。

(5) アメリカ政治の分極化とそれをめぐる論争については、Hopkins & Sides (2015) に収められている諸論考で多くの論点が網羅されている。

(6) 保守の成功を受けて、民主党とリベラル派の側も改革の試みを行っている。なかでも、二〇〇三年にジョン・ポデスタによって設立されたアメリカ進歩センターは、民主党版ヘリテージ財団の設立を目指すものとしばしば評された。だが、彼らが目指したのは、リベラルではなく民主党の立て直しであった。

(7) W. ブッシュ政権期の保守と共和党については、久保（二〇〇三）が有益である。

(8) アメリカの政治と宗教の関係については、上坂（二〇〇八）、堀内（二〇一〇）、松本（二〇一六）など。

(9) ただし、人工妊娠中絶と比べると同性婚をめぐる問題については見解が分かれている。一九六〇年代以降に家族のあり方が揺らぐなかで、同性婚を求める人々は伝統的な家族のあり方を重視しているのではないかという観点から、保守派のなかでも同性婚を容認する人も登場している。二〇一五年に最高裁判所が同性婚を容認するオバーゲッフェル判決の判決文を書いたケネディは、そのような立場に立っている（西山 二〇一六b）。

(10) 英語の government は日本ではしばしば政府と訳されるが、アメリカの government は行政部のみならず立法部や司法部も含んでおり、統治機構全体を意味している。

(11) トランプに関する分析（2・3）は、西山（二〇一六a、二〇一七a、二〇一七b、二〇一七c）を再構成したものである。

(12) 保守派は、たとえば中絶問題を重視する社会的保守派も、政府支出削減を目指す経済的保守派の方針に（仮にその問題に関心がない場合でも）賛同する戦略をとる。他方、リベラル派は労働組合、人種団体、環境保護団体、女性団体、社会福祉拡充派、銃規制推進派などのあいだで十分な協力関係を構築することができていない。たとえば、労働組合の支持を得ている政治家はオバマ・ケアに賛成するなど経済的争点については最も左の立場をとるが、安い賃金で働く移民の流入に反発するため、移民に関する争点では保守的になる。

(13) 自分たちの立場を代表する議員がいないことに不満を持つ左派の有権者の一部が、主流派と異なる立場をとるバーニー・サンダースを支持したとみることができる。ただし、サンダースは、徹底的に左派の立場をとっているわけではない。サンダースの関心は経済的正義に限定されており、公民権や女性の権利、同性愛、環境問題などには関心が弱い。銃規制反対派でもある。

(14) なお、トランプは年金削減に反対しているが、同じ社会政策であっても、年金には自らが稼いで積み立てた金が高齢になった時に戻されるというイメージがあり、他人の金で生活するとイメージされる公的扶助とは認識上明確に区別されている。

《参考文献》

会田弘継（二〇一六）『トランプ現象とアメリカ保守思想』左右社．

久保文明編（二〇〇三）『G・W・ブッシュ政権とアメリカの保守勢力』日本国際問題研究所．

――編（二〇〇七）『アメリカ外交の諸潮流』日本国際問題研究所．

――（二〇〇九）「共和党保守化のメカニズム」五十嵐武士・久保文明編『現代アメリカ政治の構図』東京大学出版会、六七～一一一頁．

――編（二〇一二）『ティーパーティ運動の研究』NTT出版．

上坂　昇（二〇〇八）『神の国アメリカの論理』明石書店．

中山俊宏（二〇一三）『アメリカン・イデオロギー』勁草書房．

西山隆行（二〇〇〇）「ニューヨーク市政体制の変容」国家学会雑誌一一三巻三・四号、一四七～二〇六頁．

――（二〇〇八）『アメリカ型福祉国家と都市政治』東京大学出版会．

――（二〇一四）『アメリカ政治』三修社．

――（二〇一六a）『移民大国アメリカ』筑摩書房．

――（二〇一六b）「アメリカ合衆国における同性婚をめぐる政治」立教アメリカン・スタディーズ三八号、一三五～一五一頁．

――（二〇一七a）「二〇一六年アメリカ大統領選挙を前にして」甲南法学五七巻三・四号、四二九～四六七頁．

――（二〇一七b）「二〇一六年アメリカ大統領選挙と『マイノリティ』」立教アメリカン・スタディーズ三九号、六一～七五頁．

――（二〇一七c）「二〇一六年アメリカ大統領選挙」選挙研究三三巻一号、五～一七頁．

――（近刊予定）「アメリカの多文化主義と社会福祉政策」飯田文雄編『多文化主義の政治学』法政大学出版局、頁数未定．

古矢　旬（二〇〇四）『アメリカ――過去と現在の間』岩波書店．

堀内一史（二〇一〇）『アメリカと宗教』中央公論新社．

松本佐保（二〇一六）『熱狂する「神の国」アメリカ』文藝春秋.
山岸敬和（二〇一四）『アメリカ医療制度の政治史』名古屋大学出版会.

Abrajano, Marisa & Zoltan L. Hajnal. 2014. *White Backlash*. Princeton University Press.

Alston, Lee J. & Joseph P. Ferrie. 1999. *Southern Paternalism and the American Welfare State*. Cambridge University Press.

Edsall, Thomas B. 2006. *Building Red America*. Basic Books.

——————— & Mary D. Edsall. 1991. *Chain Reaction.* W.W. Norton.

Fenno, Richard F. 1978. *Home Style*. Little Brown.

Fiorina, Morris P., Samuel J. Abrams, & Jeremy C. Pope. 2010. *Culture War? The Myth of a Polarized America*. Pearson.

Gest, Justin. 2016. *The New Minority.* Oxford University Press.

Gina, Kolata. 2015. "Death Rates Rising for Middle-Aged White Americans, Study Finds." *New York Times* 2015/11/2.

Grossmann, Matt & David A. Hopkins. 2016. *Asymmetric Politics*. Oxford University Press.

Hacker, Jacob S. & Paul Pierson. 2005. *Off Center: The Republican. Revolution and the Erosion of American Democracy*. Yale University Press.

Hopkins, Daniel J. & John Sides. 2015. *Political Polarization in American Politics*. Bloomsbury.

Karol, David. 2009. *Party Position Change in American Politics*. Cambridge University Press.

Kondik, Kyle & Geoffrey Skelley. 2016. "Incumbent Reelection Rates Higher Than Average in 2016." Sabato's Crystal Ball, December 15, 2016 <http://www.centerforpolitics.org/crystalball/articles/incumbent-reelection-rates-higher-than-average-in-2016/>.

Layman, Geoffrey C., Thomas M. Carsey, John C. Green, Richard Herrera, & Rosalyn Cooperman. 2010. "Activists and Conflict Extension in American Party Politics." *American Political Science Review* 104(2): 324-346.

Lee, Frances E. 2015. "American Politics is More Competitive than Ever, and That is Making Partisanship Worse." in Hopkins & Sides (2015): 76-79.

Levendusky, Matthew. 2009. *The Partisan Sort*. University of Chicago Press.

McCarty, Nolan, Keith T. Poole, & Howard Rosenthal. 2006. *Polarized America*. The MIT Press.

Maisel, L. Sandy. 2016. *American Political Parties and Elections* [2nd edition]. Oxford University Press.

Pew Research Center. 2014. “Political Polarization in the American Public.”

——— 2015. “Public Trust in Government: 1958-2015” <http://www.people-press.org/2015/11/23/public-trust-in-government-1958-2015/>.

——— 2016. “2016 Campaign: Strong Interest, Widespread Dissatisfaction.”

Saad, Lydia. 2016. “Obama Retains Strong Edge Over Congress in Job Approval.” Gallup 2016 <http://www.gallup.com/poll/191057/obama-retains-strong-edge-congress-job-approval.aspx>.

Theriault, Sean. 2015. “Partisan Warfare is the Problem.” in Hopkins & Sides (2015): 11-15.

Wilentz, Sean. 2008. *The Age of Reagan*. Harper Collins.

【編者・執筆者紹介】

阪野智一（さかの・ともかず）
1956年生まれ。神戸大学大学院法学研究科博士後期課程中退。東京大学社会科学研究所助手などを経て、現在、神戸大学大学院国際文化学研究科教授。主著として、『イギリス現代政治史〔第2版〕』（共編著、ミネルヴァ書房・2016年）、『現代イギリス政治〔第2版〕』（共編著、成文堂・2014年）など。

近藤正基（こんどう・まさき）
1975年生まれ。京都大学大学院法学研究科博士後期課程研究指導認定退学。博士（法学）。大阪市立大学大学院創造都市研究科准教授等を経て、現在、神戸大学大学院国際文化学研究科准教授。主著として、『ドイツ・キリスト教民主同盟の軌跡』（ミネルヴァ書房・2013年）、『現代ドイツ福祉国家の政治経済学』（ミネルヴァ書房・2009年）など。

城下賢一（じょうした・けんいち）
1975年生まれ。京都大学大学院法学研究科博士後期課程研究指導認定退学。立命館大学非常勤講師などを経て、現在、大阪薬科大学薬学部准教授。主著として、「農協の政治運動と政界再編・構造改革・自由化」宮本太郎・山口二郎編『リアル・デモクラシー』所収（岩波書店・2016年）など。

安　周永（An Juyoung）
1977年生まれ。京都大学大学院法学研究科博士後期課程修了。博士（法学）。同研究科助教等を経て、現在、常葉大学法学部准教授。主著として、『日韓企業主義的雇用政策の分岐』（ミネルヴァ書房・2013年）、「韓国型多文化主義の展開と分岐」新川敏光編『国民再統合の政治』所収（ナカニシヤ出版・2017年）など。

林　成蔚（Lin Chen-Wei）
1966年生まれ。東京大学大学院総合文化研究科博士後期課程修了。博士（学術）。北海道大学公共政策大学院教授等を経て、現在、常葉大学法学部教授。主著として、「『対立』をつくり出すメディア」日本台湾学会報17号（2015年）70～90頁、「台湾と韓国における社会保障制度改革の政治過程」大沢真理編『アジア諸国の福祉戦略』所収（ミネルヴァ書房・2004年）など。

尾玉剛士（おだま・たかあき）
1981年生まれ。東京大学大学院総合文化研究科博士課程単位取得退学。博士（学術）。同志社女子大学現代社会学部助教等を経て、現在、獨協大学外国語学部専任講師。主著として、『医療保険改革の日仏比較』（明石書店・近刊）、「フランス」土田武史編『社会保障論』所収（成文堂・2015年）など。

梶原克彦（かじわら・かつひこ）
1972年生まれ。京都大学大学院法学研究科博士後期課程研究指導認定退学。博士（法学）。同研究科助手等を経て、現在、愛媛大学法文学部准教授。主著として、『オーストリア国民意識の国制構造』（晃洋書房・2013年）、『移民と政治』（共著、昭和堂・2011年）など。

西山隆行（にしやま・たかゆき）
1975年生まれ。東京大学大学院法学政治学研究科博士後期課程修了。博士（法学）。甲南大学法学部教授等を経て、現在、成蹊大学法学部教授。主著として、『移民大国アメリカ』（筑摩書房・2016年）、『アメリカ政治―制度・文化・歴史』（三修社・2014年）など。

【編者】
阪野智一　神戸大学大学院国際文化学研究科教授
近藤正基　神戸大学大学院国際文化学研究科准教授
【著者】
城下賢一　大阪薬科大学薬学部准教授
安　周永　常葉大学法学部准教授
林　成蔚　常葉大学法学部教授
尾玉剛士　獨協大学外国語学部専任講師
梶原克彦　愛媛大学法文学部准教授
西山隆行　成蹊大学法学部教授

刷新する保守――保守政党の国際比較

2017（平成29）年12月30日　初版1刷発行

編著者　阪野智一・近藤正基
発行者　鯉渕友南
発行所　株式会社　弘文堂　101-0062　東京都千代田区神田駿河台1の7
TEL 03(3294)4801　振替 00120-6-53909
http://www.koubundou.co.jp

装　丁　宇佐美純子
組　版　堀江制作
印　刷　大盛印刷
製　本　牧製本印刷

ISBN 978-4-335-46036-4